古代歷史文化研究輯刊

十四編

王明蓀 主編

第25冊

近現代閩籍翻譯家研究

陳愛釵 著

國家圖書館出版品預行編目資料

近現代閩籍翻譯家研究／陳愛釵 著 -- 初版 -- 新北市：花木蘭
文化出版社，2015〔民 104〕
目 2+200 面；19×26 公分
（古代歷史文化研究輯刊 十四編；第 25 冊）
ISBN 978-986-404-334-7（精裝）
1. 傳記 2. 中國
618   104014389

ISBN-978-986-404-334-7

9 789864 043347

古代歷史文化研究輯刊
十四編　第二五冊　　　　　　　ISBN：978-986-404-334-7

近現代閩籍翻譯家研究

作　　者　陳愛釵
主　　編　王明蓀
總 編 輯　杜潔祥
副總編輯　楊嘉樂
編　　輯　許郁翎
出　　版　花木蘭文化出版社
社　　長　高小娟
聯絡地址　235　新北市中和區中安街七二號十三樓
　　　　　電話：02-2923-1455 ／傳眞：02-2923-1452
網　　址　http://www.huamulan.tw 信箱 hml 810518@gmail.com
印　　刷　普羅文化出版廣告事業
初　　版　2015 年 9 月
全書字數　179210 字
定　　價　十四編 28 冊（精裝）台幣 52,000 元

近現代閩籍翻譯家研究

陳愛釵　著

作者簡介

陳愛釵，祖籍福建省南平市樟湖板，1969 年 6 月出生於福建省將樂縣。自幼在將樂長大，十八歲高考後進入福建師範大學外國語學院英語語言文學專業就讀，本科畢業後繼續在該校攻讀碩士學位，師從著名翻譯家許崇信教授。1994 年 8 月留校任教。2001 年師從林國平教授攻讀專門史博士學位。

提　　要

　　福建（閩）孕育了近現代衆多的翻譯家。「閩籍翻譯家」群體爲近現代中國社會的發展作出了積極的貢獻，自 1840 年鴉片戰爭至 1949 年中華人民共和國的成立這近百年的時間中，中國經歷了衆多重大的歷史變革，每一次變革都與閩籍翻譯家相關聯。本書主要運用歷史學的方法，分別從 1840 ～ 1894 年、1895 ～ 1910 年、1911 ～ 1949 年這樣三個歷史階段來考察各個時期閩籍翻譯家的翻譯活動、主要成就以及社會影響，積極吸收與利用學術界現有的研究成果，把每一階段中的重要人物、重要譯作作爲研討的重點；同時也注意一些鮮爲人知的譯作、翻譯家的挖掘。大致勾勒出一部簡明的、以閩籍翻譯家爲骨幹的中國近現代翻譯史，在此基礎上探討福建故土與閩籍翻譯家群體的因緣：福建船政學堂、福建近現代基督教、移民、留學和新式教育與閩籍翻譯家的關係。近代以來福建出現大批傑出的翻譯家，並非偶然，而是有其優越的自然地理因緣和深厚的社會歷史文化積澱；閩籍翻譯家不但人數多，翻譯作品無數，更重要的是水平高，獨領風騷一百年。一部閩籍翻譯史，在某種意義上說，就是一部中國翻譯史；閩籍翻譯家翻譯的作品多是經世致用之作，與時政緊密關聯，對於中國近現代社會有著深遠的影響，中國近現代每一步進步都和他們息息相關；閩籍翻譯家還具有故土的情懷，爲近現代福建歷史書寫了輝煌的篇章。

目

次

第 1 章　緒　論

第一節　相關理論與概念的解釋

1. 近現代

　　「近代」在歷史學上通常指稱資本主義時代（主要適用於歐洲），中國的近代史，在時間上一般限定為 1840 至 1919 年，以「鴉片戰爭」為開端。近代中國的社會發生了巨大的變化，西方資本主義國家大規模侵入中國，中國淪為半殖民地、半封建社會，政治、經濟和文化都發生了巨大的變化。與「近代」相銜接，中國的現代史，一般以 1919 年「五四運動」作為開端，至 1949 年中華人民共和國成立。有的翻譯家因為經歷了幾個歷史時期，在不同的歷史時期有不同的譯著，本書所討論的譯著只限於近現代時期內，即 1840～1949 年間。如冰心、鄭振鐸等在 1949 後也有不少譯著，本書將不作論述或統計。本作只以 1949 年前出版、發表或未發表的譯著作為研究對象，1949 年之後的不在本書的論述範圍之內。

2. 閩籍翻譯家

　　「閩」是福建的代稱。翻譯其實是一種跨文化的信息傳播或交際活動。有關翻譯的定義有許多，如英國著名的翻譯理論家 J.C.Catford 曾說：「翻譯是一項對語言進行操作的工作，即用一種語言的文本（text）來代替另一種語言

的文本的過程。」〔註1〕中國學者提出的一個比較完備的定義是:「翻譯是兩個語言社會(Language-community)之間的交際過程和交際工具,它的目的是要促進本語言社會的政治、經濟和(或)文化進步,它的任務是要把原作中包含的現實世界的邏輯映像或藝術映像,完好無損地從一種語言中移注到另一種語言中去。」〔註2〕翻譯家,主要是指進行翻譯(中外語言)工作的人員,有些雖然只是翻譯極少數書籍的,也納入我們考察的「翻譯家」之列。凡是祖籍在福建的翻譯家(但可能出生、成長、工作在福建之外)都可以是本書的研究對象。當然,本書在論述一些具體問題的時候,也可能把那些雖然祖籍不是福建但主要活動於福建的翻譯家列入考察的範圍。

3. 翻譯研究的相關理論

翻譯研究的理論有許多,主要的有以下幾類,翻譯的載體研究:主要指對翻譯活動中信息的載體——符號(可以通過聲音、書寫、圖像等形式表示)的研究;翻譯的客體研究:主要針對翻譯原文文本的研究,在不同的社會、文化、國家、時代之中,某客體並不會產生完全相同的意謂;翻譯的環境研究:翻譯始終都是受到各種權力話語左右和操控下的行爲,一般來說,這種控制可以分爲外部和內部控制,前者指文本之外的因素,後者指文本內在的因素;翻譯的主體研究:是對翻譯者的研究,翻譯活動的主體是翻譯工作者,翻譯者身上至少肩負著社會、學術與道德三種責任,他們必須具備各方面的素質;翻譯的控制研究:翻譯的過程是主體對客體實施控制的過程,是翻譯者儘量保持原文的各種信息並在語言轉換過程中儘量減少信息流失的過程,這是翻譯中最爲重要的環節;翻譯的效果研究:翻譯的效果分析,從某種意義上說就是翻譯的批評(評論)研究。〔註3〕

(1)歸化與異化

美國翻譯理論家韋努蒂(Lawrence Venuti)認爲,歸化就是採取民族中心主義的態度,使外語文本符合譯入語言的文化價值觀,把原作者帶入譯入語文化。這一定義較爲全面透徹,本書所指的歸化即使用韋努蒂的定義。所謂

〔註1〕 J.C.Catford: A Linguistic Theory of Translation,轉引自呂俊、侯向群:《英漢翻譯教程》,上海外語教育出版社,2001年10月,第1頁。

〔註2〕 張今、張寧:《文學翻譯原理》(修訂版),清華大學出版社2005年8月,第6、7頁。

〔註3〕 呂俊、侯向群:《英漢翻譯教程》,上海外語教育出版社,2001年10月。

的異化，韋努蒂定義爲：「是對文化價值觀的一種民族偏離主義的壓力，接受外語文本的語言與文化差異，把讀者帶入異國情調。」〔註4〕

（2）雜合（Hybrid）

這個概念目前在社會科學界還沒有統一的漢譯名稱，有的譯爲「雜交」、「雜種」、「雜糅」、「混合」等。筆者比較傾向於使用「雜合」，因爲雜合較爲正式，而且不含任何的感情色彩。據學者研究，Hybrid 一詞在英語中使用的時間並不長，開始於 17 世紀初，19 世紀之前使用者甚少，19 世紀後才得到廣泛的運用。在自然科學中，該詞最早運用於生物學中，漢語通常譯爲「雜交」（如雜交水稻），社會科學中較早使用該詞的是語言學。無論哪個學科所討論的「雜合」，其所指的都是兩個具有不同特質的事物相互影響、交融而產生的一種具有新的特質的事物，很多時候這樣的事物往往具有更爲明顯的優點。〔註5〕

4. 群體（group）

群體也稱團體。指人們彼此之間爲了一定的共同目的，以一定方式結合在一起，彼此之間存在相互作用，心理上存在共同感並具有情感聯繫的兩人以上的人群。〔註6〕構成群體，一般要符合以下六個基本特點：一，由兩個或更多的人（成員）所組成，這些成員之間建立了互動（包括交流）的特定模式；二，群體成員具有某些確定的共同目標；三，一個群體有其共同的規範做指導；四，把一定的規範結合成一些角色並希望群體中的每個成員爲了集體的利益去充任或實現這個角色；五，一個群體的集體功能和某種地位體系相一致；六，群體成員對其所屬群體有一種認同感。〔註7〕閩籍翻譯家的群體性是本書研究的重點之一。近現代閩籍翻譯家的群體性特徵比較明顯。

第二節　閩籍翻譯家研究評述

近代福建翻譯史是福建文化史乃至中國近代文化史中一個不可忽略的的部分。從某種意義上說，福建翻譯史就是一部中國翻譯史，因爲閩籍翻譯

〔註4〕劉嫦：《也談歸化與異化》，《外語學刊》，2004 年第 2 期。

〔註5〕韓子滿：《文學翻譯的雜合研究》緒論，上海譯文出版社 2005 年 10 月，第 1～12 頁。

〔註6〕章志光主編：《社會心理學》，人民教育出版社，2001 年。

〔註7〕參見張先清：《官府、宗族與天主教》，廈門大學博士論文（未刊稿）。

家人數眾多,而且其中一些在近代開翻譯之先河,領導翻譯界的潮流。儘管近現代閩籍翻譯家人物眾多,但除了其中的佼佼者,如作為著名思想家(或文學家)兼翻譯家的嚴復〔註8〕、林紓等人之外,對其他閩籍翻譯家的研究並不深入,有些甚至還是一片空白。嚴復和林紓作為近代中國翻譯界的泰斗,對他們的研究從20世紀二三十年代開始就不斷有學者從生平、著作(包括翻譯作品)進行深入細緻的研究工作,無論其研究的深度和廣度都達到了極高的成就。近年來對辜鴻銘、陳季同、林語堂等人的研究也方興未艾。值得一提的是,閩籍翻譯家研究也受到了許多福建學者的關注,取得了一定的進展。

1. 嚴復研究

福州是嚴復的故鄉,也是嚴復研究的重鎮,這裏成立了專門的研究協會,即「福建省嚴復學術研究會「和「福州市嚴復研究會」。這兩個研究會分別在1993年和1997年舉辦了兩次學術研討會。這兩次研討會比較全面地反映了國內學術界嚴復研究的狀況。93年的研討會主要包括下面幾方面的內容:嚴復故居及其早年生平事蹟、嚴復。祖輩世系考察;嚴復思想研究,包括嚴復的愛國思想、政治思想、進化論思想、人才思想、教育思想、現代化思想、社會學思想、文化觀、嚴復留英期間思想以及嚴復思想發展的軌跡、嚴復思想的主體等;嚴復譯著研究,討論嚴復譯著及其特點、譯著所體現的思想意圖和產生的深刻影響:嚴復與重大歷史事件的關係研究,諸如嚴復與戊戌變法、辛亥革命、「籌安會」等的關係,嚴復與北京大學的關係等。〔註9〕

97年的研討會以「嚴復與中國近代化」為題,討論了關於嚴復政治思想的本質、關於嚴覆文化思想近代化、關於嚴復傳播西學的歷史作用、對嚴復經濟思想的評價及嚴復的教育思想研究等學術問題。〔註10〕

南京大學也是嚴復研究的重要基地,南京大學歷史系從王栻先生開始,就致力於嚴復的生平研究,先後出版了《嚴復傳》、《嚴復年譜》、《嚴復大傳》

〔註8〕 嚴復以及後面所提及的各位翻譯家,因後面章節將會進行全面的介紹,所以在此作不具體說明。

〔註9〕 鄭江、延齡:《拓開嚴復研究的新局面——1993嚴復國際學術研討會述評》,《1993嚴復國際學術研討會論文集》,福州:海峽文藝出版社1995年。

〔註10〕 見林平漢:《嚴復與中國近代化.學術研討會綜述》,《嚴復與中國近代化學術研討會論文集》,福州:海峽文藝出版社1998年。

（此書原係博士論文，名為《嚴復與西學東漸》）〔註11〕等許多有分量的研究著作。

　　研究嚴復生平的傳記（包括年譜等）或論文有很多，除上面提到的外，主要還有章回著《嚴復》、王森然著《近代二十家評傳‧嚴復》、歐陽哲生著《嚴復評傳》、楊正典著《嚴復評傳》、羅耀九主編，林平漢、周建昌編著《嚴復年譜新編》〔註12〕等。

　　作為近代偉大的思想家，嚴復的思想（包括譯著思想）研究一直受到關注。從 1895 年至 1909 年，嚴復以主要精力從事翻譯工作，譯出了西方近代哲學、經濟學、政治學、社會學和邏輯學的代表著作，介紹了構成西方近代思想的要素──科學理性精神、民主觀念、法制思想和勞動價值學說等西方近代資產階級的先進思想。相關的研究著作重要的有美國本杰明‧史華茲著、葉鳳美譯《尋求富強：嚴復與西方》；習近平主編《科學與愛國：嚴復思想新探》；張志建著《嚴復學術思想研究》；劉桂生等編《嚴復思想新論》；陳越光、陳小雅編著《搖籃與墓地：嚴復的思想和道路》；馬勇著，《嚴復學術思想評傳》；黃克武著《自由的所以然：嚴復對約翰彌爾自由思想的認識與批判》〔註13〕等，在中國哲學史的著作中也都有有關嚴復思想論述的相關章節〔註14〕。

〔註11〕　王拭著：《嚴復傳》，上海：上海人民出版社，1976 年；孫應樣：《嚴復年譜》，福建人民出版社 2003 年 8 月；皮後鋒：《嚴復大傳》，福建人民出版社 2003 年 10 月。

〔註12〕　章回著：《嚴復》，北京：中華書局，1962 年；王森然：《近代二十家評傳》，北京：書目文獻出版社，1987 年 1 月；歐陽哲生著：《嚴復評傳》，南昌：百花洲文藝出版社，1994 年；楊正典著：《嚴復評傳》，北京：中國社會科學出版社，1997 年；羅耀九主編；林平漢，周建昌編著：《嚴復年譜新編》，廈門：鷺江出版社，2004 年。

〔註13〕　（美）本杰明‧史華茲著；葉鳳美譯：《尋求富強：嚴復與西方》，南京：江蘇人民出版社，1996 年；習近平主編：《科學與愛國：嚴復思想新探》，北京：清華大學出版社，2001 年；張志建著：《嚴復學術思想研究》，北京：商務印書館國際有限公司，1995 年；劉桂生等編：《嚴復思想新論》，北京：清華大學出版社，1999 年；陳越光，陳小雅編著：《搖籃與墓地：嚴復的思想和道路》，成都：四川人民出版社，1985 年；馬勇著：《嚴復學術思想評傳》，北京：北京圖書館出版社，2001 年；黃克武著：《自由的所以然：嚴復對約翰彌爾自由思想的認識與批判》，上海：上海書店出版社，2000 年。

〔註14〕　比如馮契：《中國近代哲學的革命進程》，上海人民出版社 1989 年 8 月；第二章第三節：嚴復的「天演之學」與經驗論。

　　就嚴復的翻譯研究而言，主要集中在翻譯的動機、翻譯著作的思想影響等方面（如上所述之思想研究），翻譯理論研究方面，1996 年前主要是「信達雅」之爭，此後開始關注「達旨」術。這方面的著作主要有：俞政著，《嚴復著譯研究》：商務印書館編輯部編，《論嚴復與嚴譯名著》；沈蘇儒著，《論信達雅：嚴復翻譯理論研究》；高惠群，烏傳袞著，《翻譯家嚴復傳論》等。〔註 15〕

　　有關嚴復研究的綜述，可以參看黃忠廉《嚴復翻譯思想研究百年回眸》：黃克武《嚴復的翻譯：近百年來中西學者的評論》；張雪萍《近十年來嚴復思想研究綜述》、蘇中立等《百年來嚴復研究的發展概述》〔註 16〕等文章。

　　有關嚴復的研究，誠如黃忠廉所言，「百年內，同一觀點不斷重複，推崇的，反對的，部分贊同的，改進的，不一而足，但大多無新意。」〔註 17〕嚴復的翻譯研究魚待拓寬視野，轉換角度，這樣才能有新的突破。

2. 林紓研究

　　林紓作為中國近代著名的翻譯家和文學家，也是現代學者研究的焦點。對林紓的研究主要集中於生平事蹟的歷史考察（歷史考證）與文學領域的成就（主要是從文學或比較文學的角度進行的研究）。

　　就林紓的生平而言，後人為其立傳者甚多，主要的有：王森然著《近代二十家評傳・林紓》，孔慶茂著《林紓傳》，曾憲輝著《林紓》，林薇著《林紓傳》，朱碧森著《女國男兒淚：林琴南傳》〔註 18〕等，特別是王森然、林薇二

〔註 15〕 俞政著：《嚴復著譯研究》，蘇州：蘇州大學出版社，2003 年；商務印書館編輯部編：《論嚴復與嚴譯名著》，北京：商務印書館，1982 年；沈蘇儒著：《論信達雅：嚴復翻譯理論研究》，北京：商務印書館，1998 年：高惠群，烏傳袞著：《翻譯家嚴復傳論》，上海：上海外語教育出版社，1992 年 10 月。

〔註 16〕 黃忠廉：《嚴復翻譯思想研究百年回眸》，《福建外語》1998 年第 3 期：黃克武：《嚴復的翻譯：近百年來中西學者的評論》，《東南學術》1998 年第 4 期；張雪萍：《近十年來嚴復思想研究綜述》，《新疆社會科學》2005 年 1 月；蘇中立、涂光久：《嚴復思想與近代社會》，中國文史出版社 2006 年 6 月。

〔註 17〕 黃忠廉：《嚴復翻譯思想研究百年回眸》，《福建外語》1998 年第 3 期。

〔註 18〕 王森然：《近代二十家評傳》，北京：書目文獻出版社，1987 年 1 月；孔慶茂著：《林紓傳》，北京：團結出版社，1998 年：曾憲輝：《林紓》，福建教育出版社 1993 年 8 月；林紓著；林薇選注：《林紓選集．小說卷上》，成都：四川人民出版社，1985 年；附《林紓傳》；朱碧森著：《女國男兒淚：林琴南傳》，北京：中國文聯出版公司，1989 年 9 月。

人所作林紓傳，都是結合著歷史考證與文學批評的評傳，尤爲重要。薛綏之、張俊才編的《林紓研究資料》〔註19〕收錄了有關林紓的重要資料，爲林紓研究提供了方便。

　　林紓被認爲是中國近代影響最大、成就最高的文學家，決定其文學地位的還是其翻譯小說。林紓翻譯文學（如「林譯小說」）研究的著作與論文也有很多，主要有韓洪舉《林譯小說研究：兼論林紓自撰小說與傳奇》，錢鍾書等《林紓的翻譯》，曹素璋《林紓的翻譯小說與近代社會思潮》（以下爲論文），王營《林紓的翻譯及小說創作研究》，林娟《在中國文學傳統與外國文學資源之間：談林紓的翻譯和創作實踐》，林佩璇《林紓翻譯小說新探》，賀志剛《林紓和林紓的翻譯》，蘇桂寧《林譯小說與林紓的文化選擇》，周曉莉《論林紓的翻譯事業對新文化運動的貢獻》，王寧、楊永良《淺談林紓的翻譯思想》等〔註20〕。

　　此外，也有就林紓翻譯的動機、翻譯的方式、翻譯文本比較等翻譯學視角進行的研究，如韓洪舉《論林紓翻譯小說的愛國動機》，尙文鵬《論林紓「誤譯」的根源》，吳慧堅《嚴林翻譯的社會效應與文本和信息傳遞方式的選擇》，王秀雲，《是翻譯還是整理——質疑林紓的「翻譯」》，王建開《20世紀中國翻譯界的一場論爭與轉型——兼論林紓與新文學家的譯介觀》〔註21〕等。

〔註19〕薛綏之、張俊才編：《林紓研究資料》，福州：福建人民出版社，1983年。
〔註20〕韓洪舉著：《林譯小說研究：兼論林紓自撰小說與傳奇》，北京：中國社會科學出版社，2005年：錢鍾書等著：《林紓的翻譯》，北京：商務印書館，1981年：曹素璋，《林紓的翻譯小說與近代社會思潮》，《貴州師範大學學報（社會科學版）》2002年第2期：王萱：《林紓的翻譯及小說創作研究》，山東大學博士論文（未刊稿）2003年4月：林娟著；蘇文菁指導：《在中國文學傳統與外國文學資源之間：談林紓的翻譯和創作實踐》，福州：福建師範大學碩士論文（未刊稿），2002年：林佩璇：《林紓翻譯小說新探》，《福建師範大學學報（哲學社會科學版），2003年第2期：賀志剛：《林紓和林紓的翻譯》，《國外文學》2004年第2期：蘇桂寧：《林譯小說與林紓的文化選擇》，《文學評論》2000年第5期：王寧、楊永良：《淺談林林紓的翻譯思想》，《聊城大學學報（社會科學版））2004年第6期。
〔註21〕韓洪舉：《論林紓翻譯小說的愛國動機》，《鄭州輕工業學院學報(社會科學版))2002年6月：尚文鵬：《論林紓「誤譯」的根源》，《中山大學學報論叢》2000年第6期：吳慧堅：《嚴林翻譯的社會效應與文本和信息傳遞方式的選擇》，《廣州師院學報（社會科學版）》第21卷第10期：王秀云：《是翻譯還是整理——質疑林紓的「翻譯」》，《中國科技信息》2005年第17期：王建開：《20世紀中國翻譯界的一場論爭與轉型——兼論林紓與新文學家的譯介觀》，《上海翻譯》2005年第3期。

3. 陳季同、辜鴻銘研究

關於陳季同，至今中外學者對他的研究還很有限，多數只是在論著中提及。辭典中收錄的有關資料也錯誤不少。陳季同舊識沈瑜慶撰寫的《陳季同事略》（載《福建通志・列傳》卷 39，清列傳八）是僅有的幾篇關於陳季同的文章之一，是後人研究陳季同的生平略歷的主要依據，但「有待於補正診釋之處甚多」〔註22〕。

國外學者較早關注陳季同。法國高等科研中心的巴斯蒂夫 1985 年在日本《東亞》雜誌中發表了《清末赴歐的留學生們》一文，文章以研究福州船政局派赴歐洲的留學生群體爲主，首次利用法文資料對陳季同作了富有啓發性的分析。1997 年，德國海德堡大學的葉凱蒂女士在《哈佛亞洲學報》的《晚清上海四文人的生活類型》中，以陳季同在上海的活動爲中心，利用中、法文資料研究了陳季同在晚清維新活動中的表現。〔註23〕

以陳季同爲專題的研究，發表關於這個人物的專論，主要是大陸學者進行的。1998 年，中國人民大學的黃興濤先生主持翻譯了陳季同的《中國人自畫像》和《中國的娛樂》二書，是現在僅見的陳氏著作完整中譯本。該書前言《一個不該被遺忘的文化人——陳季同其人其書》概述了陳季同的一生。1999 年，福建師範大學張先清發表了《陳季同——晚清溝通中西文化的使者》一文，該文利用陳著的幾個英譯本，對其內容作了較詳細的分析，也評價了陳季同的一生。同年，中山大學的桑兵先生又在《近代史研究》上發表了《陳季同述論》，該文利用中文文獻對陳季同的生平進行了細緻的探討。關於陳季同的許多基本問題，如生卒年、署名 Tcheng-Ki-Tong 的法文作品的著作權、陳季同在中法戰爭時的表現、私債問題等，以往的研究或是毫無觸及，或是語焉不詳，沒能作出有說服力的解釋。究其原因，主要是由於許多重要的中外文資料沒有能被利用。隨著時機的成熟與研究工作的逐步深入，李華川的《晚清一個外交官的文化歷程》作爲國內陳季同研究的集大成者，它的出版有著非常重要的意義。〔註24〕

近年來辜鴻銘的研究也大爲深入。黃興濤在上個世紀八九十年代開始對

〔註22〕桑兵：《陳季同述論》，《近代史研究》1999 年第 4 期。

〔註23〕參見李華川：《晚清一個外交官的文化歷程・引言》，北京大學出版社 2004 年 8 月。

〔註24〕李華川：《晚清一個外交官的文化歷程》，北京大學出版社 2004 年 8 月。

辜鴻銘的研究，完成博士論文《辜鴻銘的文化活動與思想研究》，之後將該論文修改補充成書，名《文化怪傑辜鴻銘》。龔書鐸在該書的序言中指出，此乃「國內第一本系統研究這位歷史人物的學術專著。」黃興濤在該書中探討了辜鴻銘一生的主要思想和活動，並做了全面的實事求是的闡述和評析。該書對一些模糊的史實加以了考證，該書中，黃興濤所收集的關於辜氏的史料十分豐富，有不少還是鮮為人知的。〔註 25〕辜鴻銘的傳記還有孔慶茂著《辜鴻銘評傳》等多部。〔註 26〕對於辜鴻銘翻譯的研究，主要的論文有王宏《略論翻譯奇才辜鴻銘》，樊培緒《理雅各、辜鴻銘英譯儒經的不及與過》，吳建華《中國比較文學的奠基者辜鴻銘新評》，張小波《強勢語下的無奈——辜鴻銘古籍英譯的歸化》等。更具體的有關辜鴻銘的研究情況可以參閱史敏《辜鴻銘研究述評》〔註 27〕

4. 林語堂、鄭振鐸研究

　　林語堂在中國近代文學史上是一個極富爭議的人物，近年來學術界對他的研究有了長足的進展，思想體系研究成為林語堂研究的重中之重，創作道路與文學創作研究也有了新的突破。對於林語堂幽默觀與中西文化觀這兩大研究熱點的研究，近年來偏於二者的整體性與發展性研究。具體的研究情況可以參閱田宛清《近年林語堂研究綜述》和寥鋒《近二十年林語堂研究資料綜述》。〔註 28〕

　　有關林語堂生平等研究的主要著作有萬平近《林語堂評傳》、《林語堂論》，

〔註 25〕黃興濤著：《文化怪傑辜鴻銘》，北京：中華書局，1995 年。

〔註 26〕孔慶茂著：《辜鴻銘評傳》，南昌：百花洲文藝出版社，1996 年；嚴光輝著：《辜鴻銘傳》，海口：海南出版社，1996 年；姜克著：《學貫中西 驚世奇才：辜鴻銘傳》，合肥：安徽文藝出版社，1997 年；李玉剛著：《狂士怪傑——辜鴻銘別傳》，北京：人民文學出版社，2002 年。

〔註 27〕王宏：《略論翻譯奇才辜鴻銘》，《江西財經大學學報》，2003 年第 5 期；樊培緒：《理雅各、辜鴻銘英譯儒經的不及與過》，《中國科技翻譯》1998 年 8 月；吳建華：《中國比較文學的獎基者辜鴻銘新評》，《求索》2004 年第一期；張小波：《強勢語下的無奈——辜鴻銘古籍英譯的歸化》，《湛江海洋大學學報》2004 年 10 月；史敏：《辜鴻銘研究述評》，《烟臺師範學院學報（哲學社會科學版）》2003 年 3 月。

〔註 28〕田宛清：《近年林語堂研究綜述》，《福建論壇（人文社會科學版）》2002 年第 1 期：容鋒：《近二十年林語堂研究資料綜述》，《廣西師範大學學報》2000 年第 1 期。

王兆勝《林語堂：兩腳踏中西文化》、《林語堂的文化情懷》，李勇《本眞的自由：林語堂評傳》，施萍《林語堂：文化轉型的人格符號》等。就其翻譯方面的研究論文重要的有周仕寶《林語堂的翻譯觀》，楊玉文《林語堂與文學翻譯》，郎江濤、王靜《林語堂譯學思想評述》，黃小凡《也談林語堂的翻譯——與楊柳副教授商榷》，李永康《林語堂翻譯文本的文化解讀》等。〔註29〕

　　國內研究鄭振鐸的最爲詳盡和深入的學者是陳福康。上世紀八十年代開始，當時專門研究鄭振鐸的陳福康陸續發表過幾十篇關於鄭振鐸研究的文章，還編著出版了《鄭振鐸年譜》。《年譜》記錄了鄭振鐸一生在文學、考古、史學及發展中外文化交流等方面所做的貢獻。書後附有《鄭振鐸筆名別名一覽》、《鄭振鐸著譯編校書目》、《鄭振鐸研究資料選目》等極有參考利用價值的材料。陳福康對鄭振鐸的翻譯活動和翻譯理論也有比較詳盡的研究。他的專著《鄭振鐸論》中有專門章節論述鄭振鐸的文學翻譯和翻譯理論在我國現代文學史及翻譯史上的作用和影響，對鄭的一些主要譯著還做了分析與評價。〔註30〕

　　近年來對鄭振鐸翻譯的研究也有了一定進展，主要有吳建明《鄭振鐸與翻譯》，劉國忠《譯史探眞——鄭振鐸：中國近代翻譯理論的開拓者之一》，朱肖晶《接受修辭學與翻譯——兼評鄭振鐸譯飛鳥集與周策縱失群的鳥》等相關論文。其研究的具體情況可以參見陳晉《鄭振鐸研究資料目錄》、《鄭振鐸研究綜述》等相關文章。〔註31〕

〔註29〕萬平近著：《林語堂評傳》，重慶：重慶出版社，1996年；萬平近著：《林語堂論》，西安：陝西人民出版社，1987年；王兆勝著：《林語堂：兩腳踏中西文化》，北京：文津出版社，2005年；王兆勝著：《林語堂的文化情懷》，北京：中國社會科學出版社，1998年；李勇著：《本眞的自由：林語堂評傳》，南京：南京師範大學出版社，2005年；施萍：《林語堂：文化轉型的人格符號》，華東師範大學博士論文（未刊稿）2004年4月；周仕寶：《林語堂的翻譯觀》，《外語學刊》20（）4年第2期；楊玉文：《林語堂與文學翻譯》，《零陵學院學報（教育科學）》2004年6月；郎江濤、王靜：《林語堂譯學思想評述》，《西南民族大學學報（人文社科版）》2003年9月；李永康：《林語堂翻譯文本的文化解讀》，《彬州師範高等專科學校》2001年6月。

〔註30〕陳福康編著：《鄭振鐸年譜》，北京：書目文獻出版社，1988年；陳福康著：《鄭振鐸論》，北京：商務印書館，1991年6月。

〔註31〕吳建明：《鄭振鐸與翻譯》，《龍岩師專學報》2001年5月；劉國忠：《譯史探眞——鄭振鐸：中國近代翻譯理論的開拓者之一》，《外語教學》2005年9月；朱肖晶：《接受修辭學與翻譯——兼評鄭振鐸譯飛鳥集與周策縱失群的鳥》，《外語研究》1998年第一期；陳晉：《鄭振鐸研究資料目錄》，《文獻資料》1998年2期；陳晉：《鄭振鐸研究綜述》，《文獻資料》1998年2期。

5. 其他翻譯家研究

　　研究黃乃裳的學者眾多，但黃乃裳研究主要集中在他的維新思想和他在東南亞的開荒活動。福建師範大學歷史系的詹冠群教授所著之《黃乃裳傳：維新志士‧拓荒者‧革命黨人》一書，對黃乃裳生平、維新思想及在東南亞的開荒活動都作了細緻的研究。對黃乃裳在翻譯方面所做出的貢獻一般文章都是在講述其生平時順帶提及，未見有專門論述者。〔註32〕

　　張德彝的研究相對來說也是比較多的，張德彝有機會親身感受西方的社會文化，對他的研究主要是對其遊歷經歷記載的研究，探討張德彝作為當時一個中國人眼中所見到的西方世界。這方面的文章主要有：尹德翔《〈四述奇〉俄京觀劇史料述評》，李長林《略議兩部國人巴黎公社目擊記》，薛輝《清朝使臣記載的普法戰爭與巴黎公社》，王熙《張德彝赴歐所見的西洋器物》，張生《張德彝巧辯中西文化》，劉曉江《張德彝音樂思想敘論》，黃萬機《自強、開放的探尋與呼籲——晚清旅外文學初探》等。〔註33〕

　　黃加（嘉）略研究近年來也得到了一定的進展，主要的研究論文有岳峰、林本椿的《黃加略——曾獲法國皇家文庫中文翻譯家稱號的近代中國翻譯先驅》、宋向紅《論黃嘉略對孟德斯鳩中國觀的影響》、薛世平《一個對孟德斯

〔註32〕詹冠群著：《黃乃裳傳：維新志士.拓荒者.革命黨人》，福州：福建人民出版社，1992 年 6 月；黃啓權主編；黃步鑾，黃拔灼副主編：福建姓氏源流研究會黃氏委員會編：《黃乃裳黃乃模學術研究文集》，福州：福建姓氏源流研究會黃氏委員會，2001 年；蕭忠生著：《黃乃裳一生活動大事記》，福州：福州市社會科學所地方史室，1990 年；福州市華僑歷史學會編：《黃乃裳學術研討會論文集》，福州：編者，1992 年 6 月；中國人民政治協商會議福建省閩清縣委員會文史工作組編：《閩清文史資料.第一輯：黃乃裳專題》，閩清（福建省）：編者 1982 年；蕭忠生：《黃乃裳對教育的貢獻》，《教育評論》2003 年第 6 期；詹冠群：《論黃乃裳思想發展的階段性——兼談新發現的史料》，《華僑華人歷史研究》2000 年 2 月。

〔註33〕尹德翔：《〈四述奇〉俄京觀劇史料述評》，《哈爾濱工業大學學報（社會科學版）》2005 年 9 月；李長林：《略議兩部國人巴黎公社目擊記》，《南京師範大學文學院學報》2003 年 9 月；薛輝：《清朝使臣記載的普法戰爭與巴黎公社》，《新疆師範大學學報（哲學社會科學版）》2001 年 4 月；王熙：《張德彝赴歐所見的西洋器物》，《西南民族學院學報（哲學社會科學版）》2002 年 4 月；張生：《張德彝巧辯中西文化》，《中國歷史教學參考》2003 年第 10 期；劉曉江：《張德彝音樂思想敘論》，《黃鐘（武漢音樂學院學報）》1997 年第 3 期；黃萬機：《自強、開放的探尋與呼籲——晚清旅外文學初探》，《貴州社會科學》1995 年第 5 期。

鴻有深刻影響的莆田人——黃嘉略》等，對黃嘉略研究最爲深入要數許明龍教授，其專著《黃加略與早期法國漢學》可以說是這一研究的力作。〔註34〕許教授是最早介紹和研究黃加略的中國學者，從 1982 年起就開始接觸黃加略手稿，1986 年在《社會科學戰線》發表了第一篇黃加略的研究文章。

其他如魏瀚、陳壽彭、林長民、劉崇祐、盧戇章、王壽昌、陳衍、薛紹徽、林文慶、林白水、周辨明、唐鉞、冰心、梁遇春、楊騷等翻譯家的翻譯研究則較爲粗略些，有些只是在生平事蹟的敘述中提到一些而已。〔註35〕這些人的翻譯活動較容易爲人所忽略，大多是因爲相對於他們的其他成就而言，他們在翻譯方面的貢獻並不特別突出，如薛紹徽、陳衍、冰心等文學家，人們更多的是關注其文學成就。可喜的是，由林本椿主編《閩籍翻譯家研究》一書，較爲全面的爲我們介紹了各個翻譯家（著名的或「被遺忘」的）的翻譯業績、翻譯的特點等，爲閩籍翻譯家的深入研究奠定了堅實的基礎。

從總體上看，我們可以說閩籍翻譯家的個體研究已經比較成熟，但對閩籍翻譯家的群體研究一直還沒有受到足夠的重視，有待我們作進一步的探討。

〔註34〕岳峰、林本椿：《黃加略——曾獲法國皇家文庫中文翻譯家稱號的近代中國翻譯先驅》，《中國翻譯》2004 年 1 月；宋向紅：《論黃嘉略對孟德斯鳩中國觀的影響》，《莆田學院學報》2003 年 12 月；薛世平：《一個對孟德斯鳩有深刻影響的莆田人——黃嘉略》，《福建師範大學福清分校學報》2002 年第一期；許明龍：《黃加略與早期法國漢學》，中華書局 2004 年 1 月。

〔註35〕沈渭濱主編：《近代中國科學家》，林慶元《魏瀚》，上海人民出版社 1988 年版；歐陽軍喜：《林長民與五四運動——兼論五四運動的起源》，《復旦學報（社會科學版）》2003 年第 6 期；谷桂秀：《劉崇祐與清末民初中國政治》，《福建省社會主義學院學報》2000 年第 2 期；蘇新春：《「實用」觀念中的 20 世紀中國語言學》，《廈門大學學報：哲社版》1999、4；宋鳴華，林本椿：《口譯一部茶花女，造就一個翻譯家——記被遺忘的翻譯家王壽昌》，《中國翻譯》2003 年 7 月；林怡，卓希惠：《外困還期得句工——近代著名翻譯家王壽昌及其〈曉齋遺稿〉》，《中國韻文學刊》2005 年 5 月；李瑞明：《三元與三關——陳衍與沈曾植的詩學離合》，《文藝理論研究》2005 年第 5 期；周薇：《陳衍「以詩存史」詩史觀論析》，《學海》2005、4；林怡：《簡論晚清著名閩籍女作家薛紹徽》，《東南學術》2004 年增刊；張學惠：《新加坡學者李元瑾對林文慶思想研究的觀點概述》，《華僑華人歷史研究》創刊十週年增刊；傅國涌：《一代報人林白水之死》，《文史精華》2004 年；許長安：《周辨明、林語堂、羅常培的廈門方言拼音研究》，《廈門大學學報（哲社版）》1994 年第 3 期；車文博：《紀念一代心理學大師——唐鉞教授（發言）》，《心理科學》第 25 卷；李雙潔：《直譯加注釋——評梁遇春的翻譯風格》，《黔東南民族師範高等專科學校學報》2003 年 10 月；青禾著：《楊騷傳》，福州：海峽文藝出版社，1998 年；有些只是涉及，不是專題論文，錄出以供參考。

第三節 資料、研究方法與研究意義

1. 資料

本書研究從鴉片戰爭（1840 年）後到中華人民共和國成立（1949 年）以前一百多年間閩籍翻譯家的譯述活動與特點，因此在研究資料的收集上主要是從翻譯家的生平及譯著兩個方面入手。在資料的收集上更注重發掘那些在嚴復與林紓的耀眼光芒之下被現代學者忽視的閩籍翻譯家（或更嚴格地說是翻譯工作者）的活動情況。構成本書寫作的基本史料主要有以下幾個部分：

（一）譯著

解放前的譯著，除一再重版的，多數現在已少有人閱讀。很多譯著隨著歷史的變遷和歲月的久遠，也已無法找到。但譯著畢竟是凝聚了翻譯家的價值取向、翻譯方法等的成果，是深入研究翻譯家不可缺少的第一手資料。這部分資料有著多、雜、難的特點。多是指譯著數目大（比如光是林紓一人的譯著就多達一百六十多種）；雜是指內容雜，譯著涉及歷史、地理、軍事、技術、文學、哲學等學科；難，一指閱讀的難度，五四新文化運動前，多數譯著是用文言文翻譯的；二指分析難，許多原著的原文本難以考證，而沒有標準的原文本，要分析譯著的優劣得失就失去了衡量的尺度。

（二）人物傳

瞭解人物的生平經歷，對掌握其思想的形成有重要意義。閩籍翻譯家中有不少是聞名海內外的人物，因而不乏有識之士為他們立傳。本書也將充分利用人物傳中前人對該傳主的研究成果。

（三）文集

不少譯家本身又是文學家或詩人。所謂文如其人，為了瞭解翻譯家的思想，深入解讀其著述也是一個必要的手段。這些文集，如林紓、薛紹徽、林語堂等的作品，也是本書研究的重要對象之一。

（四）碑刻、紀念與回憶文字

古人有為前人「樹碑立傳」的做法，大凡有點名氣的、有點地位的人物，後人（或同時的人）大都會為其立碑，並流傳下紀念或回憶的文字。這些文字也是瞭解翻譯家生平以及社會對其評價高低的最好材料。雖然它們可能有誇大以至失實之弊病，但作為一個值得參考的材料還是有非常重要的意義。

2. 研究方法與意義

對翻譯家的研究不僅要解決歷史學科處理的他們的社會活動問題，也要解決其譯著特色等翻譯學科的問題，本論題是站在學科交叉點上進行思考與研究，屬於跨學科研究的範疇，因此研究方法將兼容多學科的研究方法。

（一）描述法

這種方法是歷史學普遍採用的方法。運用這種方法，按歷史的順序依次闡明歷史過程的全部，以期揭示某種現象的歷史演變過程。本書將運用描述法對閩籍翻譯家在鴉片戰爭後到中華人民共和國成立前的譯述活動作歷史性的描述，以期把握其活動及發展演變的規律。

（二）田野調查法

田野調查是獲得研究資料的重要途徑之一。本人通過對翻譯家故鄉的調查走訪，收集一些地方的文獻資料，以補圖書館收藏資料之缺。

（三）個案分析法

這裏指的是內容分析法。通過對資料的分析，進一步闡明研究者的觀點。本書將選擇有代表性的譯著和譯家作爲分析對象，以達到進一步弄清譯家、譯著與社會三者間的關係。

（四）文學翻譯批評的諸方法

文學翻譯批評是一門實證性的知性審美認知活動，它隸屬於翻譯學學科，是文學批評的繼續與發展，是文學與翻譯批評之間的一個交叉學科。我們在對閩籍翻譯家翻譯作品尤其是翻譯的文學作品進行個案研究的過程中將借鑒文學翻譯批評的方法，例如細讀法（close reading）、取樣法（sampling）、比較法（comparative method）、闡釋法（interpretation）、互文法（intertexttuality）等。〔註36〕

儘管閩籍翻譯家在福建翻譯史和中國翻譯史上的影響深遠，但目前學術界只是停留在對一些翻譯家進行的個案研究，沒有將「閩籍翻譯家」作爲一個有特殊聯繫的群體來研究。研究閩籍翻譯家群體是一項很有意義的工作，既能全面系統地論述福建翻譯史的概況，又能總結歷史的經驗與教訓，爲當

〔註36〕具體見王弘印：《文學翻譯批評論稿》，上海外語教育出版社 2006 年 2 月，第 93～105 頁。

今的教育改革提供參考，爲福建現代翻譯界的發展規劃提供歷史依據和理論支持。爲使對閩籍翻譯家的研究不是停留於簡單的成果介紹，對翻譯史研究能起更大的作用，充分體現翻譯家的主體地位和翻譯家研究的重要意義，除了發現和整理翻譯家的譯作成果外，研究重點放在探索他們成功的內在動因、心路歷程、外部環境、社會需求和素質準備上，瞭解他們對翻譯的認識及對翻譯理論中一些基本問題的看法等，研究翻譯家的選題和翻譯過程、翻譯策略受哪些社會環境的影響，他們的譯作又反過來對社會、文學和文化的發展起到了哪些作用等等。因此，我們不僅要記錄整理翻譯家的譯作，更是要瞭解他們在翻譯實踐中翻譯技巧的成熟過程和翻譯觀念的轉變過程，以及他們如何自覺或不自覺地用某種翻譯理論指導自己的實踐，雖然這樣有一定的難度，僅靠閱讀譯作和譯者簡介是很難達到這一目的的，但這將是我們努力的方向。

第 2 章　福建古代對外文化交流

　　福建在近代以來之所以能夠涌現出那麼多傑出的翻譯家，這是有其深厚的歷史和地理因緣的。福建有著悠久而輝煌的對外交往歷史以及頻繁的譯事活動，這些都爲福建翻譯人才的成長與發展提供了有利的條件。

第一節　福建地理環境與文化

1. 福建地理環境

　　地理環境是影響地區經濟、政治與文化的重要因素。福建的地理環境在很大程度上已決定了福建歷史的面貌和特點。

　　福建〔註1〕位於中國東南部，地處東經 115°50'～120°44'，北緯 23°31'～28°19'，平面形狀似一斜長方形，東西最大間距約 480 千米，南北最大間距約 530 千米。靠近北回歸線，屬亞熱帶溫暖、濕潤的海洋性季風氣候。從海陸位置看，福建背靠世界最大的大陸——亞歐大陸，面向世界最大的大洋——太平洋。

　　福建背山面海，陸境與浙江、江西、廣東毗鄰，與祖國寶島臺灣隔海相望。福建境內，山多水密，據統計：全省 1000 米以上的中山占 3.25%，500～1000 米的低山占 32.87%，50～500 米的丘陵、盆地占 58.88%，平原僅占 5%。全省地勢，西北高，東南低，其主要的山脈有：西部的武夷山脈，這是

〔註1〕　清代臺灣隸屬福建，康熙二十三年（公元 1685 年）福建省增設臺灣府；光緒十二年（公元 1886 年）臺灣從福建析出設立臺灣省，本書所討論的「閩籍翻譯家」不包括臺灣籍翻譯家，爲統一行文，此處所言福建地理，不包括臺灣。

長江流域與東南沿海流域的分水嶺；中部有鷲峰山脈、戴雲山山脈、博平嶺山脈等。省內平原主要的有四大平原：漳州平原、福州平原、興化平原和泉州平原，其中漳州平原面積最大，也僅爲 600 多平方公里。福建境內的河流眾多，其主要特徵是多呈「格子狀」、「扇狀」水系，即較大的江河由上游、中游眾多的支流彙集而成。閩江是福建最大的河流，幹流長達 562 公里，幹支流流經全省 36 個縣市〔註2〕，流域面積達 6.08 萬平方公里。汀江流入廣東，則是福建唯一出省的河流。

清代福建建置：

清初原與明代一樣，省下有福州、興化、泉州、漳州、延平、建寧、邵武、汀州八府.康熙二十三年（公元 1685 年）增設臺灣府，雍正二年（1724 年）升福寧州爲福寧府，十二年（1734 年）升永春、龍岩爲直隸州，光緒十二年（公元 1886 年）臺灣從福建析出設立臺灣省，至清末統計，福建有九府、二州、五十八縣、六廳。具體如下：

福州府：領十縣二廳。閩縣、侯官、長樂、福清、連江、羅源、古田、屏南、閩清、永福；海防廳、平潭廳。

興化府：領莆田、仙遊二縣。

泉州府：領五縣、二廳。晉江、南安、惠安、安溪、同安；馬巷廳、廈防廳。

漳州府：領七縣、一廳。龍溪、漳浦、南靖、長泰、平和、詔安、海澄；雲霄廳。

延平府：領六縣、一廳。南平、順昌、將樂、沙縣、尤溪、永安；上洋廳。

建寧府：領七縣。建安、甌寧、建陽、崇安、浦城、政和、松溪。

邵武府：領四縣。邵武、光澤、泰寧、建寧。

汀州府：領八縣。長汀、寧化、清流、歸化、連城、上杭、武平、永定。

〔註 2〕指 1949 年以後的建置而言。

福寧府：領五縣。霞浦、福鼎、福安、寧德、壽寧。

龍岩州：領二縣。漳平、寧洋；龍岩州（自管）。

永春州：領二縣。德化、大田；永春州（自管）。〔註3〕

福建東臨大海，良港眾多，並且佔有全國五分之一長的海岸線，長達 3051 公里，僅次於廣東，海岸曲率 1：5.7，則是全國第一。大小島嶼星羅棋布，主要島嶼有廈門島、平潭島、東山島等；著名的港灣有湄洲灣、泉州港等。福建的先民很早就懂得利用海上交通和海上資源來發展經濟。〔註4〕

福建古代重要港口簡介：

泉州港：「港口興，泉州興」，泉州港又叫「古刺桐港」，包括泉州灣、深滬灣、圍頭灣等區域，而以泉州灣爲主。從南朝開始，泉州港就與海外有所往來，隋唐時期繼續發展，北宋初期泉州港的海外貿易已經具有一定的規模：「宋代泉州有三條海外航線：東北線爲泉州——明州（寧波）——高麗（今朝鮮）——日本；東南線爲泉州——澎湖——麻逸（今菲律賓民多洛島）——渤泥（今印尼加里曼丹）；西南線爲泉州——西沙——占城（今越南中部），其中一路至渤泥，另一路自占城抵三佛齊（今蘇門答臘），越過馬六甲海峽，經細蘭（今斯里蘭卡）——印度故臨——波斯灣沿阿拉伯海西行至亞丁灣和東非的弼琶羅（今索馬里）——層拔（今桑給巴爾）。當時泉州與日本、高麗、古城、渤泥、眞臘（今柬埔寨）、暹羅（今泰國）、馬六甲（馬來西亞）、蒲甘（今緬甸）、天竺、細蘭、波斯、大食、弼琶羅、層拔等 57 國家和地區有海交貿易關係，泉州港呈現『漲海聲中萬國商』的繁榮景象。蕃商都居住在泉州東南隅的『蕃人巷』。他們運來犀象、珠璣、玻璃、瑪瑙、香料、胡椒，運去絲綢、瓷器、茶葉。1974 年泉州灣後渚港出土的南宋古船，反映了宋代泉州灣對外貿易的繁榮。」〔註5〕元代，泉州港繼續發展繁榮，並走向鼎盛，以」東方第一大港」著稱於世，意大利威尼斯商人馬可波羅於至元

〔註3〕　資料來源：《福建日報》社編：《八閩縱橫》（福建地方史料・內部資料・第一集），1980 年 2 月。

〔註4〕　有關福建地理的數據，參見汪征魯主編：《福建史綱》，福建人民出版社 2003年 2 月，第 1～4 頁。

〔註5〕　《泉州港輝煌歷史和海外交通史》，http://www.qzwb.com/gh/content/2003-03/10/content_740011.htm。

二十八年（1291 年）曾來泉州，摩洛哥伊賓拔都也於至正七年（1347年）由海路來泉州，他們都目睹了泉州港的興盛。

漳州月港：漳州的海外貿易在北宋時期就很活躍，政府在這裏設置巡檢，負責招待海商。但 17 世紀位於今海澄的月港的興起才使漳州真正成為一個重要的港口。月港本非深水良港，只因明成化時泉州市舶司僅專管對琉球的貿易，禁止私商進出港口，成化以後，市舶司移福州，也不允許私人貿易，所以私人走私貿易多趨月港，月港一躍成為重要的對外貿易港口，有「小蘇杭」之稱。來往月港的有西班牙、葡萄牙、日本等商人。由於月港的私商貿易已經成為事實，明政府於隆慶元年（1567 年）下令開海禁，從此月港成為合法港口。

福州港：宋代福州港已成為繁華都會，海外貿易興盛，而且造船業發達，出現了專門為外商提供船舶的「蕃舶户」。福州有開往海外的航線，曾任福州太守的蔡襄在《荔枝譜》中記載：福州有船「舟行新羅、日本、琉球、大食之屬。」元代福州港的海外貿易繼續發展，至元二十八年（1291 年）馬可波羅經過福州，看到許多商船從印度駛達福州港。福州港作為外貿港口的地位，在明代與琉球貿易往來中出現了高潮，成為當時最有活力的港口。〔註6〕

2. 福建文化的特徵

福建的氣候與地理特徵，決定了福建文化具有以下兩個顯著的特點：
一是福建文化的多元性（開放性）。

福建文化的來源主要有三，如果按時間上的先後次序排列是：閩越固有、中原傳播、西域影響。

首先是閩越文化。福建優厚的地理氣候條件，適宜人類的生存與發展。據說，距今 18 萬年以前，福建中部的三明境內就有原始人類；距今 4～8 萬年前，閩南的漳州也有原始人生活，並越過臺灣海峽，成為在距今 2～3 萬年前的臺灣「左旗人」的祖先；距今 1 萬年前，在福建的武夷山、三明、清流、泉州、廈門、漳州、東山、龍岩等都發現原始人活動的遺蹟。他們以洞穴為

〔註 6〕 具體參見汪征魯主編：《福建史綱》，福建人民出版社 2003 年 2 月，第 82～84頁；陳自強：《泉潭集》，國際華文出版社 2004 年 12 月，第 121～166 頁。

家，居無定所，過著狩獵、捕撈和採集生活。隨後，在福建各地產生了具有典型代表性的新石器時代文化，而且逐漸形成了古代的原始民族——閩族，在夏、商、周時期，福建各地已有古老民族「閩族」或「七閩」出現。他們有眾多的支系或族團，由此形成閩中地區多樣性的文化面貌。戰國晚期，大量越人南遷，進入閩中後與當地土著閩人結合而形成「閩越族」。其最重要的文化標誌是以蛇爲圖騰以及斷髮紋身等。〔註7〕福建文化中就保留了許多閩越遺風，如對於蛇的崇拜，今天福建各地仍然保存不少蛇王廟。

其次是中原文化在福建的傳播。由於福建地處東南，遠離中原的政治中心，中原漢族大規模進入福建，在歷史上主要有四次：第一次是西晉末年的八姓入閩。這些人多是中州士族，有較高的文化素養，爲避永嘉之亂而來福建；第二次則是陳元光開發漳州；第三次是唐末五代王審知治閩，王與其兄起率中原人馬五千餘人進入福建，定都福州，後得封「閩王」；第四次是北宋南遷。宋室南遷，大量的中原百姓爲避戰亂而進入福建。〔註8〕這四次大規模的移民活動，給福建帶來了大量的中原人口以及文明程度遠遠高於本土文化的中原文化，促進了福建社會、經濟、文化的發展。

福建號稱理學之鄉，「海濱鄒魯」，朱子學就是產生於南宋時期的福建，在宋代理學的諸多學派中，以江西廬山濂溪的周敦頤的「濂學」、河南洛陽程顥程頤的「洛學」、陝西關中張載的「關學」以及福建朱熹的「閩學」最爲出名。朱熹是徽州人，但他出生於福建尤溪，受學於福建學人，生平之活動也大都是在福建，其門人弟子多來自於福建各地。在福建的朱子學，有著共同的特點，其中最突出的就是善取各家之精要而加以融會貫通，並且特別的重禮義、重民族氣節。〔註9〕

最後是西域文化的影響。東南沿海海上交通史表明，從漢代起至東吳以至南朝，東南沿海已經成爲通往廣州、越南以及西域的海上通道，福建也是這海上通道的要津。有學者推測，東漢、東吳、西晉時期，很可能有西域僧人取海路來華。近年來有人通過對東南沿海地區考古發現的漢晉時期陶製的胡俑、塔式罐等進行研究，認爲：公元前 2 世紀左右開始，西域濱海地區的

〔註7〕參見林國平：《福建移民史》，方志出版社 2005 年 1 月，第 4 頁。

〔註8〕何綿山：《閩文化概論》，北京大學出版社 1996 年 11 月，第 2～3 頁；詳見林國平：《福建移民史》，方志出版社 2005 年 1 月。

〔註9〕參見高令印、陳其芳：《福建朱子學》，福建人民出版社 1986 年 10 月，第 1～12 頁。

「胡人」以奴隸、商人、佛教徒等身份，從海上入居中國東南沿海地區，從而把佛教帶入中國，其明顯的表現是當時這一帶民俗觀念的巨大變化。〔註10〕當然，福建佛教文化還是受與中原移民一起進入福建的中原佛教文化的影響更深些。

福建文化的這種多元性，使得福建文化比較的開放，往往更容易接受新文化的輸入。明清以來西方天主教在福建一些地區就得到了較爲廣泛的傳播。

二是福建文化的延伸性。

這又包括兩個方面，一是向其他省地延伸，一是向海外延伸（包括臺灣等）。

明清時期，隨著北方移民的不斷入閩以及在閩人口的繁衍，福建人口與耕地問題逐漸緊張，所謂「閩中有可耕之人，無可耕之地」，這時福建移民出現了新的特點，這就是由原來的遷入轉爲大規模遷出爲主。輸出的人口主要的集中於福建周邊的省份，如江西、浙江、廣東等地，從事經濟作物種植與糧食生產，也有從事手工業生產等。

還有主要就是向臺灣以及海外移民。臺灣與福建隔海相望，明末鄭芝龍占據臺灣時，曾到閩南招募上萬饑民去臺灣墾荒，這是臺灣歷史上第一次有組織的大規模的移民活動。福建向海外的移民主要有三條路線：一是移民琉球，明政府曾決定賜閩人三十六姓給琉球；二是移民東南亞，福建人移居東南亞，開始於唐宋，那時人數不多，到明清時期形成高潮，整個東南亞華僑人數應不少於 10 萬，其中泉州籍華僑人數達到四五萬人之多；三是移民日本，主要是一些商人以及明末清初不願意仕清的士人、應邀前去的佛教僧人等。〔註11〕

福建大量的移民運動，給福建文化增添了活力，福建的文化也伴隨著遷移的福建人在各地生根發芽，日後成爲聯結福建本土與各地特別是海外各地人士的紐帶。

第二節　福建古代的對外文化交流

文化交流在文化發展中具有不可低估的作用，它是人類社會必然的一種現象，有力地推動著文化的發展，並且在文化交流中催生新的文化。

〔註10〕王榮國：《福建佛教史》，廈門大學出版社 1997 年 9 月，第 3～4 頁。
〔註11〕參見林國平：《福建移民史》，方志出版社 2005 年 1 月，第 6～7 頁。

　　福建海上交通的發達，其對外文化交流很早就得以開展。因本書所涉，我們在這裏只討論福建與日本、福建與歐洲各國在古代的文化交流。〔註12〕

　　前已述及，福建的移民主要有三個方向，其中之一就是移民日本。中國與日本是一衣帶水的東亞鄰邦，中日之間有文字記載的文化交流史就超過2000 年，對兩國特別是對日本的政治、經濟和文化產生了深遠的影響。據說東漢王充《論衡》中所記「成王之時，越常獻雉，倭人貢暢」，其中的「倭人」指的就是日本人，那麼可知西周時期就與日本有了來往。自《三國志》首立《倭人傳》後，此後共有 16 部正史中都有倭人傳、倭國傳或日本傳。到了隋唐時期，中日交流進入第一個熱潮。隋朝 38 年間日本共遣使來華 4 次，唐代時更是大量的派遣使節、留學生、學問僧來中國，每次至少 250 人，最多時候有五六百人。這些來華的日本人員，從中國學習或帶回許多的漢文典籍，使得日本社會產生了深刻的變革。宋元時期因政治原因，兩國交流趨於緊張和疏遠，惟有僧人來往頻繁。明清時期的中日交流更趨多樣化。〔註13〕

　　宋元以前，福建與日本的交流就已展開，但是宋元以後交流才更加廣泛與深入。當時福建各大港口如泉州港等都有日本來的船隻。宋代福建與日本文化交流中最有影響的是當然也是僧人的文化往來。宋元豐三年（1080 年）至政和二年（1112 年）福州東禪寺刻印的《大藏經》，和政和五年（1115 年）至紹興十八年（1148 年）福州開元寺刻印的《大藏經》，都通過來閩的日本僧人傳到日本，藏於日本各大寺院和圖書館。福建刻印的大量書籍也通過日本僧人或商人帶回日本，許多刊本在中國已經散失，在日本得以保存下來。同時，日本也常從福建聘請刻工到日本刻印佛經和其他書籍。明清時期，福建與日本的交流進入鼎盛時期。明中葉以後，福建與日本的海上交通和貿易進一步拓展，很多福建人到日本經商致富，並成爲當地華僑的領袖，其中最著名的就是鄭芝龍，他所領導的海商集團開闢了泉州到日本長崎的航線。還有很多僧人和士大夫爲中日文化交流作出了貢獻。如著名的僧人隱元，在日本開創了「黃檗宗」，對日本禪宗的振興起到了積極作用，不僅如此，佛教寺院的建設，對於日本的建築、繪畫、文學等也都會產生深刻的影響。〔註14〕

〔註12〕其他與亞洲各國等的交往具體的內容可以參閱：林金水，謝必震主編：《福建對外文化交流史》，福州：福建教育出版社，1997 年。

〔註13〕李英武：《豐富多彩　雙向互動——中日文化交流史探析》，《唐都學刊》，2005年 5 月。

〔註14〕劉澤亮：《黃檗禪哲學思想研究》，湖北人民出版社 1999 年 10 月，第 259～164 頁。

綜觀福建與日本文化交流的歷史，我們可以得出如下三個顯著的特點：一是商業貿易本身就包含了文化交流的內容；二是流寓日本的商人、文人士大夫與僧侶，在文化交流中起到了重要作用；三是閩學（朱子學）在日本有廣泛的傳播與影響。朱子學對日本社會的思想、政治、教育、倫理道德等方面都產生了重大影響，出現了一批具有進步思想唯物主義傾向的思想家，如貝原益軒等。〔註15〕

宗教是一種異質文化的代表。中國與西方的文化交流，與基督教〔註16〕在中國的傳播密切相關。西方基督教最早傳入中國是在唐朝初年，此時傳入的基督教屬於該教的一個支派——「聶斯脫利派」（Nestorianism），時稱為「景教」。到北宋年間，景教在中國內地銷聲匿跡，中國史籍中也再沒有與景教相關的記載。只有南方或西北邊遠地區的少數民族地區，景教仍然得到尊奉。蒙古人定鼎中原後，景教再次進入中國本部。元代的基督教稱為「也里可溫」，它是景教和天主教羅馬方濟各會派的統稱。〔註17〕

由於特殊的經濟地理和文化環境，元代福建的泉州港成為中國南方也里可溫教的一個重要的傳教據點。元代泉州不僅是世界著名的海港，各地來往船隻、商旅絡繹不絕，而且泉州也是世界宗教薈萃之地：佛教、道教、伊斯蘭教、婆羅門教、摩尼教、襖教以及也里可溫教等等在這裏都有傳播。1307年羅馬教皇格勒門五世封孟高維諾為北京天主教區總主教時，曾派遣方濟各會具有主教品位的七名教士來華，後來到達中國的只有三位教士，他們先後被任命為泉州教區的主教。

1322～1328年間意大利著名的旅行家、方各濟會會士鄂多立克（Odoric，1286～1331年）在中國旅行。回國後其記述自己在華經歷成《鄂多立克東遊錄》，其中詳細記述了他對福州的印象，文中也提到泉州的兩座教堂。〔註18〕

元代基督教在福建泉州的傳播是不爭的事實，但是否在福建其他地區傳播則史無明確記載。據說當時漳州也有基督教徒的活動，但至今仍有爭議。〔註19〕

明朝時期，首先與福建溝通並爆發戰爭的是葡萄牙。1517年葡萄牙的一支艦隊駛抵漳州，這是葡萄牙人的首次入閩。1547年，葡萄牙人在浙江被驅

〔註15〕汪征魯主編：《福建史綱》，福建人民出版社2003年2月，第413頁。
〔註16〕本書所指「基督教」都是廣義上的含義，包括天主教與新教等。
〔註17〕陳支平主編：《福建宗教史》，福建教育出版社1996年11月，第358～364頁。
〔註18〕何高濟翻譯，鄂多立克：《邵多立克東遊錄》，中華書局1981年第65、66頁。
〔註19〕陳支平主編：《福建宗教史》，福建教育出版社1996年11月，第370頁。

逐之後，大量往漳州通商，建立了貿易基地。1549 年明軍在詔安打敗葡萄牙
軍隊，生擒其首領以及大量戰俘押往福州。繼葡萄牙之後第二個與中國接觸
的西方國家是西班牙。1575 年西班牙傳教士馬丁・德拉達（Martin de Rata）
奉菲律賓總督派遣訪問福建，除了尋找通商口岸與要求中國政府准許互市
外，還要求准許外國教士對華傳教，但遭到拒絕。拉達是西方第一位漢學家，
曾寫了一部《中國的語言藝術與詞匯》（Arte y Vocabulario de la Lengua
China），這是歐洲人研究中國語言文字的第一部著作。他的福建之行也被他寫
成《中國紀行》（原名字很長，此是簡譯）。〔註 20〕

　　明清時期與福建接觸最多的則是荷蘭的東印度公司。荷蘭在福建的活動
大致可以分為兩個時期：第一個時期（1604～1653 年），荷蘭多次以武力侵入
臺澎，1624～1662 年占據臺灣；第二個時期（1655～1687 年），荷蘭遣使朝
貢，與清軍聯合反對鄭氏集團，1662 年臺灣被鄭成功收復後聯合清軍夾擊鄭
軍，企圖換取日後通商之許可。1681 年後把目光轉向澳門，以求另闢通商基
地。〔註 21〕

　　與其他西方國家相比，英國抵達福建較晚。在鴉片戰爭之前，中國人對
於英國的認識非常的模糊，「無論是利瑪竇的世界地圖，還是《職方外記》、《坤
輿圖說》，對英國的敘述都很簡略，而且將英國放在十分次要的位置，這客觀
上反映了英國在當時歐洲的現實地位。」〔註 22〕1662 年荷蘭在臺灣被驅逐後
英國才乘機而入，與鄭氏集團建立貿易關係，在廈門建立工廠。這一時期，
福建通過菲律賓——美洲的海上絲綢之路，還與美洲國家建立了貿易往來和
文化交流關係。

　　元代滅亡以後基督教在中國都逐漸沉寂。明中葉以後，不僅沿海一帶因
福建通商與葡萄牙、西班牙、荷蘭等西方國家的接觸，促使天主教日益活躍，
而且隨著利瑪竇等入華傳教的成功，天主教在福建也得到了廣泛深入的傳
播。此時在福建的基督教傳教士除了耶穌會士外，還有方濟各會和多明我會
的傳教士。其中貢獻最大的是意大利傳教士艾儒略（Julio Aleni，1582～1649
年）。艾儒略精通漢語，學識淵博，善於交際，曾應明大學士葉向高邀請入閩。

〔註 20〕張鎧：《中國與西班牙關係史》，大象出版社 2003 年 2 月，第 183～189 頁。
〔註 21〕汪征魯主編：《福建史綱》，福建人民出版社 2003 年 2 月，第 416 頁。
〔註 22〕龔纓晏：《鴉片戰爭前中國人對英國的認識》，載黃時鑒主編：《東西交流論
　　　　壇》，上海文藝出版社，1998 年 3 月。

天啓五年（1625 年）到達福州後遍遊福建各地，廣泛交結文人士大夫，並和他們詩詞唱和，至今巴黎國家圖書館仍藏有《熙朝崇正集》，收集了 71 位當時福建的名流學者題贈給艾儒略的詩。〔註 23〕此外，與福建有關的較著名的傳教士有耶穌會士、意大利人聶伯多（Petrus Canevari）、杜奧定（Augustinus Tudeschini），方濟各會會士、西班牙人利安當（Antonio a Sancta Maria Caballera），耶穌會士、葡萄牙人陽瑪諾（Emmanuel Diaz Junior），耶穌會士、葡萄牙人郭納德（Igna tius da Costa）等。這些基督教傳教士在福建的傳教活動，給福建和中國都帶來了許多新的思想觀念和先進的科學知識。

明末清初時期福建天主教教堂遍布八閩，甚至偏僻的閩北山區都有許多教堂和傳教士。福建的教民有更多的機會接觸傳教士，因而信仰更為虔誠，對天主教的理解也更加深刻，還出現了第一位中國籍主教_羅文藻（1616～1692 年）。〔註 24〕

「禮儀之爭」發生於 17～18 世紀，是有關中國祭祖、祭孔禮儀的大爭論，對東西方歷史都產生巨大影響，其星星之火就點燃於福建。閩籍官員或閩地官員對禮儀之爭的影響是巨大的，正是他們的一再上疏反對天主教，最終導致清政府的禁教措施，給天主教致命一擊，也限制了中國與西方的密切聯繫。〔註 25〕

第三節　與福建有關的古代翻譯活動

1. 古代佛教與福建翻譯活動

中國歷史上曾經有過三次翻譯的高潮：東漢至唐宋的佛經翻譯；明末清初的西方科技翻譯和近代的西方政治思想與文學翻譯。

佛經的翻譯，確鑿可考的應該從東漢桓帝安世高譯出《明度五十校計經》

〔註 23〕見吳相湘主編：《天主教東傳文獻（一）》，內收《熙朝崇正集》，臺灣：臺灣學生書局 1966 年 11 月；有關研究可以參見林金水：《試論艾儒略傳播基督教的策略與方法》，《世界宗教研究》1995 年第 1 期；陳支平主編：《福建宗教史》，福建教育出版社 1996 年 11 月，第 373～381 頁。

〔註 24〕郭慕夫：《第一位中國主教——羅文藻（1616～1692）》，《中國天主教》2002 年第一期；陳支平主編：《福建宗教史》，福建教育出版社 1996 年 11 月，第 384～389 頁。

〔註 25〕林金水：《中西禮儀之爭在福建》，《教育評論》1995 年第 3 期。

始〔註 26〕，我國的佛經翻譯主要可以分爲以下四個階段：草創時期（東漢至西晉）、發展時期（東晉至隋）、全盛時期（唐）和基本結束時期（宋代）。各個時期的佛經翻譯都形成了一定的特點。早期的佛經翻譯，主要採取直譯法，語言艱澀，翻譯大都依靠外籍僧人或華籍胡裔僧人等，而且此時的翻譯多是民間活動，政府尚未給以支持，翻譯的質量不夠理想；第二階段即發展時期，佛教在南北都得到迅速的傳播與發展，政府比較重視佛教，此時的翻譯活動開始轉入官譯和集體翻譯，翻譯的理論和技巧都有所進步；唐代是中國空前繁榮的時代，佛教在這一時期也得到空前的發展，這一階段的佛經翻譯達於頂峰：出現了精通梵漢語言的中國翻譯大家（如玄奘），形成有嚴密組織和操作程序的翻譯譯場，並且得到政府的大力支持；最後是宋代的佛經翻譯，

因爲北宋之初正是印度密教盛行之時，宋代又繼唐代全盛之後，這一時期的佛經翻譯主要是一些密教經典的翻譯，和唐代相比在數量上雖然相差不大，但質量相差甚遠，譯文艱澀，因譯者的水平限制，多有誤譯，而且由於很多密教經典和中國的思想、習俗有所違逆，遭到政府的查禁。宋以後佛經翻譯進入低潮。〔註 27〕

福建與佛教的關係，如前所述及，有學者推測，東漢、東吳、西晉時期，很可能有西域僧人取海路來華。但和福建關係較爲密切的佛教翻譯家，自然要數南朝時期著名翻譯家眞諦法師，他是和鳩摩羅什、玄奘、義淨齊名的四大翻譯家之一。

拘那羅陀（梵語 Paramartha；499～569 年），又譯拘那羅他，意譯眞諦，西印度優禪尼婆羅門族人，精通佛典，世稱」眞諦三藏」。唐道宣《續高僧傳》本傳稱其「景行澄明、器宇清肅、風神爽拔、悠然自遠。群藏廣部，周不屑懷；藝術異能，偏素諳練。」〔註 28〕眞諦於中大同元年（546 年）應梁武帝之邀來華，到達南海（今廣州），太清二年（548 年）入健康，得到梁武帝的禮遇。正著手翻譯佛經之際，「侯景之亂」爆發，奔徙於蘇、浙、贛各地，「逮陳武永定

〔註 26〕 孫昌武：《漢譯佛典翻譯文學選》「前言」，南開大學出版社 2005 年 7 月，第 I 頁：案：有人認爲《四十二章經》是最早的佛經譯本，但著名的佛教學者呂澂先生否定了這種說法，具體參見呂澂：《中國佛學源流略講），中華書局 1979 年 8 月，第 20～27、276～282 頁。

〔註 27〕 馬祖毅：《中國翻譯簡史》，中國對外翻譯出版社 1998 年 6 月，第 18～94 頁。

〔註 28〕 〔唐〕道宣：《高僧傳合集·續高僧傳》卷一，《陳南海郡西天竺沙門拘那羅陀傳五》，上海：上海古籍出版社，1991.12，第 109 頁下。

二年七月，還返豫章，又止臨川、晉安（治在今福州）諸郡。眞諦雖傳經論，道缺情離本意不申，更觀機壞，遂欲泛舶往楞伽修國。道俗虔請結誓留之，不免物議，遂停南越（晉安郡），便與前梁舊齒，重覆所翻，其有文旨乖競者，皆熔冶成範始末倫通。」〔註29〕眞諦入閩，先是駐錫「晉安佛力寺」，據《三山志》記載，此寺在閩縣，創建於梁普通五年（524 年），具體位置不詳。〔註30〕湯用彤先生認爲：「前梁舊齒」當指僧宗、法準、僧忍等，這三人都是梁代名僧，他們當時也來晉安，他們和眞諦一起對前人翻譯過的經典進行重新的核對，並糾正、潤飾前人譯作。眞諦在這裏究竟翻譯了多少佛經，無法詳細知道，但至少有《正論釋義》五卷。〔註31〕眞諦在晉安住了兩年多，轉去梁安郡，「飄寓投委，無心寧寄，又泛小舶至梁安郡，更裝大舶，欲返西國。學徒追逐，相續留連。太守王方奢，述衆元情，重申邀請。諦又且修人事，權止海隅，伺旅束裝，未思安堵。至三年九月，發自梁安，泛舶西引，業風賦命，飄還廣州。十二月中，上南海岸。」〔註32〕有關「梁安」此地所在，至今聚訟紛繁，一說即是南安郡，在閩南方言中「梁」、「南」讀音相似，《續高僧傳》作者誤爲「梁」。王榮國先生等都認爲就是福建的南安郡。〔註33〕眞諦在南安九日山附近的「建造伽藍」重新翻譯《金剛般若波羅蜜經》並「文義十卷」。據傳南安九日山「翻經石」就是當年眞諦翻譯佛經之遺蹟。眞諦於天嘉三年（562 年）離開南安郡，去往廣州。陳太建元年（569 年）在廣州圓寂。眞諦雖因世亂，輾轉奔波於中國各地，但他譯出經典部卷之多，仍爲同時諸譯師所不及。他所譯經論及講述疏記，據《歷代三寶紀》記載一共有 48 部、232 卷（內有重出和他家混入的），《開元錄》刊定其譯籍爲 38 部、118 卷。

眞諦在福建逗留三年多，收穫甚富，遷禪師《攝論序》云：「值梁季混淆，橫流薦及，法師因此避地東西，……末至九江，返游五嶺，凡所翻譯，卷軸未多。後適閩越，敷說不少。」〔註34〕眞諦翻譯的態度是很嚴肅的，前述及

〔註29〕〔唐〕道宣：《高僧傳合集·續高僧傳》卷一，《陳南海郡西天竺沙門拘那羅陀傳五》，上海：上海古籍出版社，1991.12，第 109 頁下。

〔註30〕參見王榮國：《福建佛教史》，廈門大學出版社 1997 年 9 月，第 34 頁。

〔註31〕參見王榮國：《福建佛教史》，廈門大學出版社 1997 年 9 月，第 34 頁。

〔註32〕〔唐〕道宣：《高僧傳合集·續高僧傳》卷一，《陳南海郡西天竺沙門拘那羅陀傳五》，上海：上海古籍出版社，1991.12，第 109 頁下。

〔註33〕參見王榮國：《福建佛教史》，廈門大學出版社 1997 年 9 月，第 34、35 頁。

〔註34〕遷禪師：《攝大乘論釋序》，轉引自王榮國：《福建佛教史》，廈門大學出版社 1997 年 9 月，第 36 頁。

他與眾僧重新翻譯舊籍，可見他翻譯的愼重。梁慧愷《攝大乘論序》中就盛讚眞諦「旣妙解聲論，善識方言，詞有隱而必彰，義無微而不暢。」〔註35〕

　　就翻譯而言，眞諦主要是意譯，不夠忠實，印順導師在《攝大乘論講記》中評論說：「本論（《攝大乘論》）在我國有三種譯本：一、元魏佛陀扇多譯，二、陳眞諦譯，三、唐玄奘。這三種譯本，文義大致相同。譯論中的世親釋，我國也有三譯：一、眞諦譯，二、隋達磨笈多譯，三、玄奘譯。這將三種譯論的譯本內容比較起來，相差就很遠了。陳譯最多，有十五卷，隋譯與唐譯的都只有十卷。講到翻譯的忠實，眞諦譯可說不很忠實；但說他的見解錯誤，那也不盡然。細讀他的譯文，有些思想是與無性釋相同的；因此可以推想到他是參考無性釋，或當時其他的釋論的綜合糅譯成的。」〔註36〕

2. 古代基督教與福建翻譯活動

　　福建與外國的文化交流在元代與明末清初時期都形成一定的高潮。元代泉州是景教、伊斯蘭教的重要傳教據點，西方傳教士也較早地進入福建地區進行活動。據上海徐家匯藏書樓所藏書目初步統計，十六與十七世紀耶穌會士在中國的譯著出版的就有 402 種，其中直接宣傳宗教教義與耶穌會活動的就有 301 種〔註37〕。

　　我們將與福建有關的翻譯記載收集如下：

　　1575 年，西班牙傳教士拉達（Martin de Rata）來福建之後返回時，曾帶走大量的禮物和 100 多部中國書籍，內容包括財政、稅收、航運、港口、醫學、天文學、建築、宗教、數學、歷史等共 28 類，回國後拉達請人將這些書籍完整或部分地翻譯成西班牙語，並根據這些書籍編寫《出使福建記》（Narrative of Rada's Mission to Fukien June-October1575 年）和《記大明的中國事情》（Relation of theThings of China, Which is Properly Called Taibin）。〔註38〕

〔註35〕轉引自馬祖毅：《中國翻譯簡史》，中國對外翻譯出版社 1998 年 6 月，第 49 頁。
〔註36〕印順：《攝大乘論講記・懸論》，福建莆田廣化寺印本，第 4 頁。
〔註37〕江文漢：《明清間在華的天主教耶穌會》，知識出版社 1987 年 6 月，第 98 頁；另外在費賴之《在華耶穌會士列傳及書目》中也有傳教士譯著書目，但是很多沒有明確翻譯地點或出版地點。參見〔法〕費賴之：《在華耶穌會士列傳及書目》，中華書局 1995 年 11 月。
〔註38〕汪征魯主編：《福建史綱》，福建人民出版社 2003 年 2 月，第 416 頁。

耶穌會士、葡萄牙人郭納德（Ignace da Costa），漢字德旌，明崇禎七年（1634年）來華，先在福州學習語言，後往陝西傳教。清順治七年（1650年）來福建，在延平、邵武、建寧等地傳教，他最大的貢獻在於將儒家經典《大學》翻譯成拉丁文西傳歐洲，這是中國「四書」最早的譯本〔註39〕，名曰《中國智慧》，由殷鐸澤神甫以中文和拉丁文對照在江西付印。〔註40〕

羅文藻（西班牙名字羅稗士，Lopez）作爲第一個中國籍主教，他的西班牙文、拉丁文和神學都有一定的水準〔註41〕，可惜沒有明確的翻譯出版記錄（《聖經》的福建方言譯本一般是在近代有較明確的出版記載，如其中最早被翻譯成廈門方言的是《約翰福音》，1852年出版；《聖經》的福州話節譯本，1854年出版〔註42〕）。

乾隆年間，法國耶蘇會士韓國英（Pierre-Martial Cibot，1727～1780年）將南宋宋慈的《洗冤錄》翻譯成法文：Notice du Livre Chionois Si-Yuen。此收錄於《耶蘇會士中國書簡集》第四卷，1779年在巴黎出版。宋慈是福建建陽人。〔註43〕

1828年，德國漢學家克拉普洛特（Klaproth）將清朝福建同安人陳倫迥的《海國聞見錄》翻譯成法文：Traite sur l'Origine des Richesses au Japon，此書後於巴黎出版。陳迥倫，字次安，康熙年間諸生。該書記載其經歷的海外見聞，或詢問得來的有關海外的情況。該書收入《四庫全書·史部地理類》。〔註44〕

此外，特別值得一提的是清代中期一位由教會培養的中國翻譯家，曾獲法國皇家文庫中文翻譯家稱號的黃加略。

黃加略（1679～1716年），也稱黃嘉略，其法語名字爲 Arcade Hoangh（一說 Arcadio Hoamg 或 Arcadius Hoange），福建莆田人。黃加略出生於一個天主教家庭，早年喪父，由母親交給莆田的巴黎外方傳教會的李斐理（La Blanc）教士撫養。李親自教授神學與拉丁文，另外請當地名儒教授中文。後又得依

〔註39〕 《明心寶鑑》1590年被翻譯成西班牙文，是第一部是中文翻譯成西文的著述。見張鎧：《中國與西班牙關係史》，大象出版社2003年2月，第204頁。

〔註40〕 〔法〕費賴之：《在華耶穌會士列傳及書目》，中華書局1995年11月，第224～226頁。

〔註41〕 郭慕夫：《第一位中國主教——羅文藻（1616～1692）》，《中國天主教》2002年第一期。

〔註42〕 林金水主編：《福建對外文化交流史》，福建教育出版社，第406～410頁。

〔註43〕 林金水主編：《福建對外文化交流史》，福建教育出版社，第367頁。

〔註44〕 林金水主編：《福建對外文化交流史》，福建教育出版社，第366頁。

主教梁宏（弘）仁（Artus de Lionne）。1702 年梁奉命到羅馬彙報禮儀之爭的情況，黃加略得以同往，次年到達羅馬。1706 年，梁宏仁完成任務後回到巴黎，候船欲返中國，因病滯留。黃加略因此留居法國，經人推薦開始教授法人漢語，並此領得一份年金。此後，黃加略受聘爲路易十四的中文翻譯官，負責翻譯傳教士的信函，整理皇家圖書館的中文書籍並翻譯一些中文經典著作的章節，編寫漢語語法與漢法詞典等。1711 年因其在翻譯方面的貢獻獲得了法國皇家文庫中文翻譯家稱號。1713 年與巴黎姑娘瑪麗・克勞德・蕾妮（Marie-Claude Regnier）結婚，1715 年妻子生產後因病亡故，黃加略專心工作，不再娶妻，1716 年 10 月 15 日客死異鄉。在法期間，黃加略曾有機會回中國，但因考慮在國內的禁教形勢，最後還是留居法國。〔註45〕

　　黃加略在中法文化交流上的業績，主要有兩部分，「其一是他所編撰的著述，其中有的已經完成，有的尚未完成；其二是他對法國學者在漢學方面提供的幫助以及由此產生的影響，其中有的見諸文字，有的僅見諸彼此交往等活動。」〔註46〕對於這兩個部分，我們可以分別從以下四個方面進行說明：

　　第一，黃加略在中國翻譯史上第一次把中國小說翻譯爲法文（雖然尚未完成）。他曾動手翻譯荑荻散人所著之才子佳人小說《玉嬌梨》頭三回，後因弗雷萊說此書不合法國人口味而放棄。半個世紀後才有人從英文轉譯《好逑傳》（1766 年里昂努瓦迪普萊出版社出版），一個世紀後法國漢學家雷慕沙（Abel Remisat，1788～1832）才翻譯完《玉嬌梨》一書。

　　第二，黃加略編撰《漢法字典》。此是其另一部未完成的作品，遺稿現存於法國巴黎國立圖書館東方部。這項編撰工作是由於法國皇家文庫的要求而進行的。字典其實是由兩部字典組成，即同音字典和部首檢索字典。許明龍認爲，從內容看，黃加略並非簡單地翻譯現成的中文字典，而是根據法國人的需要編寫漢語字典。從體例上看，語音檢索和部首檢索並行可以滿足漢語初學者不同層次的需求。〔註 47〕《漢法字典》雖未完成，但仍然具有很高的學術價值。

〔註45〕有關黃加略生平可以參閱許明龍：《黃嘉略與早期法國漢學》，中華書局，2004年 1 月；岳峰、林本椿：《黃加略》，載《中國翻譯》，2004 年 1 月第一期。
〔註46〕許明龍：《黃嘉略與早期法國漢學》，中華書局，2004 年 1 月，第 125 頁。
〔註47〕董海櫻：《〈黃嘉略與早期法國漢學〉評介》，《史學理論研究》，2005 年第 3期。

第三，黃加略基本上完成了《漢語語法》的編撰。其具體內容包括序言與正文。正文分兩部分：第一部分主要集中在口語語法，含漢語語法論稿、漢語詞匯、漢字起源、漢語官話和方言、禮儀用語、文人情景對話等十餘題，該部分按照語法體系編寫，論及語音、語法和句法。第二部分是有關中國的知識，含中國簡況、政府現狀、各省概述、官職、種植等，具有很高的實用價值。有關手稿現存於巴黎國立圖書館、巴黎天文臺圖書館等處。〔註48〕

第四，黃加略在法國的活動，給一些法國學者予巨大影響。首先是法國18世紀著名的啓蒙思想家孟德斯鳩。孟德斯鳩一生從未到過中國，但他對中國卻有著深刻的瞭解，這都歸功於黃加略。黃是孟德斯鳩唯一接觸過的中國人，1713年10月，孟德斯鳩經人介紹，在巴黎結識了黃加略，多次與之會談。同年11月，孟德斯鳩父親病故，還特地向黃辭行，足見兩人關係的密切。黃加略與孟德斯鳩談話的內容涉及中國的宗教、政制、法律、科舉、歷史、文字、風俗與文學等各個方面。孟德斯鳩將與黃的談話整理成詳細的筆記，現已發現的共有三種：一種見於孟德斯鳩題名爲《隨筆》的筆記集；一種是20世紀50年代發現的手稿，共20頁，題爲《我與黃先生的談話摘錄》，寫於1713年；一是孟德斯鳩題名爲《地理》的筆記集第二卷，題目也是《我與黃先生的談話摘錄》〔註49〕。足見孟德斯鳩對於黃加略提供的有關中國的信息的重視。其次，還有兩位法國第一流漢學家弗雷萊和傅爾蒙。他們在認識黃加略之前都是漢字盲，後來得到黃加略的幫助。此外還有植物學家茹西歐、東方學家加朗、地理和天文學家德利爾等也從黃加略那裏瞭解到很多有關中國的各個方面的知識。

黃加略在中法文化交流史上作出了如此巨大的作用，但一直以來都湮沒無聞，其原因主要有二：一是其作品大都沒有完成，也沒有出版，影響有限；二是他的成果被弗雷萊和傅爾蒙所剿竊。〔註50〕有關黃加略的具體問題，著名學者許明龍已經做了深入而具體的研究〔註51〕，這使我們得以重新認識、評價這位中法文化交流的偉大先驅。

〔註48〕岳峰、林本椿：《黃加略》，載《中國翻譯》，2004年1月第一期。

〔註49〕薛世平：《一個對孟德斯鳩有深刻影響的莆田人——黃嘉略》，《福建師範大學福清分校學報》，2002年第1期。

〔註50〕岳峰、林本椿：《黃加略》，載《中國翻譯》，2004年1月第一期。

〔註51〕許明龍：《黃嘉略與早期法國漢學》，中華書局，2004年1月。以及許先生一系列有關黃加略的研究論文。

　　除了黃加略外，乾隆年間留學歐洲的福建人員還有 5 人，他們是蔡文安、嚴雅谷、蔡若祥、嚴寬仁、嚴甘霖等，他們就讀於意大利那不勒斯的聖家書院，此書院亦名中華書院、文華書院，是意大利傳教士馬國賢（Matteo Ripa）於雍正十年（1732 年）設立，主要的目的是招收中國青年及有志到遠東傳教的西人以及土爾其人，教授拉丁文和各類科學，做晉升司鐸的準備。光緒十四年（1888 年）該學院被封閉，此間共有 106 名中國留學生在此畢業。〔註52〕蔡文安等其他 5 名留學生沒有明確的翻譯記載。

〔註52〕林金水主編：《福建對外文化交流史》，福建教育出版社，第 310、311 頁。

第 3 章　鴉片戰爭與洋務運動時期的閩籍翻譯家（1840～1894）

　　當西方資本主義蓬勃發展的時候，中國的最後一個封建王朝——清朝的統治卻走向了沒落，但它仍然奉行閉關鎖國的政策，1840 年鴉片戰爭爆發，西方列強用武力打開了中國的大門，中國的苦難開始了……

　　在與苦難的抗爭中，如何消除國人對西方的無知與偏見，開拓國人的視野成為一個重大的歷史使命，福建的翻譯家在這方面又做了先鋒。

第一節　鴉片戰爭前中國人對西方的認識

　　古代的中國並不都是一個盲目排外的封閉國家（梁啟超曾激憤地說：「我中國以排外聞於天下也久矣。」〔註1〕），佛教的傳入就是一個很好的例證，當時有大量的天竺、安息、大秦等西域國家佛教徒進入中國，他們在中國經商甚至定居，帶來了完全異質的文化；同時，也有中土勇敢的僧侶，長途跋涉前往西域各國，如著名的高僧法顯、玄奘等，他們從那裏帶回經典，從事翻譯工作，為佛教這一外來宗教在中國的發展作出了積極的貢獻。

　　柳詒微先生在其名著《中國文化史》中把中國文化大致的劃分為三個時期：一是構建中國獨立文化之時期，大約是遠古至兩漢：二是中印文化交流之時期，主要是佛教文化在中國的發展與演變，時間大約是東漢至明季：三

〔註1〕 梁啟超：《排外平議》，鄭振鐸《晚清文選》，第 469 頁。

是中西文化的碰撞時期，時間是自明季開始。〔註2〕在第二個時期的文化交流中，以佛教文化為代表的印度文化畢竟與中國本土的文化是一樣發達的兩種文化，因而佛教文化在進入中國之後，對於中國本土文化並不構成顛覆性威脅，它們之間「除卻內容的差異外，讓人們所感受到的，已經很難說是兩種不同水平的文化的高下之分，而是生於本土和來自城外的兩種不同文化的主賓之別。」〔註3〕所以佛教文化在中國的生存是通過「中國化」來得以實現的——雙方都從對方那裏吸取營養，互相的影響，但主賓之位置未曾得到動搖。

中國古人自稱「中國」，也許中國古代確實一直有「天朝」和「中央」的陶醉感。唐代是一個大氣磅礴的時代，唐太宗以「天可汗」的盛譽而得四夷來朝是多少王朝的夢想，但必須承認，唐以後的歷代中原王朝，這種天朝的自信心態就開始越來越受到挑戰。從北宋起，中國政府就開始改變了唐代以來一貫的自信的舊政策，特別禁止知識的向外擴散，同時也限制知識的對內傳播。〔註4〕當進入第三時期的文化交流也就是中西文化交流的時候，這樣的自信更是受到了威脅：以歐洲文化為代表的西方文化與中國文化已經明顯的具有先進與落後的區別，而且這樣的文化交流一方是主動的、進攻性的，而且具有超越國界的國際活動的性質。〔註5〕當然這樣的威脅在明末清初時期依然不是非常的嚴重。

利瑪竇以後，西洋傳教士不斷的進入中國，他們是抱著宗教的熱情來中國宣揚主的福音，同時也帶來了各種西洋的科學與藝術知識。「由於翻譯過來的天主教教義，逐漸被來歷久遠的漢語詞匯淡化了它的異常性，淹沒在中國的信仰世界中，所以，在那個時代，更凸顯了其知識與思想的異常性的，卻是西洋關於天地的知識。」〔註6〕傳教士帶來的新鮮知識，很快被當時的一部分人士所接受，但這樣的影響是有限的。中國傳統的思想與文化根深蒂固，當西洋文化這一新知識和傳統的「常識」相違背的時候，出於一種民族的自

〔註2〕 柳治徵：《中國文化史》，參見丁偉志等：《中西體用之間：晚清中西文化觀述論》，北京：中國社會科學出版社 1995 年 5 月，第 2 頁。

〔註3〕 丁偉志等：《中西體用之間：晚清中西文化觀述論》，北京：中國社會科學出版社 1995 年 5 月，第 3 頁。

〔註4〕 參見葛兆光：《中國思想史》第三編，復旦大學出版社 2001 年 12 月，第 329 頁。

〔註5〕 丁偉志等：《中西體用之間：晚清中西文化觀述論》，北京：中國社會科學出版社 1995 年 5 月，第 4～6 頁。

〔註6〕 葛兆光：《中國思想史》第三編，復旦大學出版社 2001 年 12 月，第 342 頁。

尊或對古聖盲目的推崇，他們自然而然的要選擇排斥或有意的將其貶低，擺出「西學中源」的調子。利瑪竇曾說：「中國人把所有的外國人都看作沒有知識的野蠻人，並且就用這樣的詞句來稱呼他們呢。他們甚至不屑從外國人的書裏學習任何東西，因爲他們相信只有他們自己才有眞正的科學和知識。」〔註7〕「西學中源」是當時普遍流行的看法，從明清著名的大思想家如黃宗羲、王夫之，到王朝的皇帝康熙，他們都認同這一觀點。黃宗羲言：「勾股之術乃周公、商高之遺，而後人失之，使西人得以竊其傳。」王夫之言：「蓋西夷之可取者，唯遠近測法一術，其他皆剽竊中國之緒餘。」康熙謂算法在西洋稱爲「阿尓朱巴爾」，意乃是「傳自東方之謂也。」〔註8〕

明萬曆十二年（1854年），意大利傳教士利瑪竇在中國刻印了《山海輿地全圖》，這是中國刻印的第一幅依照西洋科學方法繪製的世界地圖，從思想史的角度看，「它的意義並不是作爲中國的第一幅世界地圖，因爲在它之前，中國也曾有過自己的世界地圖，它的重要意義是，它改變了中國人心中、眼中的世界圖像：在這幅地圖中，人們生活的世界不再是平面的，而是一個圓形的，中國不再雄據世界的中心，而是與很多國家一樣，錯落地分佈在這個圓形的世界上，中國也不再占據了地圖的大部分，四夷也不再是零星散亂的、彷彿不攀附在天朝的衣襟上就會墜落到地圖之外的小邦，在廣袤的世界上原來有這樣多彼此相當的國家。」〔註9〕這種世界知識對於中國傳統的「天朝」、「世界中心」的心態會是多麼巨大的衝擊！

西洋人帶來了新的世界知識，但直到鴉片戰爭爆發，中國人對於西方世界的認識還是那麼的無知。鴉片戰爭是由英國發起的，對於近代中國人來說，英國就是中國的禍首，它是與鴉片貿易、侵略戰爭與中國人民深重的苦難相聯繫的。然而對於英國，在戰爭爆發前，中國的民眾對它還是一知半解。

清朝人在敘述英國時，往往說其「自古不通中國」，在英國人認識中國300多年之後，中國人對它還是那樣的陌生。在利瑪竇所繪製的《坤輿萬國全圖》（1602年）和艾儒略的《職方外記》（1623年）、南懷仁的《坤輿全圖》、《坤

〔註7〕 利瑪竇：《利瑪竇中國札記》第一卷第九章，轉引自葛兆光：《中國思想史》第三編，復旦大學出版社2001年12月，第350頁。
〔註8〕 以上皆轉引自葛兆光：《中國思想史》第三編，復旦大學出版社2001年12月，第448頁。
〔註9〕 葛兆光：《中國思想史》第三編，復旦大學出版社2001年12月，第360頁。

興圖說》等地理著作中，都有有關英國的敘述，但都很簡略。雖然傳教士把歐洲介紹給了中國，但中國人並沒有充分利用，他們瞭解的歐洲或英國是通過自己與這些外國人的交往而得來的，而不是依靠傳教士的著作。由於「天朝上國」觀念的作祟，當英國外交使臣馬嘎爾尼率團來中國請求開展中英貿易，但是清朝政府僅僅是將其看做一般的「朝貢」使團。對於使團拒絕行跪拜禮節，當時甚至傳言「西洋人用布紮腿，跪拜不便，是其國俗，不知叩首之禮。」〔註10〕中國政府還錯誤地認識了中英之間的貿易關係，愚昧地認為「漢夷交易，繫屬天朝丕冒海隅，以中原之貨殖，拯彼國之人民，非利其區區賦稅也。」（道光十一年奏摺）「夫蕃土百貨非中國不可缺，而中國之茶藥則為蕃土所必須。」（湯彝，道光十五年）〔註11〕在他們眼裏，英國只是一個小小的野蠻之國，有著「犬羊之性」，它敢欺負比它弱小的國家，但對於泱泱大國如我中華者，則「未嘗敢試於大國之疆，恐停貿易，……彼之國計民生，豈不大有關係？」（顏斯綜《海防餘論》）〔註12〕他們還主張對英國「示以兵威」，真不知道當時的英國乃是一個有著強大軍隊與富強國力的新興的資本主義強國，等到他們認識到自己的自大與愚昧的時候，已經付出了慘痛的血的代價！馬克思曾說：

> 一個人口幾乎占人類三分之一的幅員廣大的帝國，不顧時勢，仍然安於現狀，由於被強力排斥於世界聯繫的體系之外面孤立無依，因此竭力以天朝盡善盡美的幻想來欺騙自己，這樣一個帝國終於要在這樣一場殊死的決鬥中死去，在這場決鬥中，陳腐世界的代表是激於道義原則，而最現代的社會的代表卻是為了獲得賤買貴賣的特權——這的確是一種悲劇，甚至詩人的幻想也永遠不敢創造出這種離奇的悲劇題材。〔註13〕

〔註10〕見龔纓晏：《鴉片戰爭前中國人對英國的認識》，《東西交流論譚》，上海文藝出版社1998年3月，第246頁，此類可笑而無知的言語甚多，可以參閱熊月之：《晚清社會對西學的認知程度》，載王宏志主編：《翻譯與創作：中國近代翻譯小說論》，北京大學出版社2000年3月，第28～42頁。

〔註11〕見龔纓晏：《鴉片戰爭前中國人對英國的認識》，《東西交流論譚》，上海文藝出版社1998年3月，第261頁。

〔註12〕見龔纓晏：《鴉片戰爭前中國人對英國的認識》，《東西交流論譚》，上海文藝出版社1998年3月，第262頁。

〔註13〕馬克思：《鴉片貿易史》，《馬克思恩格斯選集》第2卷，人民出版社1972年，第26頁。

第二節　本時期閩籍翻譯家及其主要譯作

中國的近代史是以 1840 年爆發的鴉片戰爭爲開端的，與之相聯繫的是偉大的福建籍民族英雄、被世人稱爲「看世界的第一人」的林則徐。

林則徐（1785～1850 年），字元撫，又字少穆、石麟，晚號矣（右加立字）村老人，侯官縣（今福州市）人。1839 年，林則徐爲禁烟到達廣州後就「日日使人刺探西事」，收集外文書報進行翻譯。

林則徐的譯書活動遇到的首要難題是：自己不通外文，而當時國內精通英文之人才稀少。〔註 14〕林則徐打破常規，招聘許多身份卑微但通曉外文的人員，組成了一個具有很強業務能力的翻譯班子，他自己也從他們開始學習英文，以期能夠在處理外務時做到「知己知彼」。〔註 15〕這些參與翻譯的人員，對於外國的情況都比較瞭解（一般都有教會背景），都有在國外生活的經歷，對外文特別是英文有較高的水平。正是在這些人員的幫助之下，林則徐率先開啓了國人對西方世界探索的大門。

目前學術界都認爲林則徐翻譯班子成員主要爲四人，分別是亞孟、袁德輝、亞林（林阿適）、梁進德等〔註 16〕，也就是裨治文在《中國叢報》中所言的：「林欽差聘用了四個當地人，他們全都會講英文。第一位是個年輕人，在檳榔嶼和馬六甲受教育，多年受聘於北京政府。第二位是上了年紀的人，他是在印度塞蘭普爾受的教育。第三位也是一個年輕人，他一度在美國康涅狄格州康沃爾學校讀過書。第四位也是青年，他是在中國受的教育，他能正確而流利地閱讀與翻譯報刊上的一般資料。」〔註 17〕

此四人情況大致如下：

袁德輝：小名小德，原籍四川，即《中國叢報》中提到的在馬來西亞檳榔嶼和馬六甲受教育的華僑青年。曾就讀於檳榔嶼天主教學校，通拉丁文，後在

〔註 14〕林則徐精通滿文，曾經把司馬光的《諫院題名記》、韓愈的《詩說》翻譯成滿文，揚名京師，「欽取翻譯第一名，授遍修。」，參見陳福康：《中國譯學理論史稿》上海外語教育出版社 1992 年 11 月，第 83 頁。

〔註 15〕楊國禎：《林則徐傳》，人民出版社 1995 年 10 月第二版，第 218 頁注 3。

〔註 16〕可以參閱邵雪萍、林本椿：《林則徐和他的翻譯班子》，《福建翻譯家研究》，福建教育出版社 2004 年 12 月，第 12、13 頁；李偉：《中國近代翻譯史》，齊魯書社 2005 年 8 月，第 13、14 頁；楊國禎：《林則徐傳》，人民出版社 1995 年 10 月第二版，第 217 頁所言爲最初三人，沒有梁進德。

〔註 17〕〔美〕裨治文：《鴉片貿易危機》，《中國叢報》第 8 卷第 2 期，1839 年 6 月號，轉引自李偉：《中國近代翻譯史》，齊魯書社 2005 年 8 月，第 12、13 頁。

馬六甲英華學院讀書，能說流利的官話，寫一手好字，英文也頗有造詣，曾寫過《英語與學生輔助讀物》的大學用書。曾長期工作於北京理蕃院，翻譯有關外交文件。1830 年來廣州奉命收集外國書記，1838 年再次來廣州，次年入林則徐翻譯班子，爲其中骨幹（主要譯書者）。1879 年 7 月的《澳門日報》還發表過據說是該報第一篇的漢譯英文件，這是由林則徐發佈一則英文告示，該報在轉載這篇告示的時候還加了一個編者按：「據我們瞭解，這是來自中國方面用英文書寫的第一個文件。顯然，這是在北京政府內工作多年的欽差大臣的高級譯員的作品。其慣用語全是中國式的，並且，像其他所有的漢語文件一樣，它是沒有標點的。如果讀者能夠看懂其內容說的是什麼，那麼他們就會從文件內領悟欽差大臣明顯的同情及他的誠懇願望，亦即英國船隻可以照常進入虎門及許諾他『對待外國人決不會採取兩種態度』。這是一件值得留下記錄的文件」〔註18〕。1839 年，袁德輝還爲林則徐翻譯給英國女皇的照會。

亞孟：其父爲中國人，母親是孟加拉人，曾師從英國浸會教派牧師馬什曼，在印度一所教會學校接受過教育。曾參與《聖經》的中譯工作，約於 1830 年回到廣州，1839 年受聘於林則徐。據說亞孟的英文水平是四人當中比較差的。

亞林：又名林阿適，英文名爲 Willialm Botelho（衛廉・波特爾），早年留學美國，1822～1825 年曾在美國康涅狄格州康沃爾地方的美國基督教公理會的差會部的學校讀書。1825 年回到廣州，1839 年受聘於林則徐。

梁進德：廣東高明人，中國第一位傳教士梁發的兒子。1823 年由馬禮遜施洗入教，從裨治文學習英文和希伯來文，1834 年隨父到新加坡，1837 年回到廣州，1839 年往澳門，後受聘於林則徐。他被認爲是四人當中最精通英文者，是《四洲志》的主要翻譯人員之一。〔註 19〕

除了這四人爲主要成員之外，還有一些人員也參與翻譯、審定翻譯書稿、介紹翻譯書刊，例如陳耀祖、梁庭楠、張維屏、俞正燮、美國商人亨德、傳教士伯駕（P.Parker，1804～1888 年）、勃郎（美國公理會傳教士，英華書院校長）等，林則徐還眞正不避嫌疑，禮賢下士，常常將洋行買辦、通事等各類人員招集行轅議事。〔註 20〕林則徐翻譯班子翻譯的著作涉及政治、經濟、

〔註18〕楊國禎：《林則徐傳》，人民出版社 1995 年 10 月第二版，第 269 頁。

〔註19〕楊國禎：《林則徐傳》，人民山版社 1995 年 10 月第二版，第 251 頁。

〔註20〕1939 年 6 月 10 日，林則徐派出三位幕僚同在廣州開設眼科醫院的美國傳教士伯駕會面，談話中他們仔細討論了有關地理方面的問題，伯駕獻出了一本《各

歷史、法律、地理等各個方面，這些知識都是當時國人所缺乏的，也是最急需的。其中主要的有：

一、《澳門新聞紙》（The Canton Press）：此係林則徐主持西文報刊的摘譯彙編。對於該彙編的材料來源，有不同的說法，以前大都認為是從裨治文所辦的《中國叢報》月刊（The Chinese Repository，舊譯《澳門月報》），但學者經過譯文與原文的對照之後得出事實並非如此。該彙編材料來源主要應該有三：一是鴉片商人馬地臣（James Matheson）辦的《廣州紀事報》（Canton Register），該報為美國人伍德（W.W.wood）於 1827 年創辦；二是英國「自由貿易派」，即反對東印度公司壟斷貿易的商人創辦的《廣州周報》（Canton Press）；三是《新加坡自由報》。摘譯文章的時間自 1838 年 7 月 16 日至 1840 年 11 月 7 日，按時間順序類輯。內容包括中國的報導、評論，對中國政府禁烟的反應以及各國的日常事件、政府動態等。其中一些材料被林則徐精心選取組成《澳門月報》，包括論中國、論茶葉、論禁烟、論用兵、論各國夷情等 5 輯。這些材料對於當時的清朝政府實施一些決策有絕對重要的參考價值。〔註 21〕

二、《華事夷言》：該書收錄於《海國圖志》第 83 卷，「大抵摘西洋雜誌、日報中有關中國之言論而成，以覘其對事物的看法。」〔註 22〕但主要是依據 1836 年倫敦出版的德庇時（John Francis Davis）所著之《中國人：中華帝國及其居民的概況》一書。其他也有收錄地爾窪（A.S.Thelwall）《對華鴉片貿易罪過論》（The Iniquities of the Opium Trade with China，1939 年倫敦出版），該書作者為英國劍橋大學三一學院的布道士，他指責「鴉片貿易給英國國旗帶來了莫大的侮辱。」〔註 23〕通過此書，林則徐也知道不是所有的英國人都支持鴉片貿易，要區分「良夷」與「奸夷」。

三、《各國律例》：又譯《萬國律例》、《滑達爾各國律例》，約兩千字，原作者是瑞士法學家滑達爾（Emerich de Vattel，1714～1767 年），書名全稱 The Law of Nations, or Principles of the Law of Nature, Applied to the Conduct and

國地圖集》，一部地理書，一個地球儀供林則徐使用。林則徐還曾接見裨治文，談話中提到想得到地圖、地理書和其他外文書籍，特別是馬禮遜（R.Moeeison）的《英華字典》（A Pictioary of thiuee Lanuage），見楊國楨：《林則徐傳》，人民出版社 1996 年 10 月第二版，第 251～254 頁。

〔註 21〕李偉：《中國近代翻譯史》，齊魯書社 2005 年 8 月，第 15 頁。
〔註 22〕小方壺齋與地叢抄再補編，上海書局，1931 年。
〔註 23〕楊國楨：《林則徐傳》，人民出版社 1995 年 10 月第二版，第 304 頁。

Affairs of Nations and Sovereigns（《國際法，或運用在國家和主權的行為和事務上的自然法則》，1758 年出版）。主要由袁德輝翻譯一部分，美國傳教士伯駕也翻譯了一部分。伯駕在醫院年報第 6565 號病案中寫道：「與他初次來往是在（1839 年）七月間，不是治病，而是他叫行商送來滑達爾的《各國律例》若干段，要求譯成中文，這幾段談到戰爭，敵對措施如封鎖、禁運等等。」〔註24〕林譯本主要是從奇蒂（J.Chitty）的英譯本摘譯。初收入《四洲志》，後入《海國圖志》六十卷本第 52 卷，百卷本第 83 卷。〔註25〕從《海國圖志》收集的譯文來看，其內容涉及走私問題、遵守所在國法律問題、戰爭法問題等，這些都擴充了林則徐對於西方法律的見識，並且可以在處理外事活動中實際運用之。

四、《洋事雜錄》：約 2.1 萬字。係林則徐在組織翻譯西方報刊時，向到過外國的中國人或從廣州來的外國人詢問夷情的口述材料彙編，其中就有英國醫生史濟泰、英國歸僑容林、印度孟加拉歸僑溫文伯、馬來西亞歸僑袁德輝口述外國見聞。〔註26〕

五、《四洲志》：這是林則徐編譯的最重要著作，是中國近代第一部相對完整、比較系統的世界地理志書。1938 年林則徐組織翻譯英國人慕瑞（Hugh Murray）所著的《世界地理大全》（The Encyclopaedia of Geography），慕瑞此書 1936 年在倫敦出版，《四洲志》就主要翻譯該書而成。林則徐在編譯《四洲志》的時候也進行了編排，對於一些不當乃至錯誤進行了修正。如排列的順序，以中國為主，由近及遠，由東而西（原書順序是先歐洲後其他各洲）；又如原書將中國（China）、西藏（Tibet）、東韃韃里（Eastern Tartar）分裂成三個部分敘述，並說西藏和東韃韃里說成「Foreign Dominion China」（納入中國版圖的外國領土），林則徐對他們的荒謬寫法進行改正。〔註27〕

六、致英國女皇照會的翻譯：此是為照會英國女皇，希望其敦促英國商人從此安分守己地進行經濟貿易，制止對中國進行鴉片輸入。對於該照會，林則徐和道光皇帝都非常的慎重（但其中文辭所表現的仍然是中國人一貫的「上國」自態和口氣）。〔註28〕該照會由林則徐擬底稿，1839 年 8 月 3 日呈道

〔註24〕楊國楨：《林則徐傳》，人民出版社 1995 年 10 月第二版，第 273 頁。

〔註25〕馬祖毅：《中國翻譯簡史》，中國對外翻譯出版公司，第 330、331 頁。

〔註26〕楊國楨：《林則徐傳》，人民出版社 1995 年 10 月第二版，第 314 頁。

〔註27〕李偉：《中國近代翻譯史》，齊魯書社 2005 年 8 月，第 18、19 頁。

〔註28〕《會奏擬具檄諭英吉利國王底稿恭候欽定摺》、《擬諭英吉利國王檄》，《林文忠公政書》，中國書店 1991 年 11 月，第 135 頁。

光皇帝批閱，後由袁德輝翻譯成英文。爲使譯稿更爲準確，林則徐還請伯駕、喜爾（都是外國醫生）翻譯、修改。喜爾曾說：「他交付一封給英國女王的函件，文辭仍舊是一貫的浮誇口氣，使我不禁失聲而笑，……原函很長，是用毛筆寫的，筆述清晰，內容主妥是說鴉片貿易及其惡果的一篇長文，並且希望女王陛下能夠加以干涉，協助遏止烟禍。」〔註29〕此照會 1840 年 1 月 18 日交由一位英國船主帶回倫敦。

　　此期重要的閩籍翻譯家主要還有羅豐祿、陳季同、黃乃裳等。

　　林則徐在鴉片戰爭中雖然積極利用外國情報資料，但清廷之腐敗以及中國軍事科技的落後決定了戰爭必然的失敗。在經歷鴉片戰爭的彌漫硝烟之後，清政府與英國簽定了屈辱的《南京條約》，中華民族到了極其危亡的時刻。滿清政府也搖搖欲墜，各地的農民起義與外國列強的無休止的瓜分，使得清政府的一些大員開始認識到當今之世乃「數千年未有之變局」，他們開始重視洋務，從 19 世紀 60 年代開始，從中央到地方形成了所謂的「洋務派」。洋務派們開展了洋務運動，這時期對洋務人才的培養則提到政府具體日程上來，改科舉、設學堂、派留學、譯新書，中西文化交流得到進一步發展。洋務派創辦的洋務機構也是翻譯西學的重要機構，主要的有京師同文館和江南製造局的翻譯館等。京師同文館的設立原因，丁韙良在《同文館記》中提到：「同文館的誕生，實源於 1860 年中國的首都被迫開放，容許外國使臣居住，因而不得不培植翻譯人才，以爲外交之助。」〔註30〕當時條約的具體條款（如出現理解分歧要求以英文條文爲準）也迫使清政府加強翻譯人才的培養。這些機構的設立，積極推動了西學的傳播，也爲以後中西文化的深入交流奠定了人才基礎。〔註31〕

　　福建設立了福建船政學堂（「求是堂藝局」）。這是清末最早的海軍學校，1866 年閩浙總督左宗棠在福州創辦，招收 16 歲以下學生，分前學堂、後學堂，按英法海軍學校教育體制設置，學習期限 5 年。前後學堂學習科目各有側重，前學堂學法文、算術、幾何、代數、三角、天文、地理、航行等，後學堂學

〔註29〕楊國禎：《林則徐傳》，人民出版社 1995 年 10 月第二版，第 315 頁。

〔註30〕丁韙良：《同文館記》，張靜廬：《中國出版史料補編》，中華書局 1957 年，第 4 頁。

〔註31〕京師同文館翻譯西書目錄可以參見李偉：《中國近代翻譯史》「京師同文館翻譯西書目錄」，第 78～80 頁；「江南製造局翻譯館譯書統計表」，第 98 頁，齊魯書社 2005 年 8 月。

習英文、算術、機械操作等，也設有中國傳統科目，讀《孝經》等。學堂有法國、英國教員。1876 年沈葆禎、李鴻章奏令選派學堂學生分赴英法留學，是我國第一批學習海軍之留學生。該學堂的宗旨，如左宗棠所言，乃是在於「學造」而不是「製造」，要之，學習近代科學知識造就中國自己的科技人才才是根本。這在風氣未開的晚清社會，洋務運動也還是起步階段之時，船政學堂可謂中國近代教育的先驅。〔註32〕

洋務派創辦的洋務機構培養洋務人才，他們都要求學習外國文字，從 19 世紀 70 年代起，中國的部分知識分子開始涉足翻譯，但他們的角色還只能是筆述者（當時的翻譯模式是「西譯中述」，即由外國人口述大意，國人以筆述之）。但必須承認的是，洋務機構對於作爲外交人才的培養還是取得了相當的成就，羅豐祿、陳季同、張德彝等都是作爲外交家而參與翻譯的。

羅豐祿（1850～1901 年），字稷臣，福建閩縣人，1867 年入福建船政「求是堂藝局」，入後學堂學習英文、駕駛專業。1874 年 3 月以大考第一名成績畢業於後學堂第一屆駕駛班，並受到沈葆禎的賞識提拔，升任教習。1877 年獲選爲第一屆歐洲留學生，5 月 11 日抵達英國。在學習期間兼任華洋翻譯、文案，兼任英、德使館等翻譯。1880 年 2 月回國任北洋大臣李鴻章的英文秘書、外交顧問兼翻譯，很快得到賞識，與著名外交家伍廷芳並稱「合肥相國」手下的兩員英語大將。1881 年 2 月，經李鴻章奏請由候選主事升同知，賞加四品銜。1883 年 5 月，羅豐祿調升水師營務處道員。1885 年，羅豐祿升任天津水師學堂會辦。1888 年 5 月，羅豐祿倰命協同北洋水師提督丁汝昌及林泰曾、劉步蟾等起草《北洋海軍章程》。甲午中日戰爭失敗後，清廷尋求「弱國外交」，謀求「以夷制夷」。1896 年初，羅豐祿作爲李鴻章的隨從參加沙皇的加冕禮並參與簽約談判；在德國，參加李鴻章與俾斯麥的會見；在英國，謁見維多利亞女皇，獲賜「羅稷臣豐祿爵士」；在法國、比利時、美國等進行各種外交活動。1896 年清朝廷諭命以二品頂戴記名海關道，賞四品京卿，升任太僕寺卿（從三品），出任駐英、意、比三國欽差大臣，成爲一代外交重臣。

1901 年，羅豐祿病逝，嚴復題寫輓聯評價其一生曰：「能事聞重譯，傳經

〔註32〕 有關方面的研究比較重要的有孫占元：《福州船政前學堂與中國近代海防教育》，《山東師大學報》2001 年第 5 期；鄭順創：《福建船政學堂與近代西學傳播》，《史學月刊》1998 年第 4 期；潘懋元：《福建船政學堂的歷史地位與中西文化交流》，《東南學術》1998 年第 4 期等。我們在後面要專章討論，此從略。

固絕倫。」他為後人留下了大量的日記和書籍，其中也有翻譯作品如《海外名賢事略》、《貝斯福遊華筆記》等。〔註33〕

　　陳季同（1852～1907 年），字敬如（鏡如），號三乘槎客，西文名為 Tcheng Ki-tone（Chean Ki Tone），福建侯官人（今屬福州）。1866 年入福建船政局附設的「求是堂藝局」前學堂讀書，在此打下了堅實的法文基礎，1875 年畢業後被船政局錄用，後隨法國人日意格到英國、法國等參觀學習，1876 年回國，1877 年以翻譯身份隨官派留學生入法國政治學堂學「公法律例」，後從事外交工作，在巴黎居住十多年之久。1891 年回到中國，直至 1907 年逝世，陳季同再沒有離開中國。

　　陳季同通曉法文、英文、德文和拉丁文，法文造詣於晚清中國可稱獨步。其主要貢獻在於用法文寫作，對外介紹中國文化，並且自己也從事翻譯（其實他在用法文寫作時很多地方也涉及到對中國文字的翻譯）。時人評價他「每當譯書時，目視西書，手揮漢文，項刻數紙。」〔註34〕嚴復也把他視為清末難得的譯才。陳季同因其在法國文化界的特殊表現，法蘭西第三共和國曾授以他「一級國民教育勛章」，表彰他所作出的文化貢獻。〔註35〕不過在國內，陳季同的影響並不大，以至於直到長期湮沒無聞。陳季同的法文作品主要有《中國人自畫像》（Les Chinois peints par eux-memes）、《中國人的戲劇）》（Le theatre des Chinois）、《中國故事集》（Les contes chinois）、《中國的娛樂》（Les plaisirs en Chine）、《黃衫客傳奇）》（Le roman de l'homme jaune）、《巴黎人》（Les Parisiens peints par un Chinois）、《吾國》（Mon pays）等。

　　《中國故事集》是陳季同第一本譯著，全書選譯了《聊齋誌異》中的 26 篇故事，這也是《聊齋誌異》最早的法文譯本。該書題獻給其胞弟、另外一位翻譯家陳壽彭，作為兄弟二人閱讀《聊齋誌異》經歷的紀念。法國文學家法郎士（Anatole France，1844～1924）稱讚該書「比以前同類翻譯都要忠實的多」，並撰專文評論之。此書所選 26 篇僅占原書二十分之一，但都是具有代表性的作品，所選多是故事情節起伏跌宕、文筆細膩雋永者，對西方讀者有著巨大的吸引力。翻譯中陳季同保留了原文的結構和情節，但也融合了自

〔註33〕有關羅豐祿的介紹參照邵雪萍：《能事聞重譯，傳經固絕倫——記外交翻譯家羅豐祿》，《福建翻譯家研究》，福建教育出版社 20004 年 12 月，第 20～29 頁。
〔註34〕福建省通志局編纂：《福建通志》卷三四。
〔註35〕李華川：《晚清一個外交官的文化歷程》。北京大學出版社 2004 年 8 月，第 54 頁。

己的藝術加工，他改譯了許多的篇名，用西化的題目，例如《玉桂庵》該為《骨肉情深》，《陸判》該為《好心神》等，更為通俗明白，其次他也對原文做了一些刪節，主要是那些冗長的敘述，還有與不合西方文學口味的直白的「異史氏曰」的評論。〔註36〕

　　《中國人自畫像》（Les Chinois peints par eux-memes），該書中有《詩經》、《古典詩歌》兩章內容，主要介紹中國的古典詩歌，對中國詩歌的發展做了簡明的介紹，他說：

> 「愛情及其失望，悲傷及其憂鬱的情懷，失意的痛苦，這些都是詩人們用寓意的形式最經常吟詠的題材。」「中國和其他國家一樣，也有詩歌特別興盛的時代。在那些幸運的時代，繆斯女神創造了大量傑作。我們不妨用一棵樹的生長來比喻詩歌的發展：『古老的《詩經》是根，武帝時代開始發芽，建安時代迸發出大批新葉，最後至唐代，這棵樹已經枝繁葉茂，果實累累。』」〔註37〕

在文章中，他翻譯了《詩經》的《陟岵》、《出其東門》、《柏舟》、《靜女》等，還有李白、杜甫、孟浩然等的詩句，特別是全文翻譯了白居易的兩首名篇：《琵琶行》與《長恨歌》。從這些詩歌中，陳季同表達了他對於祖國的熱愛，對中國傳統文化的真摯追求，他把中國詩歌的意境與西方文學進行比較得出中國人「是熱愛和平的」，這樣的柔美意境代表了一種迥別於西方文化的特徵：

> 相比之下，描寫金戈鐵馬的戰爭場面的希臘詩歌是多麼不同！希臘詩人們的靈感來自兵法謀略、敵對雙方的仇恨、復仇的怒火以及搶劫的恐怖.在他們的詩裏，人們為了無休無止的攻城略地、漫無邊際的旅行和險象環生的冒險而拋家去國。而在我們的全部詩歌裏，卻洋溢著對和平的熱愛，以及與習俗緊密相連的對家庭的崇拜。

〔註38〕

《黃衫客傳奇》是陳季同創作的唯一一部長篇小說，取材於唐傳奇《霍小玉傳》，這是現在意義上的小說創作，不是翻譯作品。其行文也與中國傳統小說有很大區別。這是中國人在小說創作方面結合西方手法所進行的最早嘗試。

〔註36〕李華川：《晚清一個外交官的文化歷程》，北京大學出版社 2004 年 8 月，第 58 頁。

〔註37〕段映紅譯：《中國人自畫像》，廣西師範大學出版社 2006 年 1 月，第 118 頁。

〔註38〕段映紅譯：《中國人自畫像》，廣西師範大學出版社 2006 年 1 月，第 121 頁。

　　歸國後，陳季同積極參與維新運動，創辦了《求是報》，也是該報主筆，翻譯了許多法文文章，主要是新聞、法律和文學的著作。陳季同其他的翻譯著作有《卓舒及馬格利》、《拿破侖立國律》、《拿破侖齊家律》、《法蘭西報館律》等。

　　此外，還有著名的維新志士、革命黨人黃乃裳。黃乃裳（1849～1924年），字黻臣，又字九美、慕華，福建閩清人。年輕時候就好學深思，但貧困的生活使其受到各種人的冷落與嘲諷。黃乃裳曾立志「窮則獨善其身，達則兼濟天下」，他讀張衡《思玄賦》中有「襲溫恭之黻衣兮，被禮義之綉裳」之句，遂以黻臣（丞）為自己的字。後得遇傳教士薛承恩（Nathan Sites），基督教勸導的行善與贖罪，符合其獨善的需求：宣揚的救世觀念又與他達濟天下的大願相契合，因而 1866 年 12 月 16 日，他毅然歸依基督教，供職於教會，成為閩清縣首批基督教徒之一。其主要活動乃在 1894 年之後，此前他翻譯了許多宗教著作，如以福州話翻譯《舊約全書》，協助保靈牧師翻譯《美以美綱例》，協助薛承恩翻譯《天文圖說》、《聖經圖說》、《衛斯理傳》，協助美國傳教士武林吉翻譯《丁大理傳》等。此外，他還擔任教會報刊《郇山使者報》（1874 年美以美會在福州創辦）和《左海公道報》（19n 年福州安立甘、美以美、美部三教會聯合創辦）的主筆。他和羅、陳不同者，在於他是教會培養的代表。〔註 39〕

　　光緒二十二年（1896 年），黃乃裳在福州創辦了福建最早的一份報紙——《福報》，鼓吹維新變革，維新運動破產後被清政府通緝，後流亡新加坡，以率領千餘名福州府屬農民墾殖沙撈越詩巫墾區「新福州」而蜚聲中外。

　　此期間，嚴復〔註 40〕也翻譯了一些作品，主要是一些短文，如《蒲日耳遊歷日記》和一篇《泰晤士報》的評論，時間是光緒四年（1878 年），嚴復還在法國留學，這是他翻譯後寄給著名的外交大員郭嵩燾的。〔註 41〕嚴復翻譯這兩篇文章主要是為了表達自己對祖國時局的意見，在前一文中，原著者寫到：

　　　「中國能日圖治強，則亞細亞一洲，中國與英、俄當成鼎足之勢。以大

〔註39〕有關其社會活動情況，可以參看詹冠群著：《黃乃裳傳：維新志士. 拓荒者. 革命黨人》，福州：福建人民出版社，1992 年 6 月。
〔註40〕有關嚴復我們下章有專節討論，此不詳述。
〔註41〕孫應祥：《嚴復年譜》，福建人民出版社 2003 年 8 月，第 39～43 頁。

勢論之，英、俄皆勝取荒殘之地，而中國奄有亞細亞之半，地廣且腴，其民人之眾強，要爲全亞細亞全洲之主。統計三國大勢，兩倚則一孤。此次伊犁爭端，倘令俄國慨然持還中國，則二國邦交固而印度孤失。但俄國此時必不能行，是何故也？一是俄國前後占據中亞細亞，地皆荒鹵，得不償失，帷伊犁最爲饒足，難免萬分斬惜。二是以兵家形勢而言，伊犁最爲要隘。三是俄京新報近說：伊犁決不可還，蓋中國與歐洲諸國交接數十年，從未受過此等體面，今一如此，後與辦事必難爲繼，現時只有推委，中國原來不甚愛惜土地，遲久當忘之矣。俄人心計如此，中國主意又以爲得客什噶爾、不收還伊犁，於成功有缺，似又不肯放鬆。即俄人強據伊犁，中國以重師鎮駐，伊犁亦常有動搖之勢，……」〔註 42〕這些對於政府當局在指定方針時是很有參考價值的。

第三節　小結

本時期閩籍翻譯家的翻譯活動的特點，我們認爲可以歸結爲四點：

首先，本期內的這些翻譯家，嚴格說來都不是「專業」的翻譯家：林則徐是翻譯的組織者，羅豐祿與陳季同主要還是外交活動家。此期的翻譯活動，不僅閩籍翻譯人數有限，中國翻譯家人數也不多，主要翻譯活動還是外國傳教人員進行的，傳教士是此期翻譯的主要力量，對於他們在傳播西學方面的積極貢獻我們必須給予肯定，但也必須認識到他們的翻譯活動，在一定程度上也是有著「文化侵略」的企圖。林則徐之後的的翻譯活動可以以甲午戰爭（1894 年）爲界限，在此之前的西學傳播主要有兩個渠道：一是在華的外國傳教機構，一是官方的洋務機構。19 世紀 20～70 年代，傳教士是中國近代翻譯的主要力量。傳教士在中西文化交流上的角色難以作出一個很準確的評定，但在近代翻譯史上，他們的確作出了巨大的貢獻。

第二，該時期的閩籍翻譯家的翻譯，在國內，主要的是爲戰爭決策者所用，所以翻譯的目標多是集中在西方的地理以及時事之評論等，翻譯活動與一定的政治事件關係密切，如林則徐、嚴復等的翻譯。

第三，當時的士大夫階層有著強烈的民族優越感，他們只看到西方在軍事和科技等方面的領先地位，卻不願意承認西方文化與中國文化相比有其長

〔註42〕孫應樣：《嚴復年譜》，福建人民出版社 2003 年 8 月，第 39、40 頁。

處，此期的中國人還是頗為自得的，他們沒有體會到中國文化所要面臨的危機。

　　福柯曾說過：「任何時代的話語都不是個人的創造和想像力的成果，也不是自然延續的結果，而是權力的產物，權力通過一系列複雜的程序和隱蔽的的手段，來控制、選擇、組織和傳播作為話語形式的知識。」〔註43〕這裏所說的權力，正包含著影響翻譯策略的各個方面，如對待中西文化的態度、當時社會普遍的心理等。在國外的陳季同，在這樣一種交織的權力網中，他所做的是一種破除西方對中國偏見的努力，他所使用的寫作方式與思維模式，誠如研究者所指出的，完全是「憤懣——反駁」式，他對於中國的傳統文化還有一種天然的維護心結，西方文化對於他來說，還只是瞭解的對象，參照的對象，他還沒有體會到中國文化所要面臨的危機。洋務派提倡西學，但打的也是「中學為體，西學為用」的旗號。這心態在林則徐、羅豐祿與陳季同的言語和文章中都有著明顯的表露。

　　第四，雖然此期翻譯活動與後期相比，規模不大，對西方文化的介紹和認識還屬於初步和局部階段，但是其重要性不可低估。林則徐提倡翻譯外國書籍是為實現其「師夷長技以制夷」的目的，他開了學習洋務的先聲，在其影響下的其他人士，如後來的洋務派，他們主張學習外國的先進技術，開辦工廠，興辦軍事和民用工業，他們也積極翻譯外國圖書、報刊，培養各種科技軍事人才（也培養了許多的翻譯人才），其中如沈葆楨，他是林則徐的女婿，其創辦的福建船政學堂就成了近代中國海軍將領與翻譯家（包括外交家）的搖籃。

　　總之，這個時期的閩籍翻譯家以其開闊的視野在中國的近代化的潮流中獨領風騷，為後來的閩籍翻譯家奠定了堅實的基礎。

〔註43〕韓子滿：《文學翻譯的雜合研究》，上海譯文出版社2005年10月，第107頁。

第 4 章　維新時期閩籍翻譯家
（1895～1910）

　　鴉片戰爭及其之後的列強侵略戰爭中清政府節節敗退，這引起了政府上下的驚恐，他們也在尋求「自強」與「更新」之路，在一些朝廷中樞和地方大員的支持下，一場轟轟烈烈的洋務運動在中國展開了。但洋務運動作為中國「自強」與「更新」之路，顯然沒有多大的成效，1894 年，中國再次經歷了一次慘痛的戰爭——中日甲午戰爭。慘痛的歷史需要面對，維新思潮發展起來，翻譯就成為傳播西方新思想的重要媒介。在中國近代思想的轉折點上，嚴復等閩籍翻譯家扮演了十分重要的角色。

第一節　戰敗之辱與維新思潮

　　1840 鴉片戰爭之後，列強勢力瘋狂侵入中國，甲午戰爭的慘敗，給予中國人的沉痛打擊是前所未有的，因為之前的列強，都是西洋國家，他們和中華的聯繫在久遠的過去並不十分的緊密，當 1858 年的 6 月 20 日簽定《中英天津條約》後，西洋人擺脫了「夷人」的蔑稱，中國官方這種急劇轉變的態度的衝擊至少沒有超過國人可以承受的心理底線。但是，「東洋」和「西洋」是絕對不可以相提並論的，甲午戰敗之前，中國政府和中國人對於日本還是一種居高臨下的蔑視心態，因為稍微知道一點歷史的人都知道，古代中國一直是日本書化的輸出者，日本文明沒有中華文化的輸入是不可想像的，在中國人看來，日本不過是一個彈丸小國。然而現在，一直以高大形象屹立於此等「島國蝦夷」之前的泱泱中華卻要屈辱地向日本割地、賠款了……

　　這樣深入心脾的憂鬱與無奈，是中國人幾千年來所未曾有過的，民族自

尊的最低心理防線已經完全崩潰了、嚴重的民族與社會危機，使得大眾開始警醒，正如梁啓超所言：「吾國四千餘年大夢之喚醒，實自甲午戰敗割臺灣償二百兆以後始也。」〔註1〕革除積弊以圖自強，這是從下層百姓至於百官皇帝發自內心的吶喊，「徹底改革突然成了上下的『共識』，激進情緒突然成了普遍的『心情』，正像我們前面所說的那樣，曾經是頑固保守的官員，給中國帶來壓力的洋人，對國家積弱狀況並無深切瞭解但是有切膚體會的平民百姓，以及始終自覺承擔著使命的知識階層，似乎在1895年的刺激中，一下子都成了『改革者』，而改革趨向竟是相當一致的向西轉。」〔註2〕

早在林則徐之後，魏源就提出了「師夷長技以制夷」的口號，進而提出「道存乎實用」，不能「泥譜而拘方」，主張重視「變易之易」，道不變而法可變。〔註3〕洋務運動時期也出現了一批被稱爲早期改良派的思想家，如馮桂芬、王韜、薛福成、馬建忠、鄭觀應等，他們接著魏源以及龔自珍「道變器不變」的理論，用「道器」、「體用」和「本末」等範疇來討論中西學的關係，鼓吹採納西學。〔註4〕他們雖然與洋務派關係密切，但他們已經注意到如何才能突破模倣西方的器物技藝框架而從根本上學習西方的救國新方案，他們可以說是維新思想的先驅者。但要眞正的擺脫膚淺地學習西學的洋務思潮一統天下的局面，把西學集中於謀求政治的維新與文化的啓蒙，還是有賴於康有爲、梁啓超、譚嗣同、嚴復等一大批維新志士的努力。

康有爲（1858～1927年），原名祖詒，字廣廈，號長素，廣東南海人。出身世家，17歲開始接觸世界歷史地理知識，1879年康有爲初遊香港，購置了大量的西學書籍，1882年到達上海，又購買西書3000多冊，多爲江南製造局翻譯館翻譯書籍，涉及天文、地理、化學、生物等各個方面，自此康有爲思想大變，深深折服於西學。1888年康有爲第一次上書受挫，深感在中國要變法維新，必須有大量的主張變革的人才，1891年在故鄉開辦萬木草堂，梁啓超、陳千秋等都在此學習。在這期間，康有爲完成了《新學僞經考》、《孔子

〔註1〕 （戊戌政變記），轉引自丁偉志等：《中西體用之間：晚清中西文化觀述論》，北京：中國社會科學出版社1999年1月，第174頁。

〔註2〕 葛兆光：《中國思想史》第三編，復旦大學出版社2001年12月，第538頁。

〔註3〕 馮契：《中國近代哲學的革命進程》，上海：上海人民出版社1989年8月，第58頁。

〔註4〕 馮契：《中國近代哲學的革命進程》，上海：上海人民出版社1989年8月，第80頁。

改制考》等影響巨大的著作。《新學僞經考》1891 年刊行，書中對於一些頑固派奉爲圭臬的古代經典提出了大膽的懷疑，被頑固派指爲「欲黜君權，伸民力」，後遭嚴禁。《孔子改制考》1898 年春在上海刊行。書中指出，「六經」都是孔子爲了「託古改制」而親自寫成的作品，主張進步與革新，反對保守與守舊。梁啓超曾經把《新學僞經考》比作思想界之一大颶風，《孔子改制考》等似「火山大噴火」、「大地震」，這都恰當的表明了這些著作在當時的影響力。〔註5〕

　　康有爲領導了「公車上書」後，於 1895 年在北京創辦了《萬國公報》，組織「強學會」，宗旨定爲「求中國自強之學」。此後《萬國公報》改爲《中外紀聞》，由梁啓超等編輯，主要翻譯西方學說，宣傳變法維新思想，每期贈送在京官吏，擴大維新宣傳，1895 年 11 月在上海也組織「強學會」，出版《強學報》，影響與日俱增，不久都遭封禁。但隨後各地紛紛創立報刊、組織學會、開辦學堂，維新運動以不可遏止的勢頭走向高潮。正如學者指出的，「1895 年以後，新的傳媒、新式學堂、新的學會和新的報刊出現，『西方文化在轉型時代有著空前的擴傲』，而西方知識與思想也在這些載體的支持下，以前所未有的速度傳播。」〔註6〕

　　日益高漲的維新運動，形成了很大的聲勢，「朝野議論，無不談康有爲。」〔註7〕1898 年 1 月，根據政治形勢的變化，康有爲認爲維新已經深得人心，決定上書光緒皇帝，請求變法，提出要借鑒日本明治維新的經驗，並提出開制度局，允許百姓自由上書等建議。康有爲還熱情鼓動在京的各省維新人士，組織各種學會，其中主要的有「閩學會（林旭等）」、「粵學會」等，又以「保國、保種、保教」爲宗旨成立「保國會」。1898 年 6 月 11 日，光緒皇帝下「明定國是」詔，變法正式開始。但這場僅僅維持 103 天的「百日維新」，最終以「戊戌六君子」喋血菜市口、康有爲與梁啓超等維新志士逃亡海外而告終。〔註8〕

　　維新派對於翻譯西學十分的重視，正是在維新派的推動之下，各地也出現了各種譯書機構，一時傳播西學成爲風尚。

〔註5〕郭豫明主編：《中國近代史教程》，華東師範大學出版社，第 204～208 頁。
〔註6〕葛兆光：《中國思想史》第三編，復旦大學出版社 2001 年 12 月，第 541 頁。
〔註7〕郭豫明主編：《中國近代史教程》，華東師範大學出版社，第 211 頁。
〔註8〕郭豫明主編：《中國近代史教程》，華東師範大學出版社，第 216～225 頁。

　　梁啟超在其著作《變法通議》中有《論譯書》一章，對翻譯日本書籍（或轉譯日文的西學書籍）特別的推贊，翻譯日文書籍是當時的一種潮流，在甲午之前的 300 年中，日本翻譯中國書籍有 129 種之多，而中國翻譯日本的只有 12 種，且多還是日本人翻譯的。但甲午之後，情況大變，日本翻譯中國書籍僅為 16 種，內容多是文學，而中國翻譯日本書籍就有 958 種，內容涉及各個方面，〔註9〕這時的翻譯多是假手東洋介紹西洋新知，主要是因為日文易學，西文難通，他們把翻譯日本書籍作為一條學習西學的捷徑。〔註10〕

　　日本書籍翻譯量的增加也和當時留學日本學生數量的增加有極大的關係。甲午戰敗，中國人對於日本雖然心態複雜，但中國留學生的去向，大都選擇了日本，「中華欲遊學易成，必自日本始。」〔註11〕中國留學日本的人數越來越壯大：1901 年 280 人，1903 年 1242 人，1904 年 2557 人，1905 年 8000 人。為配合日本留學的大潮，國內各地還紛紛開設了日文學校，1897 年以後，福建境內就有福州東文學堂和泉州彰化學堂，他們聘用日本老師教習日文，一時形成旺盛的風氣。

　　維新運動失敗後，許多人對於清政府和改良派的信任動搖了，革命派形成一定的力量，影響日益擴大。革命派也十分重視對外文的翻譯，他們的翻譯著作主要宣揚的是資產階級的民主，反對封建的專制主義。他們最大的特色是翻譯出版了大量的歐美資產階級革命史、獨立史以及弱小國家之亡國史，為資產階級革命運動做好思想宜傳。

　　此外，該時期翻譯文學也有了新的面貌。一般學者認為，1840～1894 年是近代翻譯文學的萌芽期，此期主要所注重的是學習西方的科技，並不重視學術與文化的傳播，更何況對待文學（特別是小說），中國知識分子自古就存有偏見；1895～1904 年是近代翻譯文學的發展期，此期學術翻譯進入高潮，文學特別是西方小說的翻譯也得到新的發展。小說翻譯中言情小說（與傳統的有所區別）、政治小說、科幻小說、偵探小說（這三種是中國古代所未曾有

〔註9〕　參見葛兆光：《中國思想史》第三編，復旦大學出版社 2001 年 12 月，第 542 頁。

〔註10〕　有關翻譯日本書籍的具體背景與原因可以參閱：王向遠：《二十世紀中國的日本翻譯文學史》，北京師範大學出版社 2001 年 3 月，第 6～12 頁。

〔註11〕　舒新城編：《中國近代教育史資料》（上），人民教育出版社 1961 年版，第 173 頁。

的）給人耳目一新的感覺，很快得到國人的認可與歡迎；1905～1918 年則迎來了文學翻譯的鼎盛時期。〔註 12〕

第二節　嚴復與林紓的翻譯活動

在中國近代思想的轉折點上，侯官嚴復扮演了不可替代的重要作用。

嚴復（1853～1921 年），初名傳初，入學後改名宗光，字又陵，福建侯官人，是清朝第一期海外留學生之一。早年師從同鄉黃宗彝，研治傳統經學，十四歲（1866 年）入船政學堂後學堂，1871 年畢業，先後被分配到「建威號」「揚武號」軍艦實習，兩年中曾到新加坡、檳榔嶼、日本長崎、橫濱等，1877 年入選爲第一批留歐學生，赴英國學習海軍，同行者有劉步蟾、林永升、薩鎮冰等十一人，陳季同與羅豐祿也隨同前往。在英國期間除學習海軍專業外，嚴復還精心研讀西方哲學、社會政治學著作，考同時借機考察中西政教的異同，課餘時間還到公使館與當時的駐英公使郭嵩燾交流中西學術之話題，深得其賞識，兩人「結爲往年交」。〔註 13〕曾有人問郭言：「嚴宗光宜何用之？」他答到：「以之管帶一船，實爲枉其材。」「交涉事務，可以勝任。」又問：「陳季同酬應明幹，能勝公使否？」答曰：「其識見遠不逮嚴宗光。」〔註 14〕1879 年，嚴復學成回國，在船政學堂爲教員，是年改名嚴復，字幾道。1880 年李鴻章在天津創辦北洋水師學堂，調嚴復任北洋水師學堂總教習。後在此任職至 1900 年避難上海。在這幾年中嚴復懷才不遇，多次參加科舉而未能得功名，見官場難行，期間又經歷了三起大的歷史事件：1894 年的甲午中日戰爭、1898 年的戊戌政變和 1900 年的義和團運動。這些都使得嚴復的思想受到極大的震動。甲午戰敗後嚴復感於時事彌艱，開始致力於翻譯著作，介紹西方先進的思想，並在天津《直報》上連續發表《論世變之亟》、《原強》、《闢韓》、《救亡決論》等政論，力主變法圖強，以西方科學取代八股文章。1897 年夏嚴復

〔註 12〕其實有各種分期，而且各有其道理，此據王繼權說，見其《略論近代翻譯小說》，載王志宏：《翻譯與創作：中國近代翻譯小說論》，北京大學出版社 2000 年 3 月，第 43～53 頁。

〔註 13〕孫應樣：《嚴復年譜》1877 年 5 月 13 日條，福建人民出版社 2003 年 8 月，第 29 頁。

〔註 14〕孫應樣：《嚴復年譜》1877 年 12 月 22 日條，福建人民出版社 2003 年 8 月，第 43 頁。

與王修植、夏曾佑等在天津創辦《國聞報》，宣傳變法維新。1898 年 1 月 2 月間在《國聞報》發表《擬上皇帝書》洋洋灑灑數萬言，建議光緒皇帝採取具體行動爲變法作好準備。1902 年受聘爲京師大學堂編譯局總辦；1905 年參與創辦復旦公學，並於次年一度任校長；1906 年赴任安徽省師範學堂監督；1912年又任京師大學堂總監督，兼文科學長。辛亥革命後，嚴復思想日趨保守。1912 年袁世凱任臨時大總統時他於翌年被委爲總統府外交法律顧問，同年，參與發起孔教會，1914 年 5 月任參政院參政及憲法起草委員，並任海軍部一等參謀官。1915 年列名於擁護袁世凱復辟帝制的籌安會，爲該會理事。1918年回到福州養病。「五四」時期又反對學生運動。晚年他主要靠譯書爲生。1921年 10 月 27 日卒於故里。

嚴復是近代中國系統翻譯介紹西方資產階級學術思想的第一人。王森然謂「先生雖不得志於官界，確爲新學之先覺，且爲譯界之巨擘。譯赫胥黎之進化論，以爲《天演論》，又譯亞當斯密之《富國論》爲《原富》。擇其精粹，正其名詞，二十年前新學說之輸入，中國思想之聖變，功居第一。」〔註 15〕「晚清新學家之巨子也，其有新思想啓蒙之名，實非虛傳。」〔註 16〕

嚴復翻譯，最早的記載在於 1878 年，是年 12 月 2 日，郭嵩燾收到嚴覆信件以及譯文兩篇。此兩篇譯文，一是《蒲日耳遊曆日記》，一是翻譯《泰晤士報》的評論《中國初次派遣駐英欽差大臣將起程離英》。〔註 17〕這些是嚴復借譯作來表達自己思想的發端。此後嚴復的翻譯作品主要的有：

《天演論}）：原名 Evolution and Ethics（《進化與倫理》），1895 年夏間譯。〔註 18〕英國生物學家赫胥黎著，原作最初發表於 1893 年，係演講詞，1894 年重刊時作者加了一篇《導論》。嚴復譯本依據重刊本，採取意譯的方式，結合達爾文的生物進化論和斯賓塞的社會達爾文主義與中國當時的國情進行譯述，並加了約占全書三分之一的按語。其序有言：「赫胥黎氏此書之旨，本以救斯賓塞任天爲治之末流，其中所論，與吾古人有甚合者，且於自強保種之事，反覆三致意焉。」〔註 19〕吳汝綸稱：「中士翻譯西書以來，無此宏制，匪

〔註 15〕王森然：《近代二十家評傳》，書目文獻出版社 1987 年 1 月，第 87 頁。
〔註 16〕王森然：《近代二十家評傳》，書目文獻出版社 1987 年 1 月，第 89 頁。
〔註 17〕見第 3 章相關內容。
〔註 18〕《嚴幾道年譜》以爲在 1896 年翻譯，此據孫應祥說法。孫應祥：《嚴復年譜》，福建人民出版社 2003 年 8 月，第 79 頁。
〔註 19〕王拭：《嚴復集》第五冊，中華書局 1986 年，第 1319～1321 頁。

直天演之學，在中國爲初鑿鴻蒙，亦緣自來譯手，無似此高文雄筆也。」〔註20〕梁啓超云：「南海先生（康有爲）讀大著《天演論》後，亦謂眼中未見此等人。」並說天下之教其知其者，除康有爲外，只有嚴復一人而己！〔註21〕1898年6月此譯本才正式出版，但先前以抄本流行。《天演論》的翻譯引起了思想界的震動，加之甲午戰敗，人心哀痛，進化理論，優勝劣汰，敢不奮起而求生存？此書出版後，銷路益廣，版本甚多，主要的版本〔註22〕有：

書名	刊行時間	出版者
天演論懸疏	1897～1898	《國聞彙編》
天演論	1898	陝西味經售書處
天演論	1897～1898	沔陽盧氏愼始基齋刻
天演論	1898	侯官嗜奇精舍石印出版
天演論	1898	沔陽盧氏愼始基齋刻
赫青黎天演論	1901	富文書局石印出版
天演論	約1901	不著出版者
天演論	1903	未詳
吳汝綸節本天演論	1903	上海文明書局
天演論	1905	上海商務印書館
天演論	1921	上海商務印書館

　　《原富》：原名 An Inquiry into the Nature and Causes of the Wealth of Nations，今譯《國富論》，英國人亞當・斯密（Adam Smith，1723～1790年）著，原書出版於1776年，該書是資產階級經濟學的經典著作，全書分五篇，第一篇（部甲）論勞動生產力改良的原因，並論勞動生產物分配的自然順序：第二部（部乙）論資產之性質、蓄積與使用；第三部（部丙）論諸國民之富的進步；第四部（部丁）論政治經濟學上之諸體系；第五部（部戊）論君主或國家之收入。1897年嚴復開始著手翻譯此書，1901年完成，1901至1902年陸續由上海南洋公學譯書院出版。〔註23〕1901年9月張元濟等爲《原富》一書作「中西編年及地名、人名、物義諸表。」其《譯事例言》中云：「夫計

〔註20〕孫應祥：《嚴復年譜》，福建人民出版社2003年8月，第87頁。
〔註21〕孫應樣：《嚴復年譜》，福建人民出版社2003年8月，第87頁。
〔註22〕此是大概的統計，其版本數目遠遠大於這些。資料來源：孫應祥：《嚴復年譜》，福建人民出版社2003年8月，第133～134頁。
〔註23〕孫應祥：《嚴復年譜》，福建人民出版社2003年8月，第85頁。

學者，切而言之，則關於中國之貧富；遠而論之，則繫乎黃種之盛衰。故不佞每見斯密之言於時事有關合者，或於己意有所根根觸，輒爲案論，丁寧反覆，不自覺其言之長而辭而〔之？〕激也。」〔註 24〕1902 年梁啓超在《新民叢報》創刊號撰文推薦此書，稱其「嚴氏於中學西學皆爲我國第一流人物，此書復經數年之心力，屢易其稿，然後出世，其精更待何言？」但梁也指出嚴復譯書文筆過於古雅，常人難讀的缺陷。〔註 25〕以至於後來夏曾佑言此書雖然暢銷，但「解者絕少，不過案頭置一編以立懂於新學場也。」〔註 26〕

《群學肄言》：此書系英國哲學家斯賓塞的著作，原名 The Study of Sociology（《社會學研究》），此書原分 16 章，主要闡明現實政治對社會學的需要，論述建立社會學的可能性與社會有機體理、社會學研究所需要的實證科學材料，指出建立社會科學的各種困難，提出社會漸進改良理論等。1880 年至 1881 年間，嚴復初讀此書，大爲傾服，「輒歎得未曾有，生平好爲獨往偏至之論，及此始悟其非。」《天演論》風行以後，嚴復非常後悔其中立論過於激進，欲以《群學肄言》減弱《天演論》對於社會的衝擊力度。）認爲此書「實兼大學中庸精義而出之以翔實，以格致誠正爲治平根本矣。」〔註 27〕嚴復曾翻譯此書部分（即《群學肄言》中的《砭愚》、《倡學》兩篇）合稱《勸學篇》，其中第一篇刊於《國聞彙編》第 1、3、4 冊（1897 年 12 月 8 日～1898 年 1 月 7 日），後一篇譯文則未見。〔註 28〕1901 年開始繼續翻譯此書。1903 年 5 月《群學肄言》四冊由上海文明譯書局出版。此年 7 月巧日《中外日報》以《中國惟一之大著作出》爲題評論此書曰：「嚴先生爲我國現世惟一之大著作家，譯《群學肄言》乃又嚴先生之第一大著作也。先生前譯，如《天演論》、《名學》（《穆勒名學》，嚴復譯，1903 年 1 月間出版），久已風行海內。今《群學》之成，先生自謂方之前三書，後來居上矣。」〔註 29〕其實社會評論不佳，一些學者還提出了尖銳的批評，嚴復自己才如此看重，把此書當成是社會學的入門先導，研究西學的門徑。

《法意》：此書爲法國哲學家孟德斯鳩原著，書名爲 De L'esprit des Lois

〔註 24〕孫應祥：《嚴復年譜》，福建人民出版社 2003 年 8 月，第 167～168 頁。
〔註 25〕孫應祥：《嚴復年譜》，福建人民出版社 2003 年 8 月，第 174 頁。
〔註 26〕孫應祥：《嚴復年譜》，福建人民出版社 2003 年 8 月，第 194 頁。
〔註 27〕孫應祥：《嚴復年譜》，福建人民出版社 2003 年 8 月，第 50 頁。
〔註 28〕孫應祥：《嚴復年譜》，福建人民出版社 2003 年 8 月，第 170 頁。
〔註 29〕孫應祥：《嚴復年譜》，福建人民出版社 2003 年 8 月，第 202 頁。

（The Spirit of Laws《論法的精神》）。1903 年 2 月張相文從何禮之的日譯本轉譯此書，名爲《萬法精理》，由上海文明書局出版發行。嚴復因不滿張譯本的錯誤百出，遂從英譯本譯出，更名《法意》。1909 年 3 月全部翻譯完成，共七冊，後由商務印書館陸續出版。該書是資產階級反對封建主義的武器，作者認爲，地理條件是決定政治制度和社會制度的基本因素，提出了國家的三種形式：民主制、貴族制和君主制，還積極倡導英國的君主立憲制度，書中對中國的專制制度也有具體的批評。嚴復在翻譯中加了 330 條按語，清楚地表明瞭其反封建的意向。

　　《群己權界論》：此書爲英國穆勒原著，原書名 On Liberty（1859 年出版），嚴復於 1899 年左右翻譯完成，後來發生庚子之亂（義和團運動）譯稿丟失，後被外國人所得寄予嚴復，得以重新出版。原譯名《自由釋義》，後更名爲《群己權界論》。〔註 30〕嚴復翻譯此書與更改譯名體現他對於「自由」的理解：他反對當時革命派所鼓吹的極端自由主義傾向，認爲自由是有限域的，他的譯書「首釋思想言論自由，次釋行己自由：明特操爲民德之本：次論國群小己之分界：終論自由大義之施行。」〔註 31〕改良與中庸之道，始終貫穿其中。

　　《社會通詮》：原書名 A History of Politics，英國甄克思（E.Jenks，1861～1939）著，原著出版於 1900 年，嚴復於 1903 年翻譯完成。全書分四章，一開宗，二蠻夷社會，三宗法社會，四現代（政治）社會，按順序論述三種社會形態的演進與特點，展示了一個由圖騰到宗法以至於軍國階段的社會進化模式。嚴復翻譯中加按語 16 則，夾注 102 條。1904 年由上海商務印書館出版。此書受到社會重視，銷路極好，盜版甚多，當時爲避免糾紛，嚴復與商務印書館還簽定了該書的版稅合同，據說這是我國最早的版稅合同。〔註 32〕

　　《馬可福音）》：1908 年大英聖書公會駐華代表文顯理（George Henry Bondfield）將嚴復用典雅之文言翻譯的《馬可福音》交予商務印書館代印。隨後向全國各地寄發 400 多本，向 70 多位重要的教會人物發出調查表，徵求對先生譯本的意見。〔註 33〕

　　《名學淺說》，1908 年 11 月 13 日翻譯完成。該書自序中介紹翻譯的原委

〔註 30〕孫應祥：《嚴復年譜》，福建人民出版社 2003 年 8 月，第 203 頁。
〔註 31〕皮後鋒：《嚴復大傳》，福建人民出版社 2003 年 10 月，第 333 頁。
〔註 32〕孫應祥：《嚴復年譜》，福建人民出版社 2003 年 8 月，第 208～210、219 頁。
〔註 33〕孫應樣：《嚴復年譜》，福建人民出版社 2003 年 8 月，第 316 頁。

稱：「戊申（光緒三十四年，1908 年）孟秋，浪迹津沽，有女學生旌德呂氏〔註 34〕，敦求授以此學，因取耶芳斯淺說，排日譯示講解，經兩月成書。中間義旨，則承用原書，而所引喻設譬，則多用己意更易。蓋吾之爲書，取足喻人而已，謹合原文與否，所不論也。」〔註35〕1902 年 2 月由上海商務印書館出版。

《書吳芝英事略》：1908 年 10 月 27 日，嚴復翻譯美國教會麥美德女士《書吳芝英事略》一文，此文原刊天津《泰晤士報》。此譯文 1909 年刊載於《女報》（The National Women's Journal）第一卷第二號。此前，也就是 1908 年 12 月 1 日，嚴復廉夫人吳芝英傳發表於大公報，稱讚吳的慈善與愛國，並詳述其購地以葬秋瑾的感人事蹟。《書吳芝英事略》是爲當時官方爲難吳芝英之事而作，希望能夠營救之。〔註 36〕

此外，嚴復還翻譯了《穆勒名學》（原名 A System of Logic, Ratiocinative and Inductive，《邏輯體系：演繹和歸納》）、《支那教案論》、《英文漢詁》等。1931 年商務印書館將其中的《天演論》、《原富》、《群學肄言》、《法意》、《群己權界論》、《社會通詮》、《名學淺說》、《穆勒名學》八部結集爲「嚴譯名著」出版，1981 年再版，嚴復思想的影響至今不衰。

與嚴復齊名的近代福建翻譯家是林紓，與嚴復不同的是，他是以翻譯小說而聞名。所謂「哲理介紹，當推幾道（嚴復）；文學翻譯，功賴先生（林紓）。」〔註 37〕

在近代翻譯文學中，翻譯小說出現得最早，而在中國近代翻譯文學史上，林紓翻譯的《巴黎茶花女遺事》是具有重大意義的一部翻譯作品，在此之後，林紓與其合作者們翻譯了外國小說達 160 多種〔註 38〕，涉及 10 多個國家 30 多位作家的作品。史家往往將其與李伯元、吳趼人等並稱：「近代小說家，無過林琴南、李伯元、吳趼人三君。李君不幸早逝，成書不多，吳君成書數種後，所著多雷同，頗有江郎才盡之誚。惟林先生再接再厲，成書數十部，益

〔註34〕指呂碧城，嚴復女弟子，提倡婦女解放，以從事女子教育爲職志。
〔註35〕孫應樣：《嚴復年譜》，福建人民出版社 2003 年 8 月，第 332～333 頁。
〔註36〕孫應樣：《嚴復年譜》，福建人民出版社 2003 年 8 月，第 331、333、336 頁。
〔註37〕王森然：《近代二十家評傳》，書目文獻出版社 1987 年 1 月，第 77 頁。
〔註38〕具體數目一般認爲是 160 多種，但也有 180 多種和 200 多種的說法（此類應該是包括其他文學體裁作品的數目），今以王森然《評傳》與郭延禮《中國近代翻譯文學概論》爲準。

進不衰，堪稱是中泰斗矣。」〔註 39〕林紓在中國翻譯文學史上被稱爲「翻譯之王」、「譯界泰斗」，當之無愧。

　　林紓（1852～1924 年），幼名群玉（亦名秉輝），後字琴南，號畏廬，自號冷紅生，閩縣人。出身貧寒，喜好讀書，五歲時在私塾當一名旁聽生，受塾師薛則柯的影響，深愛中國傳統文學，但由於家境貧寒，他不得不爲生計終日奔波。1882 年林紓從一個窮秀才一躍成爲舉人，開始廣結師友、飽讀詩書，此後又不辭辛苦，七次上京參加禮部會試，卻是屢試屢敗，從此絕意於仕途。1897 年開始了他的著譯生涯。其自傳云：

　　　　冷紅生居閩之瓊水，自言係出金陵某氏，顧不詳其族望。家貧而貌寢，且木強多怒。少時見婦人輒踧踖隅匿，嘗力拒奔女，嚴關自捍，嗣相見，奔者恒恨之。迨長，以文章名於時，讀書蒼霞洲上。洲左右皆妓僚，有莊氏者，色技絕一時，彙緣求見，生卒不許。鄰妓謝氏笑之，偵生他出，潛投珍餌，館童聚食之盡，生漠然不聞知。一日群飲江樓，座客皆謝舊昵，謝亦自以爲生既受餌矣，或當有情，退而見之，生逡巡遁去，客咸駭笑，以爲詭僻不可近。生聞而歎曰：「吾非反情爲仇也，顧吾偏狹善妒，一有所狎，至死不易志，人又未必能諒之，故寧早自脫也。」所居多楓樹，因取「楓落吳江冷」詩意，自號曰「冷紅生」，亦用志其癖也。生好著書，所譯《巴黎茶花女遺事》，尤淒惋有情致，嘗自讀而笑曰：「吾能狀物態至此，寧謂木強之人，果與情爲仇也那？」〔註 40〕

林紓翻譯的作品中以英國作家之作品爲最多，其翻譯各國作品情況如下〔註 41〕：

主要國家	作品數目	主要作家	備　注
英國	93	莎士比亞、地孚、斐魯丁、狄更司、史各德、哈葛德、科南道爾等	翻譯哈葛德作品書目最多（20 種），科南道爾（7 種），莎士比亞（4 種）

〔註 39〕《清代野史大觀・五・清代述異》卷十一，上海書店 1981 年 6 月，第 53 頁。

〔註 40〕林紓：《冷紅生傳》，《林琴南文集》，中國書店 1985 年 3 月影印本，第 25 頁。

〔註 41〕資料來源：王森然：《近代二十家評傳》，書目文獻出版社 1987 年 1 月，第 78、79 頁。

主要國家	作品數目	主要作家	備　注
法國	25	預勾、大仲馬、小仲馬、巴魯薩等	小仲馬（《種）
美國	19	華盛頓歐文、史拖洛夫人等	
俄國	6	托爾斯泰等	托爾斯泰（6 種）
日本、希臘	各 1 到 2 種	德富健次郎、伊索、易卜生、西萬提斯等	
挪威、比利時、瑞士、西班牙等國未詳國名	5		

　　林紓最得意的翻譯作品當然是《巴黎茶花女遺事》（La dame aux camellias），此書系法國作家小仲馬（Alexandre. Dumas. Fils, 1824～1895 年）的作品，寫成於 1848 年，今譯爲《茶花女》。林紓不通外文，翻譯由王壽昌（字子仁，號曉齋，下詳）口述，林紓筆記，譯於 1897 年夏〔註42〕，署「冷紅生、曉齋主人合譯」。該書卷首自題曰：「曉齋主人歸自巴黎，與冷紅生談巴黎小說家均出自名手。生請述之。主人因道仲馬父子文字，於巴黎最知名，《茶花女馬克格尼爾遺事》尤爲小仲馬極筆。暇輒述以授冷紅生。冷紅生涉筆記之。」〔註43〕此書有「外國的《紅樓夢》」之稱，主要寫來到巴黎靠出賣青春生存的農村姑娘馬克格尼爾與純眞的青年亞猛的感人而曲折的愛情故事，其反封建的主題和哀艷的敘事深深打動了中國人的心，一時洛陽紙貴，「可憐一卷《茶花女》，斷盡支那蕩子腸！」嚴復等名家也推崇倍至。此爲林紓第一部外國小說，也是歐洲純文學傳入中國之第一部，此書對於中國傳統的才子佳人小說是一個致命的衝擊，在中國文學的發展史上具有十分重要的意義。「蓋中國有文章以來，未有用以作長篇言情小說者；有之，自林紓《茶花女》始也。」〔註44〕據說此書的翻譯是在魏瀚建議之下進行的，〔註45〕後由

〔註42〕此書翻譯時間頗有爭議，但一般認爲是在 1896～1898 年間，此依曾憲輝：《林紓》，福建教育出版社 1993 年 8 月，第 59～69 頁。
〔註43〕施蟄存主編：《中國近代文學大系·翻譯文學集·一》，上海書店 1990 年 10 月，第 140 頁。
〔註44〕錢基博：《現代中國文學史》，中國人民大學出版社，2004 年 10 月，第 166 頁。

魏瀚出資請福州著名刻手吳玉田鐫版，於 1899 年 2 月在福州印行，裏封底有林紓自題「己亥正月，板藏畏廬」，這是收藏家所謂「林氏家刻本」，也是該書最早的版本，其後有「素隱書屋本（1899 年）」和玉情瑤怨館本（1901 年）和文明書局本（1903 年）等眾多版本。

　　《黑奴籲天錄》也是林譯小說中又一力作。此書 1901 年與魏易合作翻譯出版。原著作者爲美國史拖洛夫人（H. B. Stowe, 1811～1896 年，今譯斯托夫人），書名今譯爲《湯姆叔叔的小屋》（Uncle Tom's Cabin），這是一部描寫美國農場主虐待黑奴的小說，它揭露了美國南部奴隸制的殘暴和黑人所過的非人生活。該書主要有兩條線索，一是奴隸湯姆經歷多次買賣，最後悲慘地死於奴隸主皮鞭之下；一是女奴意里賽在奴隸販子追捕下抱子逃跑，經過艱難抗爭，最後終於獲得自由。該書在中國之所以引起眾人的關注，主要是和當時中國人的處境有關。當時列強橫行中國，民族危機加重，人民生活於苦難之中，這樣的處境與小說中的黑奴是何等的相似！林紓自稱翻譯此書，是爲「振作志氣，愛國保種之一助。」當時有讀者稱：「我讀《籲天錄》，以我同胞之未至黑人地位，我爲同胞喜。以我同胞國家觀念思想淡薄，故恐終不免黑人地位，我愈爲同胞危。……」〔註 46〕對於每一個有民族意識的中國人來說，黑奴的苦難都是值得我們警醒的。

　　《海外軒渠錄》：今譯《格列佛遊記》，英國司威佛特著（Jonathan Swift 1667～1745 年）。司威佛特是英國十八世紀的散文家，其作品多是關於政治、宗教、社會諸問題的，文筆犀利，多用諷刺手法，對於社會之腐敗與思想之保守的批判不遺餘力。作爲生長於愛爾蘭的英國人，對於愛爾蘭的獨立運動深表同情。此書之撮要早在 1872 年 5 月 1 日的《申報》以《談瀛小錄》爲題登載。1903 年上海出版之《繡像小說》載《僬僥國》（亦名《汗漫遊》），即是此書上卷，翻譯者不詳。1906 年林紓翻譯此書全本，卷端署「林紓、曾宗鞏合譯」，版權頁則署「林紓、魏易合譯」。林紓序中有感而發，言「吾國之書，敘是怪誕，特數語錯見而已。葛利佛所言，長篇累牘，竟若確有其事。嗟夫！葛利佛其殆有激而言乎？」「然則當時英國言論，固亦未能自由耳。嗟夫！屈原之

〔註 45〕　或說是王自己與林好友善，因其喪婦，鬱鬱寡歡而請與譯書，見錢墓博：《現代中國文學史》，中國人民大學出版社，2004 年 10 月，第 166 頁。

〔註 46〕　林紓：《黑奴籲天錄跋》，靈石：《讀黑奴籲天錄》，見郭延禮《中國近代翻譯文學概論》，湖北教育出版社 1998 年 3 月，第 272 頁。

悲，寧獨葛氏？葛氏痛斥英國，而英國卒興。而後人抱屈原之悲者，果見楚之以三戶亡秦乎？則不敢知矣。」〔註47〕

《迦茵小傳》（Joan Haste，楊紫麟與包天笑譯本作《迦因小傳》）：這是英國作家哈葛德（H.RiderHaggard）的小說，其所講述的愛情故事在現代看來是司空見慣的，但在那個時代的中國卻是新奇無比：一個普通農家的女子迦茵，是個美麗又聰明的女孩，她和出身於貴族的「水師船主」（艦長）亨利一見鍾情，他們的愛情遭到亨利父母的極力反對，迦茵出於對亨利的摯愛，爲了愛人未來的前程，毅然離開了他，與緊追不捨的村地主洛克結婚，但她依然不忘舊情，心裏深深愛著的還是亨利，這令洛克感到無比的嫉妒，竟然挾槍暗殺亨利，迦茵爲保護愛人飲彈身亡了，給亨利留下了無限的感傷。該譯本最早於 1901 年至 1902 年在上海《勵學編譯》第一至第十二冊連載，1903 年由上海文明書局出版單行本，譯者署名「蟠溪子」、「天笑生」，即楊紫麟與包天笑。他們出於中國禮俗的考慮，和中國的讀者說了個善意的謊言：把迦茵與亨利未婚先孕並且有私生子的細節隱略不譯，並聲稱原著前半部遺失，只譯了此下半部。林紓原來也是該譯本的讀者之一，他被女主人公深深感動，一個偶然的機會，他得到這部小說的原著，遂將其全部譯出，林紓譯本對於迦茵的失身細節也沒有隱諱，受到了人們的攻擊，認爲林紓譯本「傳其淫也，傳其賤也，傳其無恥也。」讀者爲林譯本破壞了迦茵給人留下的美好印象而感到憤怒。然而這樣對於禮節的大膽的突破，卻也顯示了林紓性情中率眞的一面，他所沉浸的是藝術的世界，沒有讓自己的翻譯曲意逢迎於世俗的禮節。〔註48〕林紓這部小說影響是極大的，郭沫若後來回憶道：「林琴南譯的小說在當時是很流行的，那也是我所嗜好的一種讀物.我最初讀的是 Haggard 的《迦茵小傳》。那女主人公的迦茵是怎樣的引起了我的同情，誘出了我大量的眼淚喲。我很愛憐她，我也很羨慕她的愛人亨利。當我讀到亨利上古塔去替取鴉雛，從古塔的頂上墜下，她張著兩手去接受他的時候，就好像我自己是從凌雲山的古塔頂墜下來了的一樣。我假想使有那樣愛我的美好的迦茵姑娘，我就從凌雲山的塔頂墜

〔註47〕施蟄存主編：《中國近代文學大系·翻譯文學集·一》，上海書店 1990 年 10 月，第 215～217 頁。

〔註48〕參看楊聯芬：《晚濟至五四：中國文學現代性的發生》，北京大學出版社 2003 年 11 月，第 102～108 頁。

下，我就爲她而死，也很甘心。」〔註 49〕可見，認爲林紓全譯本取淫而傳無恥，就如同道學家看到的《紅樓夢》一樣，這只是他們自己謹守封建禮節的迂腐之見而已。

林紓譯作既多，不免良莠不齊，以上只是略取影響較大者言之。林紓雖然外文不通，然中國文字的功底極深厚，「嚴幾道、林畏廬二先生同出吳汝綸門下，世稱林嚴。二公古文，可稱桐城派之嫡傳，尤以先生自謂能謹守桐城義法。」〔註 50〕他對於文學的譯述也是得益於其對文學的天才悟性：「今我同志數君子，偶舉西士之文字示余，余雖不審西文，然日聞其口譯，亦能區別其文章之流派，爲辨家人之足音，其間有高厲者，清虛者，綿婉者，雄偉者，悲梗者，淫冶者，要皆歸本於性情之正，彰癉之嚴，此萬世之公理，中外不能僭越。」〔註 51〕

林紓自身不能精通外國文字，翻譯都是依靠他人轉述，「予不審西文，其勉強廁身於譯界者，恃二三君子，爲余口述其詞，余耳受而手追之，聲已筆止，日區四小時，得文字六千言，其間疵謬百出。乃蒙海內名公，不鄙穢其徑率而收之，此予之大幸也。」〔註 52〕當時參與小說翻譯的口譯者有 18 人，其中主要是王壽昌、魏易、陳家麟、曾宗鞏、李世中等人。其中王壽昌是林紓最早的合作者，陳家麟與林紓合作翻譯 50 多部，是合作最多的一個，但質量總體不高，倒是合作數目略少於陳家麟的魏易（也是 50 多部）與林紓合譯的作品中較多質量上乘、影響更爲巨大的。〔註 53〕由於這些人物大都不是官場人物，而林紓的翻譯也不是爲了功利的目的，他們因而能夠從純審美的角度向林紓提供翻譯的文本）雖然因爲個人文學修養的高下不一，他們所欣賞的作品很多也只是屬於國外二三流的作品。

與林紓合作翻譯的口述者當中也有許多福建籍人士，他們精通外文，在

〔註 49〕郭沫若：《我的童年》，林薇：《林紓選集》小說卷上，四川人民出版社 1985年 12 月，第 322 頁。

〔註 50〕王森然：《近代二十家評傳》，書目文獻出版社 1987 年 1 月，第 80 頁：此說其實不確切，林紓不是桐城派弟子，在古文方面他雖然頗爲自得，但和吳汝綸、嚴復等還是難以相提並論。

〔註 51〕林紓：《孝女耐兒傳序》，鄭振鐸編：《晚清文選》，上海書店 1987 年 6 月，第609～610 頁。

〔註 52〕林紓：《孝女耐兒傳序》，鄭振鐸編：《晚清文選》，上海書店 1987 年 6 月，第609～610 頁。

〔註 53〕韓洪舉：《林紓的「口譯者」考》，《信陽師範學院學報》2002 年 6 月第 3 期。

文學翻譯方面的功勞不可埋沒。這些人主要有王壽昌、曾宗鞏、王慶驥、王慶通、嚴璩、嚴潛、魏瀚等。

王壽昌（1864～1926年）：字子仁，號曉齋，閩侯人。畢業於福州船政學堂前學堂，1885年留學法國，在法國學部律例大書院學習萬國公法以及法文，成績優異。林紓與王兩人既是同鄉，交誼甚深，1887年林紓正有亡妻之痛，魏瀚建議其與王壽昌合譯小說，以排遣心中苦悶，王欣然同意。選譯《茶花女》，這和王個人的氣質是分不開的。王壽昌有較高的文學素養，對於青樓女子又特別的同情（這和他自己少年時候的經歷有關，他曾經與琵琶女蟾月有過一段斷腸的情事〔註54〕）。王壽昌對於《茶花女》的感觸極多，口述時也是聲淚俱下，這給以林紓的感動也是極其深刻的。王與林紓的合作雖然不多，但他是林紓走上翻譯文學之路的引導者，其首介之功，不可磨滅。此外，王壽昌自己也翻譯有法國博樂克的《計學淺談》，1903年由商務印書館出版。

曾宗鞏：字幼固，一作又固，福建長樂人。少年時代就讀於水師學堂，通英文。1903年入京師大學堂譯書局任「口述」。他與林紓合作翻譯的作品有：英國作家笛福的《魯賓遜漂流記》、司威佛特《海外軒渠錄》（《格列佛遊記》）、哈葛德的《斐洲烟水愁城錄》等。

王慶驥、王慶通：兩人都是王壽昌侄子。王慶驥，字石蓀，曾在法國巴黎生活8年，法語水平精深而純熟，他和林紓翻譯的不多，僅有法國作家森彼得的《離恨天》與孟德斯鴻的《魚雁抉微》（《波斯人信札》），後者未譯完，他與林紓的翻譯雖少，但質量均屬上乘。王慶通，字秀中，也通法文，與林紓一起翻譯過《孝友鏡》、《金臺春夢錄》等，林紓對其外語水平也作了充分的肯定。

嚴璩（1874～1942年）：嚴復長子，字伯玉，乳名阿璋。曾隨嚴復到天津讀書，1885年7月嚴復回閩鄉試前，曾請鄭孝胥為其家庭教師，後被送到英國留學，1902年6月嚴復主持的京師大學堂譯書局開局，其出訪德國歸來，被嚴復安排到譯書局供職。1909年由京官外放福建。曾同弟嚴培南（字君潛）與林紓合作翻譯希臘名著《伊索寓言》。

魏瀚（1850～1929年）：字季渚，中國近代著名的造船專家。與陳季同等同為福州船政學堂第一期學生，曾留學法國，歸國後歷主船政製造等職。為

〔註54〕曾憲輝：《林紓》，福建教育山版社1993年8月，第60～64頁。

林紓好友，過從甚密，曾與林紓合譯《保種英雄傳》，可惜不存。曾資助林紓出版許多作品，如《閩中新樂府》與《巴黎茶花女遺事》等。〔註55〕

李世中，福建閩侯人，林紓學生，通法文，與林紓翻譯《玉樓花劫》與《愛國二童子傳》；

陳器，字獻琛，福建閩侯人，林紓學生，通英文，與林紓合譯《深谷美人》與《痴郎幻影》；

力樹萱，字次東，林紓學生，福建永福人，通英文，與之翻譯《情窩》等；

廖琇昆，福建閩侯人，林紓學生，林譯法國小說《義黑》是其口述；

此外還有林秀璋、林凱、葉可立等，都是林紓學生，也都是福建閩侯人。

第三節　本時期其他閩籍翻譯家的主要譯作

除了上述嚴復、林紓等著名翻譯家外，該時期的閩籍翻譯家的翻譯還主要的集中在農業、經濟法律、文學、歷史、教育、軍事等幾個方面。

1. 農業書籍的翻譯

戊戌變法運動中以康有為為首的維新派組織了各種學會，救亡圖存。其中農學會的成立，就是以促進中國農業生產技術，發展農業經濟為目的。農學會創始人羅振玉創辦《農學報》，在自述中說道：「念農為邦本，古人不仕則農，於是有學稼之志，既服習齊民要求，農政全書，授時通考等書，又讀歐人農書譯本，謂新法可增收穫，恨其言不詳，乃與亡友蔣君伯斧協商於上海，創農學社，購歐美日本農書迻譯，以資考究。」〔註56〕不少維新人士認為農業是富國之本，於是他們創農會、提倡農業，翻譯西洋，特別是日本的有關於農業發展的書籍，以期提高中國農民的科學耕種方法及生產技術，幫助農民增加收入，安定生活。這種針對中國農村貧苦的問題而設法去解決的思路似乎比政治改革的要求要更為現實。〔註57〕

〔註55〕　林慶元：《魏翰》，載林公武、黃國盛主編：《近現代福州名人》，福建人民出版社 1999 年 9 月，第 465～468 頁。

〔註56〕　羅振玉：《貞松老人遺稿甲集之一·集蓼編》，第 6 頁。

〔註57〕　（日）伊原澤周：《務農會在戊戌變法運動史上的地位》，見王曉秋：《戊戌維新與近代中國的改革》，社會科學文獻出版社，2000 年，第 295 頁。

　　陳壽彭在甬上儲才學堂任教時便翻譯了《家菌長養法》與《淡芭孤栽製法》兩本農書。陳壽彭（1855～？年），字逸如（也作繹如或逸儒），福建侯官人。有關其生平的記載不多，只能從其胞兄陳季同的一些有關材料和他爲其妻——晚清著名女詩人薛紹徽寫的《亡妻薛恭人傳略》以及他的兒女們爲母所作的《先妣薛恭人年譜》中對他隱約有些瞭解。陳壽彭父母早逝，家境貧寒。因四哥陳季同（見第 3 章）曾求學於馬尾船政學堂，後留洋英法成爲中國最早的駐外官員，所以陳壽彭走的求學道路也與其兄相同，少年時極爲聰俊，受到馬尾船政局創始人沈葆禎的賞識，進入船政學堂學習英文與駕駛術。1879 年，陳壽彭由船政學堂畢業，1880 年 3 月，他與薛完婚。1883 年 4 月，陳赴日本遊學，是年冬天回國。1885 年 4 月陳壽彭應船政出洋監督之聘，充翻譯，遊學英、法國。他作爲船政學堂的第三屆留洋學生在英國留學三年，其中在格林威治皇家海軍學院學習兩年，在英國遇尼外耳公司及金士哥利書士院學習一年，專門學習水師海軍公法、捕盜公法，英國法律及拉丁語和英國語言文學。遊學期間，他的足跡遍及歐洲五大國，耳濡目染，學識益進。1889 年 6 月回國。陳壽彭留學歸國後，「落落無所遇」，雖被封己丑科副貢一職，但卻「長才坡蠖屈，辛不得有所籍手，以自表見」，十分壓抑。〔註58〕同年 8 月，「入秋闈，中副榜第八名」〔註59〕。1892 年 4 月，駐法國二十多年的陳季同被召回國，即受人誣陷，身陷囹圄。陳壽彭變賣一切家產，北上積極營救胞兄。1893 年 2 月，陳季同被平反出獄，官復原職，在北洋海軍管理洋務。同年 10 月，因陳壽彭「習水學、建築法」，與季同兄「奉檄測永定河流」〔註60〕。1894 年 6 月中日甲午戰爭爆發，「臺灣電召家嚴」〔註61〕，陳壽彭回閩，但其妻薛紹徽再次阻止其參加戰事。1896 年 5 月起陳壽彭開始在寧波、上海、南京一帶新式學堂教書。1897 年 9 月 30 日（光緒二十三年九月初五）陳壽彭與陳季同一同創辦的《求是報}）（International Review）創刊。1898 年，「携眷入甬，講中西學於儲才學堂」〔註62〕。1902 年，陳壽彭「辭甬上館，携眷出滬。」同年 9 月，陳壽彭參加科舉考試，「中第三十名舉人」，不久陳「復出滬」。1904 年陳在南京「幫篆《官報》」。1905 年，陳「奉檄赴滬，監

〔註58〕　《中國江海險要圖志・楊敏曾序》。
〔註59〕　《福建通志》。
〔註60〕　《福建通志》。
〔註61〕　《先妣年譜》。
〔註62〕　《先妣年譜》。

造《漁業海圖》」，次年 7 月完成，9 月「奉調入粵」。1907 年在新成立的郵傳部「改官主事」。後又任海軍部司法司司長。妻薛紹徽 1911 年去世，其後經歷不詳。陳壽彭厭倦官場，嗜書如命，「出餘貨，添購舊籍數千卷，呈書窟，晝夜偕讀其中。」陳壽彭的「書窟」裏所藏圖書之多，使人覺得仿若處在萬國博物館之中。〔註 63〕陳壽彭治學不斷，精通於西學，「格致製造、兵法、史志等，不構一格。但凡見一技之長，必留心學習體會，鉤元索要曲折，以求眞知，其學愈博，其語愈質而能純。所能譯此書，足見其思精體大矣。」〔註 64〕陳壽彭的後半生主要從事翻譯和教學工作。朋友楊敏曾勸陳壽彭廣譯西方書目，一可以給國人啓蒙，二可以饗海內學人之志。這個建議得到陳壽彭的贊同。於是陳著手翻譯西文書，翻譯了十幾部著作，除《新譯中國江海險要圖志》（1901 年經世文社出版）外，現今可考的還有《格致正軌》、《英國十大學校說》（附歐洲各大學考表）（1902　上海：泰東時務局出版）、《家菌長養法》（William　Falconer　原著、戊戌閏月出版）、《淡芭菇栽製法》（庚子春二月出版）、《外國列女傳》（1904 金陵江楚編譯官書總局出版）、《萬國史略》（（美）彼德巴利原著 1907 年金陵江楚編譯官書總局出版）、《八十日環遊記》（（法國）凡爾納原著）、《雙線記》等。

　　《家菌長養法》，家菌，俗名蘑菇，是蔬菜中的上品，「考畿輔通志，有雞腿猴頭羊肚等名目」。西方人很早就食用蘑菇等菌類植物。「西人以豆芽乃克伐脾胃之物，且易停積，食之有損，故弗講其法。而菌則爲蔬中上品，尤盤餐必不可離者。」〔註 65〕當時西方各國都講求種植之法。中國當時雖然也有菌類的種植，「然此種菌法，吾國之人，非無知者，吾閩建延一帶，農人業種菌者不知凡幾」，但是「菌季亦在二、三月，惟不能存鮮菌。悉蒸而曬之。蒸時間以笋片，香味聞遠近。菌香入笋。即世之所謂玉蘭片也。蒸乾菌販售各地，是亦大宗農貨焉。究之有菌之形而菌之精味已去八九。」中國人食用的菌類多「皆天生之菌，非園圃種植」，而且不容易保鮮。《家菌長養法》是美國人威廉母·爾康尼 WilliamFalconer1897 年所著，美國農學會刊版。原書有目十七，圖十四。「卷帙雖無幾，所言種菌之法特詳。」陳氏認爲該書中所記諸法「弗因天氣弗因地力，但以人工行之」，「雖婦孺家居湫隘，無不可種」，

〔註 63〕《中國江海險要圖志·黃裳治序》。
〔註 64〕《中國江海險要圖志·黃裳治序》。
〔註 65〕陳壽彭譯：《家菌長養法》序。

「可謂善矣」。「果使仿行有效，亦農家一利也。」〔註66〕「何如各地悉能自種，使盡人得嘗鮮菌之爲快」，陳壽彭「故因威廉母之書，特爲詳譯。」「倘各地無田小農，竭其胼胝，而從事於此。菜根之外，別饒風味。何必以豫章之黃菇，錦州之和尚，誇爲土宜乎。」

《淡芭孤栽製法》，一卷，爲美國農部書記官厄斯宅士藏著，陳壽彭在《敘》中指出「淡芭菇，烟草也。中國所產。閩爲最。」淡芭菇就是烟草，當時中國北方以關東爲最多，「南方之產福建爲最」。烟草產量雖大，農民收入卻不高。「然以製雪茄烟、紙烟，似尚有未盡合宜者。其亦栽制之法不如外洋乎。外洋紙烟雪茄輸入日盛，丞宜倣造以籌抵制」。陳壽彭認爲「此書僅三千餘言，而栽製諸法頗爲詳備，……，製烟家不可不知也。」他在《敘》中還概括比較了中西烟葉的種植方法，指出中國農民烤製烟葉中存在的問題：「其種法與此書大同而小異。初種不遮護，移種不疏葉，聽其自生自長而已。畦旁餘地圍以甘蔗。六七月，蔗大，淡芭旅已熟而割矣。兩收利益。地方之厚可想，製法以細竹織成長方篩。上下兩重。夾淡芭旅葉子中，暴以日，或用火薰。無營倉通氣量度之舉。故有時燥濕失調，多至毀壞。不如此書，節節有程則之善也。此書僅十五節，都三千餘言耳，而淡芭菇之栽製諸法已詳備，末節論因地氣種類而判優劣。……。」陳壽彭還就烟葉的等級及利用提出一些建議：「此書所言，製葉精美，以備出售，即供爲仿製雪茄之用。次者則爲紙烟，篇中不發明此說，而以限於地氣種類爲結。殆別有微意歟。製雪茄烟之法亦無難。以烟秆熬濃湯蘸葉上。隨蘸隨薰。凡五十七次，擇葉精嫩者在外，粗破者在中，中留有通烟之道一縷，而後緊卷封固。銳其頂，乃疊葉時層次，平畫其下，乃卷成後切之。……。雪茄烟之製且然。況紙烟乎。」陳壽彭翻譯的出發點，是爲了讓中國減少購買外國烟草的白銀的外流，更有甚者，能爲中國贏利。「今吾國每年入口之雪茄紙烟，亦一巨款，倘有能如四川之立公司仿製，微特足塞漏。且可運出。不脛而走於寰宇。蓋我之烟稅薄。烟價廉，倘有佳品，必暢銷無疑，此鄙人所深望者也。因詮譯此書，而附識都意焉。」

鄭守箴譯《喝茫蠶書》八卷，該書原爲法國喝茫勒窩滂（Raman Leopold）撰寫，現存版本爲清光緒24年（1898年）杭州蠶學館的石印本。書分八卷：

〔註66〕《家菌長養法》提要。以下各書如無特別說明，皆以福建圖書館館藏版本爲準，不一一標明。

「卷一、桑樹；卷二、蠶病；卷三、通氣；卷四、蠶具；卷五、雜誌；卷六、飼法；卷七、製子；卷八、用具。」

　　杭州蠶學館是侯官人林啓（1838～1900年，字迪臣）任杭州知府時，爲傳播新知識，發展農桑事業而創辦的三所新式學校之一，（另兩所爲求是書院和養正書院）。據《福建省通志・人物志》（P340）記載：素有「絲綢之府」之稱的杭州，到光緒初年出現「蠶瘲而絲劣」的狀況。林啓剛到杭州任上就呈報撫署，請求撥銀36000兩開辦蠶學館。光緒二十四年（1898年）三月，在西湖金沙巷正式開辦蠶學院，自己任總辦，聘請留法學生江生金爲總教習（後改聘日本人任此職），課程設有理化、動植物、蠶體生理、病理、解剖、氣候、土壤、飼養、植桑、繰絲、採種等，學制兩年，入學資格要秀才出身；學館除供給膳食外，每月發零用錢3元，雖向省內外招生，生員還不滿額。蠶學館精選的桑蠶良種和先進飼養技術，很快廣爲傳播，全國各地爭購蠶種桑苗，並仿傚創辦桑蠶學校，如福建的桑蠶局，廣東的桑蠶學堂，還有四川、南京也先後辦起桑蠶專業學堂，其師資都聘自浙江蠶學館的畢業生。著名的杭州桑蠶學校就是由蠶學館發展起來的。〔註67〕法國的蠶學在當時較爲先進，法國蠶絲的產量甚至超過了蠶絲大國中國。中國產的蠶絲因爲勞動力價格低廉而在市場上具有一定優勢。法國政府爲抵制中國蠶絲，對蠶農進行補貼，才使法國蠶絲的價格與中國絲價格相近。但因爲蠶絲成本太貴，養蠶農戶利潤不高，限制了產量，所以本國產的蠶絲不夠使用，還得向中國購買蠶絲。

　　鄭守箴在《喝茫（Raman）蠶書》序中就說明了這種情況：「法國講求蠶務，歷有年所，自巴斯徒（Pasteur）創製子法，而蠶學大進。其黃蠶一種，每溫昔（Once）蠶子，得繭多至六七十啓羅格（kilogramme）。其餘各種雖不及是，而收成之數，亦信於中國。惟其立法善。故收效捷也。夫法絲勝華絲，其收成之數又遠過之。而終不能敵華絲，則固中國工價菫賤故耳。近年法國力籌抵制華絲之法。凡蠶戶出繭一啓羅格（kilogramme），國家津貼六十孫丁（Centine）。法國絲價，始略與華相銖，而成本太貴。蠶戶尚無大利。出絲仍不敷用。故絲商不得不向亞東購採。」他同時指出中國雖然「蠶業之富甲地球」，但常常發生蠶病，又「飼法未精」，因此，「出絲之數，逐年減少」。加上「外人又日圖抵制」，「若不急思整頓，將愈赴愈下」。鄭守篇在歐洲遊學時，

〔註67〕福建省地方志編纂委員會編：《福建省通志・人物志》，中國社會科學出版社出版2003年，第340頁。

到法國茫伯理挨蠶桑學堂專門學習養蠶法。「因思中國蠶務，所最急者莫如製子飼蠶之法。因取喝茫氏蠶書，急譯之。」養蠶書籍專業性強，「專門之書非專業於此者雖通其國之文不能浪下筆也」，即要是沒有養蠶的專業知識，雖然識法文，也是無法勝任翻譯工作的。鄭守箴在船政學堂學的是法語，後留學法國，又專門到法國學習蠶業：「仲甫少尹以船政高才生遊學巴黎，舉師範學堂乙科。前歲復赴法學蠶……」〔註68〕林啓（迪臣）在副題中提及蠶學館創設之初翻譯日本蠶書，並高度評價鄭守箴的譯著：「讀其書極有義法，又淺亮易曉」；「蠶學館之設百事創所費不束洋蠶書，已先後擇要譯印矣；養蠶家考驗蠶病以法國爲初祖，各國文字最重法文，中國則難其人，且專門之書非專業於此者雖通其國之文，不能浪下筆也。仲甫少尹以船政高才生遊學巴黎舉師範學堂乙科。前歲復赴法學蠶，取喝茫書譯以視餘。讀其書極有義法，又淺亮易曉，急以付之石工，自此館之設，承海內相助者屢矣。少尹此書將以稗吾中國蠶業不爲區三人之私協。」

在這一時期，曾仰東還譯輯了《葡萄酒譜》三卷及《農學肥料初編》二卷，續編二卷（法國德赫翰撰），由江南總農會作爲農學叢書第一集出版，專述葡萄酒的製造過程，卷一講述葡萄的種植；卷二講述葡萄酒的製造。

光緒甲辰秋（1902 年），侯官陳秉濂由英國匯書原本翻譯了《棉業考》由湖北洋務局編譯科出版，從「棉業考目次」可見該書的內容：「第一章：論種類及市價之區別；第二章、種植之法；第三章、出產及行銷；第四章、各處之銷數：大不列顚及歐洲、美洲、亞洲；補記：棉花子油、棉花歡情形、近時冊記、人、地、棉花種類、布匹名目備考表。」

2. 法律書籍的翻譯

1897 年陳季同根據《法國民法典》翻譯了《拿破侖法典》。1902 年曾仰東翻譯的《比利時國法條論》由湖北洋務譯書局出版，他在《譯比利時國政條論・序》中說：「不妄於法文極淺，雖懷鉛握槧從事於翻譯者逾十載，而摸盤像日在所不免。英文行於中國久，海內人士習之者多，而譯英文之書者尚少。至於法文則尤少焉。不妄船政學生也，請言船政。船政派赴英法德留學者計四次，他不具論，而法文諸前輩中覺愈有學問者愈不見其有譯書。（船署存格致課本數部亦未發刊，他書則未之或見）至聆其緒論據其主見則不特後

〔註68〕《喝茫蠶書・林啓副題》。

生小子於滋事不可以孟浪。即曾在西國學堂習專門之科，得超等文憑而應製造，任交涉一二十年者，仍不見於著述譯錄之類出一字以問諸世（科學之書既極沉悶，非素習者不願閱。至政治之論，則昔年風采未開，偶談西政之美，已爲世所垢病，故無有譯之者）。則其中必有不可以冒昧試之者。以西學分門別類至密至繁，扶擇至精，界限至嚴。」

　　1903 年何爾先翻譯的《亞東各國稅則商埠章程》。1904 年侯官人林棨由日本書籍編譯了《國際公法精義》由東京閩學會出版。出版廣告中有如下宣傳：「中國開關以來，垂數十年國際交涉，日以益棘，推求其本，皆坐吾國人夙不經心於國際公法故也。中國前者非無公法譯本，無論其爲陳腐舊籍，不適今日之用，即有佳者亦不過羅列條文，足以備參考而不足以資講求。無怪乎捨一、二當局者外莫或從而過問也。茲編專闡明國際公法之眞理，以爲我國講求斯學者遵其先河。書凡二編，上編論國際公法之主體，下編論國際上國家之權利義務，皆本近名家之說演譯成書。博考洋稽折衷至當，亦有志外交者所不棄歟！」同年閩縣人王學文譯《憲法原理》也由東京閩學會出版。翻譯出版該書是因爲：「研究憲法爲吾國今日之急務。稍有識者所能道也。本書折衷歐美大家學說以闡明憲法之原理，論斷精嚴，綱目粲備，迴非他家講憲法者所可同日而語。」

　　1906 年上海廣智書局出版發行了陳與年、梁繼棟、鄭箎三人合譯的日本人織田萬的法律著作《清國行政法》。1907 年上海普及書局連續出版了閩縣人程樹德由日本法律書籍翻譯而來的著作《刑事訴訟法新論》（豐島直通著）、《民法債權篇》（梅謙次郎著）及《民法物權篇》（橫田秀雄著）。1910 年上海商務印書館出版了侯官王我臧翻譯的《日本法律經濟辭典》（田邊慶彌著）和閩縣劉崇祐翻譯的《法學通論》（織田萬著）。高鳳謙爲劉崇祐翻譯的《法學通論》作宣傳的廣告文曰：「《法學通論》一書述法律大意以普及法律思想爲宗旨。日本此類之書不下百數十種。法學博士織田萬氏所著最晚出，風行最廣，印成僅八月，已迻三版。原書分二卷。上卷爲總論，解法律之性質，流派及沿革變遷之理由，下卷爲各論，敘述憲法、行政法、刑法、民法、商法之大概。都二十餘萬言，徵引宏播，體例謹嚴，又復明白簡要。讀之豁人心目，不僅爲研究法學之階梯，實亦養成國民法律思想之要籍也。譯者下字精審，行文明亮，迴非武斷草率之比。」

3. 文史書籍的翻譯

1897 年陳季同翻譯了法國小說《卓舒及馬格利》（賈雨著）在《求是報》上刊登。林紓的文學翻譯最多，已具見於上文。

維新派學習外國，注重介紹外國歷史，作爲中國變法的借鑒。分析該時期翻譯的歷史書籍，可見其翻譯的書籍主要講述某些國家因循守舊不變，不圖自強而導致亡國的情況。當時梁啓超就譯有《波蘭滅亡記》，康有爲譯了《波蘭分滅亡》、《突厥削弱記》等。

1903 年東京閩學會出版了程樹德翻譯的《印度史》（日本北村三郎原著），程樹德（1876～1944 年），字郁亭，福建閩侯人。青年時期就勤奮好學，曾中舉人，後留學日本，就讀於日本法政大學法律科。畢業回國後考取法政科進士。其長期從事法律和政界專門人才的培養工作。出版有《漢律考》、《九朝律考》《中國法制史》等著作。﹝註69﹞其《印度史》翻譯的目的從下文廣告中可見一斑：「欲解決中國今日數大問題，不可不以過去之歷史研究之，而讀強國之歷史，又不如讀亡國之歷史，蓋亡國之史，其淋漓慘劇必有使人可驚者。印度與吾國同處一洲，其文明程度遠不在吾之後，而不競於英，比又吾國人所欲急知其故者。今日歷史之書汗牛充棟，而獨無一完全之印度史，是可憾也。是書上溯哲學之淵源，宗教之傳紹，下迄亡國之始末，罔無詳晰，具載熱心之士兵，皆宜手置一編，且亦可爲歷史科之參考書云爾。」

如梁啓超在《俄土戰紀序》中指出的，沙俄侵略者「欲得志於東方者數百年」，中國的處境如當初土耳其戰敗後淪爲殖民地一樣，十分危險，要中國人以土耳其的教訓爲戒，小心俄國的狼子野心。在譯介外國人所著的歷史書籍時，當時的中國愛國者還特別注意俄國侵略者的野心，有意識地加以揭露，以便喚起國人的警覺。光緒四年（1878 年），中華印務總局出版了鷺江寄跡人譯撰的《俄國志略》，附有這樣的按語：「其俄國所留心著意，無非侵佔鄰國領土爲務。比現在時勢而論，西邊有英法德奧意，各皆虎視耽耽，斷不容他人有侵佔之事，行之甚難。若南邊雖小，有隙可乘，欲行侵佔，英國必起而爭之。此又不能如願，行之亦不易，其稍注意者，惟東邊耳。俄之東界，乃我中國西北境，若不及早設防之，恐將來事機一露，即難收拾矣。俄之行爲

﹝註69﹞林公武、黃國盛主編：《近現代福州名人》，《程樹德》，福建人民山版社 1999
年 9 月，第 457～458 頁。

險作，居心巨測，若視之兵戎，尚可預防；倘於玉帛禮貌而來，尤屬於可慮，不知其蓄意如何，更須嚴防爲是。」

　　在日本的閩籍留學生翻譯了《俄國大政策》，由東京閩學會出版：「今日言時勢者徒以俄國擴張其勢力爲慮，而不察其如何擴張，如何探檢而得有廣大之土。此書爲日本加藤房藏所著，依編年之體敍俄國擴大之歷史，蠶食之政策，加以論斷。極爲透徹。方今俄禍日亟，存亡之機皆決於此。海內志士日夜皇皇力籌拒俄之策。本會同人有鑒於此，故亟急譯是書，以警我國民。」

　　東京閩學會還出版了閩縣林長民翻譯、日本齊藤阿具原著的《西力東侵史》：「此書爲日本之學士齊藤奧具所著，始於己於 14 世紀之委，以迄二十世紀初年。凡西洋人於東洋如何擴張勢力，帝國主義如何發達，及吾亞人如何受侮，如何失計，前後五百年事歷歷，如繪論斷處，尤具史眼。譯者之筆簡練，字字經心，讀之豁人心目，有志世務者不可不購閱也。」林長民（1876～1925 年）：字宗孟，福建閩侯人，父親林孝恂是光緒進士，但思想較爲開明，是當時較早接觸並吸收歐美文化的維新人士。林長民受其影響，很早就對西學有興趣，1897 年入杭州東文學校學習日語和英語。1904 年去日本留學，在早稻田大學攻讀政治法律專科。曾任留日福建同鄉會會長，並與福建留日學生組織閩學會，把西方資產階級的新思想介紹到國內。歸國後積極投身政治，1925 年死於戰亂之中。〔註70〕

　　從《西力東侵史》目錄中，可以對該作品的內容有所瞭解：「緒論；第一章西洋諸國人之東渡；第二章英國人之印度（附印度總督表）；第三章支那與西洋諸國之關係：第一節舊時支那與西洋之交通；第二節印度航路發現後西洋諸國與支那之關係；第四章支那之開關；第五章露西亞之亞細亞侵略；第六章耶穌教之傳入支那及其流佈；第七章西洋人之至日本及耶穌教之流佈；第八章德川時代之荷蘭貿易；第九章日本之開關；第十章日本西學之發達；附錄年表略」《西力東侵史》緒論告知了讀者該書的大致內容，可以讓我們瞭解譯者翻譯它的目的：「亞利安民族，開化最古者，中央亞細亞也。開化未久，乃分殖於東西。西殖之種，爲西洋史之主動者，希臘、羅馬、歐美近代其文明咸孕育於此。東殖之種文物隨敝。其後殆停滯而不進。至今蕩然。讀史者傷之。然即使當日保存其所固有者，無或失墜。以與西方近世之績較優劣。

〔註70〕參見卞孝萱、唐文權編：《民國人物碑傳集·林長民傳略》，團結出版社 1995年 2 月，第 90、91 頁。

猶不如人，況早雕也。亞細亞民族、古尚侵伐。動以其勢力陵壓歐羅巴。安息人攪亂其東南，亞刺北亞人併吞其西南。蒙古人蹂躪其東北，雖以亞力山德（Alexander）大王之東征。羅馬人之征服西亞。其戰績之慘劇猶遠遜之。質而言之，古代之歷史。亞細亞人多徵略。而歐羅巴人多防禦也。近世之事乃大反之。葡國人一朝回航亞弗利加。發現印度之海路，西洋諸國若群蟻慕羶。赴之恐後，或交通、或略取。卒舉全印度為英國之領土，舉南洋諸島為荷蘭、西班牙之殖民地。西伯利亞、中央亞細亞悉為俄國所攻取。安南復入法國之掌中，其他土耳其、波斯、阿富汗、支那、朝鮮諸國，直沮上之肉。恣態人剟割烹噬而已。西方之勢，日逼於東，而巍然獨立於其間者，唯我日本。我日本現狀，若一勇士負被創者於彈丸雨注之中。植立而不動。危險乎哉。然亦氣矜之隆也。夫東西之關係如此其切。我國之位置如此其重，東洋諸國今日之所以窮喪而至是者，我日本人容不究之耶。」

　　東京閩學會出版的歷史書籍還包括：劉崇傑譯的《史學原論》（日本浮田和民著）、《近時外交史》、《今世外交史》、《最近時政治史》及《（新體）歐洲教育史略》等，都是由日本書翻譯而來的。閩縣劉崇傑譯的《史學原理》：「博引泰西學說加以論斷，溯委窮源，語語精石高，洵為不磨之論。譯者文筆條暢，足達原著之旨，有志史學者一讀是篇，增長史識不少也。」1904 年湖北洋務譯書局出版了陳秉鐮翻譯的《各國水師源流考》。1907 年金陵江楚編譯關書總局出版了陳壽彭翻譯的歷史教科書《萬國史略》。

4. 哲學社會書籍的翻譯

　　維新運動時期，西學的傳播由以自然科學為主轉向開始宣傳一系列西方資產階級的哲學、社會政治學說，嚴復的翻譯成為這時期的代表（已見上述）。

　　辜鴻銘翻譯了孔子作品《論語》和《中庸》等。辜鴻銘（1857～1928 年），名湯生，字鴻銘，號漢濱讀易者、讀易老人，後以字行。歐洲留學期間以 Koh（Kaw）Hong Beng 為名，回國後改用 Ku Hung-Ming。辜氏祖籍福建同安，1857 年出生於馬來西亞檳榔嶼一個華僑世家。辜鴻銘 13 歲時，隨義父母布朗夫婦回蘇格蘭老家，後到英國讀書，接受系統而正規的西洋教育。1873 年至1874 年間考入愛丁堡大學文學院攻讀西方文學專業。1877 年春，他以優異成績通過拉丁語、希臘語、數學、行而上學、道德哲學、自然哲學和修辭學等多門學科考試，榮獲愛丁堡大學文學碩士學位。接著，他到德國留學，入萊

比錫大學，學習土木工程，獲工科文憑。之後又赴巴黎，在巴黎大學學習法文。1880 年，返回檳榔嶼，不久到新加坡英國海峽殖民政府輔政司任職。三年後，辜鴻銘在馬建忠的勸說鼓勵下，辭去殖民政府職務，回到檳榔嶼老家，剃髮蓄辮，開始補習中文，學習中國文化。1885 年，辜鴻銘正式回國，並應邀入張之洞幕府，擔任洋文案。1905 年，上海「黃浦濬治局」成立，辜鴻銘被聘爲督辦，在職三年。宣統復辟時，任外交部侍郎，晉郎中，後擢左丞。1910 年 1 月，清廷列其爲「遊學專門一等」，賞給文科進士，位僅次嚴復，列第二。同年，他辭去外交部職務，就任上海南洋公學監督。辛亥革命後，他表示效忠清王朝，辭去公職，前往北京。1915 年，北大聘之爲教授，主講英國文學。1917 年張勳復辟，他出任外交部次長。復辟失敗後，他回到北大教書。「五四」前後，他和林紓一樣屬於保守派，主張尊孔敬道，並用英文撰文反對新文化運動。1924 年他應日本大東文化協會的邀請赴日本講學三年。1927年秋，辜鴻銘從日本回國。1928 年 4 月 30 日在北京逝世。辜鴻銘精通中西文化，能夠精熟地用英文寫作，寫了許多的英文作品，積極弘揚中國傳統文化。在翻譯方面他將我國經典古籍《論語》、《中庸》、《大學》等譯成英文，在清末民初的中書英譯中享有盛譽；另一方面也將外國詩歌等翻譯成中文，主要有威廉‧柯伯的《痴漢騎馬歌》和柯勒律治的《古舟子咏》，成爲近代中國向國內譯介西方詩歌的先驅。〔註71〕

辜鴻銘翻譯的《論語》其副標題爲《引用歌德及其它作家舉例說明的獨特譯文》，該翻譯的確獨特，他用西方作家的文字來闡釋中國文化的祖師孔子。〔註72〕

東京閩學會也翻譯出版了一系列社會科學著作，其中包括高種翻譯的大原樣一原著《社會問題》、林楷青譯的《人種誌》（鳥居龍藏原著）、薩君陸翻譯的《國家政府界說》、薩端翻譯的《社會進化論》、王學來翻譯的《哲學原理》、王永忻譯的《政黨論》、及《南清貿易》、《進化新論》、《貨幣論》等經濟學譯著。這些著作相關的序文如下：

《社會問題》（侯官高種譯）：「日本人太原祥一君留學美國講求經濟社會

〔註71〕曾珠璇：《溝通中西文化的傑出代表──辜鴻銘》，《福建翻譯家研究》，福建教育出版社 2004 年 12 月，第 87～100 頁。

〔註72〕參見衛茂平：《德語文學漢譯史考辨》，上海外語教育出版社 2004 年 1 月，第 2～11 頁。

及統計各學十餘年，關於社會問題無不覃思研精，探其深奧，歸著此書。書分二十四章，每章各就一問題搜集學說，考究實際而解釋之。凡國民之生命品性，幸福國家之組織機能效用無不研究入微，可言可行，吾國今日財故紊亂，風教頹敗，社會騷擾之象日以益逼，是書誠可爲他山之石也。」

《人種誌》（侯官林楷青譯）：「現今爲人種競爭時代，中國學者甚少有究心斯學者瀏陽唐氏，始著各國種類考一書。然當時考據之書甚缺，出於理想者多，徵諸實驗者少，未足饜請求是學者之望。此書爲日本理科大學鳥居龍藏編纂，理學博士坪井正五郎校閱，考證精確，誠考求歷史、地理學者之根本也。」

《國家政府界說》（薩君陸譯）：「是書爲日本民友社所纂，博引歐美各國政體互相比較，以證國家與政府權力，且推論及將來世界政體。吾國數千年來盲守一隅，人民生息於其下者，直如動物等。耳今也，歐風美雨席卷而來，是書也足以猛省吾國民。凡屬有志宜各手一編焉，是幸。」

《社會進化論》（侯官薩端譯）：「社會狀態何日不在進化之中？眩於目前之文明，不知所以變遷之理，則識見之簡陋自不待言。是書爲日本碩學有賀長雄所著，分爲三篇。前二篇多據斯賓塞爾之說，後一編全出著者研究之心得其於人事之變遷，國勢之消長，論之甚詳，譯文以餉國民。」

《哲學原理》（閩縣王學來譯）：「是書爲日本哲學大家所著，詳述哲學研究之法，社會發達之由，提綱挈要，言簡理賅，誠研究哲學之津逮也，茲編以最明達之筆，述極高尚之理，旨趣盤然，善能引人入勝，有志哲理者不可不一讀之。」

《政黨論》（候官王永忻譯）：「立憲法必設議院，設議院必有政黨，政黨者國民共同之團體，執一定之主義而圖國家之公益也。我國專政垂數千年，人民無參政之權，視國家之利害，若不相涉，欲救斯弊，非人人有政治思想，具政治能力不可。是書爲日本尾原保人所著。其論政黨如何組織，政黨與國家如何關係，說理精確，剖釋詳明，國民不可不讀之書也。」

《政治學大綱》：「我國民素乏政治思想，其視國家之事若與己無關者，推原其故，由於無參政權所致，抑亦所出政治書非專於一偏，即失之繁重，不適爲一般之用也。是書爲日本法學博士小野冢喜平次所著。提綱挈領，皆從根本處著筆，簡而不漏，實足爲養成政治思想之助也。」

《泰西格言集》（長樂高鳳謙輯譯）：「是書博採泰西名人言論，上溯西臘羅馬，下逮近今，如腓力特列，大彼得，拿破倫，華盛頓，哥倫頓，瑪

志尼，畢士麥諸大傑之議論。亞里士多德，西細格，柏拉圖，梭格拉底，倍根（培根）、康德、陸克、巴克、亞只遜、孟德斯鳩、盧騷、邊沁、佛蘭克令、彌勒約翰、章遜、麻哥黎、斯賓塞、達爾文、赫斯黎諸大儒之學說，凡百有餘家，擷其精華，並採歐洲俚諺之有關政治學術道德哲理者都爲一編單語片辭，皆具至理；譯筆簡古雅馴，不失原文之意。」高鳳謙（1970～1936 年）：福建長樂人，字夢旦，早年自號崇有，晚年以字行。先世爲高門大族，號稱「高百萬」，早年時就反對八股文章，講求實學，曾作《廢除跪拜論》投《時務報》，深得梁啟超歎服，後成爲莫逆之交。1901 年受聘爲浙江大學堂的總教習，翌年爲留學監督，帶領學生東渡日本，並因此在日本考察了政治、文化和教育等，認爲教育是日本強盛的根本，產生了編輯教科書的志願。1903 年冬歸國，受商務印書館編譯所所長張元濟聘，任國文部部長，組織教科書的編輯工作。後建議翻譯《日本法規大全》，以福州人劉崇傑爲主編，歷時三年編譯完成。此外，他還創議編撰了《新字典》和《辭源》等，也結集出版《嚴譯名著》、《林譯小說》等，風行一時。1936 年病逝於上海。〔註 73〕

5. 教育書籍的翻譯

　　1898 年鄭守箴翻譯《法國鄉學章程》由教育世界社出版。鄭守箴有「譯《法國鄉學章程》之《附觀鄉學記》」：「余年十六肄業福州船政製造學堂，二十五遊學法國巴黎在刪拔中學堂、挪蠻大學堂四年而歸。彼時專意習業，迫於期限不及一觀鄉學，甚以爲憾。舊歲重遊巴黎，考求鄉學教法，得識鄉學總辦伯君依霜。往返經旬，得初學書數十種。伯君謂余曰：『我國發蒙之書多引俗物以啟孩提之性，彼此風尚各異，宜於我國未必宜於貴國。』即我鄰境之新隸（？）版圖者，猶須另行編纂。然則苟因是書而刪改之未必不足爲善本。是在司教者稍加增減之功耳。予因素取鄉校章程課程並道願觀鄉學之意。伯君許諾。翌日，即有夏姓投刺自稱巴黎第十段鄉學總稽查，奉伯君命觀鄉學。余謂夏君曰：『巴黎分幾段，每段鄉學幾所。』曰計二十段，本段男學九所，女學十所。每所生徒約三百人。母教學堂一所約百餘人。云綜計巴黎一隅官設鄉學多至五千六百餘所。民間所設之學及教會所設之學尚不在其中。

〔註 73〕參見卞孝萱、唐文權編：《民國人物碑傳集・高君夢旦傳》，團結出版社 1995
　　　　年 2 月，第 376～382 頁。

可謂盛矣。余因與負君同行隨到一所，門可容車高，揭旌旗。負君曰此男學也。課分上中下三等，大抵自十一歲至十三歲爲上等，九歲至十一歲爲中等，七歲至九歲爲下等。每等分數班，其班數觀人數之多少。余至上等學堂，兒童約五十人，見客肅然起立舉手加額爲禮，負君宣言此華士鄭君，總辦伯君之友也，亦嘗再舉，於吾鄉爾等當各貢所學以就正焉，於是各生將課業呈閱其師，請餘命題。余固謝不敏，始自招一生試之，凡有問不能答，其他生知者俱伸臂爲號，師即向而詢之。夫顯己之長，形人之短爲中華學士所深誡，而彼竟藉此激勵生，徒生其羞惡之心，長其發奮之氣。未始非善誘之術也。嗣入中等下等學堂，其生徒較幼，所授之課亦以次遞降。其鄰爲女學，亦分三等課，與男學相似。余入時諸女童亦起立爲禮，出則慶曲以送。最後入母教學堂。中不分男女，以老婦爲教習，所課之字多係學實物，天物則訓以圖，蓋將使其識一物必知此物之爲何字，識一字必知此字之爲何物，側引旁徵，期於通曉而後已。如教甜字即試以糖，教鹹字即試以鹽，其教凡大率類此。每日課三點鐘，每一點鐘半點鐘讀書寫字，半點鐘起立致敬，或打掌鞠躬或行歌跳舞。堂課既畢，遂赴花園嬉笑馳逐，寓教養於遊戲，故各童笑容滿面，無有以讀爲苦者。無他，教導之法善也。夫既有鄉學自孩提以迄十三歲，父兄可不費一錢，均得入學。十三歲後各責專門之學，質優財絀者由官給貸，以卒其業。故四民中無一不知書。國之強，民之智良有以也。戊戌三月侯官鄭守箴仲甫記。」

　　1902 年陳壽彭翻譯了《英國十大學校說》由上海泰東時務局出版發行。李孟寶翻譯了《法國建造學堂指南》由湖北洋務譯書局出版。1908 年王壽昌翻譯的教科書《學生必讀計學淺訓》由上海商務印書館出版。

6. 軍事外交書籍的翻譯

　　1900 年曾仰東譯的《法國黃皮書滇省交涉公文》由湖北洋務譯書局出版；同年陳壽彭的《新譯中國江海險要圖志》由經世文社出版。《中國江海險要圖志》一書英文原名《中國海方向書》（China Sea Directory），是 1894 年英國海軍海圖官局第三次修訂的最新最精之本。該書是英國海軍輿圖局所編輯，「萃五十年來各國測量家及舵工、商人之說，……，四乘皆言中國海之險要。由新加坡而爪哇而婆羅洲而日本而高麗而海參威，縱橫博大。」原書浩繁，「都四大乘，幾數百萬言」，陳壽彭認爲「以一人譯之非十年不爲功」，於是擇其中專門講述中

國海圖的部分譯成中文，命名爲《新譯中國江海險要圖志》，「期有功目前實用，無事遠圖也。」他認爲中國「今日之急」，在內不在外，在近不在遠。內地都不能守，何以言海外？天生險要乃軍國大事，一定要盡人力以講求其利害。陳壽彭在書中指出，險要，一是爲了指南，二是爲了嚮導。因爲不用嚮導者，不能得地利，因爲嚮導而得地利者，也告訴我們險要所在。而原書所載險要之處，有有形的，如風濤變滅，沙岸轉移，港門通塞、開闔，航路進退、順逆，有法可乘，有數可據。無形的也有使之有形，除險要之處外，還有險要之用，或者是「險要之說」，他以此爲書名，是因爲中國由瓊海繞到鴨綠江，涉七省，島嶼、沙礁星羅棋布，不下千百，皆是險要所在，都爲中國古籍失載。長江，古人稱之爲「天塹」，由上海溯至宜昌、重慶，涉五、六省，今天，船隻自由出入長江，不止一國，金山變成平陸。瞿塘三峽亦將成爲通途，今天的險要與古代相比，已經大相徑庭。他翻譯這本書，就是感於險要地形對於行軍地利的重要性，險要的地方向來是兵家必爭之地。陳壽彭在卷首自序中闡明險要之初的重要性：「今爲吾國計，莫如守，守則必按於險要，險要明，雖有項王之勇且悲歌於垓下；雖有武侯之明，尚徘徊於子午。故孫子有九地之篇，管子有地利之說。」陳壽彭認爲，海防不僅僅是海軍的事，所有的中國人都應該眾志成城，抵禦外敵。他說：「究此書第宜海軍，無與他人事，則告之曰，迎來海氣熾矣，吾國所立海軍之明效亦已觀矣。海軍之將帥豈不知原書所言之險要乎，惜其知之不能使吾國盡人皆知，得以共守，致孤軍如填精衛之石，無有援應。今復以此而諉諸海軍，何不鑒前車之轍乎。吾願海軍之人熟勉之，舉國之人亦熟計之可也。」陳的這項翻譯工作開始於戊戌（1898）年春，完成於己亥（1899）年冬，「計功二年，易稿三次」，「成書三十二卷，爲圖二百八軸」〔註74〕。據其「譯例」：「譯本既出，譯本一切編目章句、悉照原書，以存其舊，雖體例皆與我古籍迥異，實足以補我之所不及。」

　　1902 年，湖北洋務譯書局相繼出版了《英國藍皮書之上海撤兵冊》（鄭貞來譯）、《英國藍皮書之考察雲南全省報告》（黃文浩譯）、《英國第七冊藍皮書之英俄鐵路交涉冊》（鄭貞來譯）、《英國藍皮書之考察江西全省報告》（鄭貞來）、《法國黃皮書上海撤兵冊》（曾仰東譯）涉及外交的書籍。東京閩學會的留學生翻譯了《近時外交史》和《今世外交史》，另外海澄人楊允昌翻譯了《國際地理學》：「地理與歷史之關係人人知之，近今地理學之書汗牛充棟，大都

〔註74〕薛紹徽：《中國江海險要圖志（後序）》。

詳言面積地勢氣候及產業貿易等，範圍未廣，頗不適於歷史參考之用，此書守屋荒美雄所編，特闡明地理與國際之關係。舉近今國運之大勢及領地殖民地之沿革言之甚詳，論證確鑿，解釋顯明，誠地理學科中之最佳本，抑亦研究歷史者不可不讀之書也。」

7. 其他書籍的翻譯

1903 年上海進化譯社發行了永春黃大暹譯述的《世界之十大宗教》（日本久津見息忠著）。這是一本 32 開、109 頁的小冊子。書共九章：1、緒論（比較宗教學）2、宗教之定義及起源 3、古代之宗教 4、猶太教 5、依斯列孟教（伊斯蘭教）6、基督教 7、丕俠火教 8、波羅門教 9、結論。譯文語言問淺近文言，有句讀。湖北洋務譯書局出版了陳秉鎌譯的機械類書籍《汽機初級》（英國哲密生原著）。1911 年寧德人林振翰翻譯的《漢譯世界語》，該書為波蘭柴門霍夫的一本語言學著作。此期其他的翻譯家還有許多，今簡要介紹如下：

陳衍（1856～1937 年），小名尹昌，字叔尹，號石遺，福建侯官人。他在經學、史學等傳統學問諸方面都有精深造詣，還譯介了大量的西方經濟學專著，是近代著名的經濟學家、翻譯家。他幼隨祖父讀書誦詩，10 歲時已讀完《書》、《詩》、《禮》、《易》等國學經典，1882 年中舉人，1887 年曾入臺灣巡撫劉銘傳幕府。1886 年在京與鄭孝胥共同標榜「同光體」，並成為「同光體」的閩派代表人物，著有《石遺室詩話》等，1895 年三、四月間，陳衍到京會試，時值中日和談，陳衍起草、并與林紓等人聯名上書都察院，反對割讓遼東半島、臺灣等領土。1897 年夏，陳衍被公推為《求是報》主筆，1898 年湖廣總督張之洞邀請他到武昌，辦理一切新政筆墨，並任《官報》局總編纂。1898 年春，京城會試之際，變法呼聲正高，陳衍作《戊戌變法權議》，提出自己的變法主張。同年，應經濟特科試，未中。戊戌變法失敗後，《官報》停辦，陳衍籌辦《商務報》，以研究實業為主，除了連載他同其下屬河獺儀太郎翻譯的《銀行論》、《貨幣制度論》、《商業經濟學》、《商業地理》、《商業開化史》、《商業博物志》、《日本商律》、《破產律》等外，還連載了《歐美商業實勢》，對世界各國的經濟情況做了大量翔實報導。1907 年陳衍到北京任學部主事、并兼京師大學堂文科教習。1911 年清朝滅亡後，到南北各大學講學。1916 年起編修《福建通志》，該《通志》於 1938 年出版。陳衍晚年寓居蘇州，與章柄麟、金天翮共倡辦國學會，並任無錫

國學專修學校教授。1937 年 8 月，陳衍在福州病逝，葬於西門外文筆山。
〔註 75〕

　　薛紹徽（1866～1911 年）：字秀玉，號男姒，福建閩縣人。著名女詩人、女學者，著有《黛韻樓詩集、文集、詞集》八卷，《外國烈女傳》七卷，編有《國朝閨秀詞踪》十卷等。1900 年她在其夫旅法學人陳壽彭的幫助下，率先將《八十日環遊記》譯成中文，由經世文社出版。此書首版譯者署名是薛紹徽，第二、三版署名逸如、秀玉（逸如是陳壽彭的字），可以推斷該書是陳壽彭口譯、薛紹徽筆述。另外，該中譯本並非根據原文翻譯的，它是根據桃爾（M.Towel）和鄧浮士（N.D.Anvers）的英譯本轉譯的。譯文係文言、用章回體，小說中的人物名字明顯的本地化，如將凡爾納譯為房朱力士，但翻譯還是相當忠實於原著的。此書是凡爾納科幻小說的第一本中譯本，也是中國第一本科幻小說的中譯本，在中國近代翻譯文學特別是科幻文學史上具有十分重要的地位。〔註 76〕

　　林白水（1874～1926 年）：名獬，又名萬里，後改名白水，字少泉，號退室學者，筆名宣樊子、白話道人，福建閩縣人。14 歲時因家窘迫，母親將其送至大舅家，在其家塾受學於福州著名的維新人士高嘯桐學習西學，從高那裏那對現實有了新的看法，對科舉功名不屑一顧。1894 年在高的引薦下他離家往浙江杭州，在同鄉林孝恂家任教師，1898 年應杭州知府、福州人林啓（字迪臣）邀請，任蠶桑學堂教師，傳播西學。在杭州，他創辦詩社，主編《杭州白話報》，開始提倡白話文。後受聘於求是書院，經常夜間召集學生宣傳反清思想。1902 年與表兄回福州創辦了福州蒙學堂。1902 年，林白水到上海與蔡元培等發起成立中國教育會，以編定教科書改良教育為己任。1903 年春東渡日本，參加了「抗俄義勇隊」「學生軍」等組織，進行革命活動。12 月返回上海，與蔡元培等創辦《俄事警聞》，還單獨創辦了一份《中國白話報》。後又東渡日本，在早稻田大學法科兼習新聞。1905 年因日本頒布《取締清韓留學生規則》回到國，此後以譯著撰述為生。民國時期，創辦了一系列的報刊，如《公言報》（1915 年）、《新社會報》（1921 年，後更名為《社會日報》）等，

〔註 75〕邵雪萍：《陳衍與經濟翻譯》，《福建翻譯家研究》，福建教育出版社 2004 年 12 月，第 80～81 頁。

〔註 76〕蘇毅林：《曾掀起凡爾納熱潮的譯壇伉儷》，《福建翻譯家研究》，福建教育出版社 20（ ）4 年 12 月，第 77 頁，有關該書內容與具體評價我們後面還將提到，此不詳述。

1926 年因多次揭露軍閥政客的黑暗內幕，遭到憲兵逮捕，被以「通敵罪」殺害。林白水的翻譯著作主要是 1908 年出版的《日本明治維新史》等。〔註 77〕

第四節　小結

對於該時期的翻譯我們認為可以歸結為以下四個特點：

一是重視對日本書籍和英文著作的翻譯介紹：該時期閩籍人士翻譯的著作主要源自日本（最多）、英國、法國和美國，其他國家的相對較少。

甲午戰爭後，中國的形勢危急，康有為比之如「寢於火薪之上」，當時各帝國主義對中國虎視眈眈，「俄北瞰，英西瞵，法南瞬，日東眈」中國「處四強鄰之中而為國，岌岌哉！」〔註 78〕亡國滅種的危急局勢使上下中國人備受刺激，清朝中一部分統治者和思想較為先進的知識分子，要求聯合起來抵禦外來的侵略，要向日本學習，變法自強，走維新的道路。1898年，即光緒二十四年，光緒皇帝開始啟資產階級改良派，實行維新。維新救國的道路就是象外國學習，學習先進的西方資本主義國家。由於日本的「明治維新」非常成功，所以日本也是中國人學習的榜樣。在維新期間，翻譯外國書籍得到了空前的重視，許多西方書籍被翻譯成中文，大量的日本書也被翻譯介紹到中國。翻譯日本書是學習西學的捷徑。梁啟超認為由日譯文轉譯西書是一種事半功倍的速效辦法，因為日本在向西方學習的過程中，已經有所選擇，把西方的學術精華翻譯成日文。維新派的提倡，使翻譯日本譯著風靡一時。

英語作品的翻譯得益於福建馬尾船政學堂的留學生。與林紓合作的口譯者一般都是船政學堂的畢業生並留洋英國的，因此林紓翻譯了大量英國小說；嚴復自己留學過英國，選擇翻譯的當然是英語著作。

二是重視法律、哲學、歷史等社會科學的譯述與介紹。

維新變法提倡的自強，以介紹西學為途徑，他們所理解的西學，與洋務派的「中體西用」不同，認為西學內容更重要的是「定憲法以出政治」，「明格致以興藝學」。〔註 79〕維新派批評洋務派的過失在於「以為西人之長不過在

〔註 77〕參見林公武、黃國盛主編：《近現代福州名人》，《林白水》，福建人民出版社 1999 年 9 月，第 231～234 頁。

〔註 78〕康有為：《強學會敘》。

〔註 79〕康有為：《萬木草堂小學學記》。

船堅炮利，機器精奇，故學知者亦不過炮械船艦而已。」〔註 80〕嚴復也清楚地認識到了這個問題，指責洋務派所翻譯的西學「皆其形下之粗迹」，「而非命脈之所在。」〔註 81〕

　　高鳳謙在《翻譯泰西有用書籍議》中強調，翻譯西方社會科學書籍（政事之書）要比翻譯自然科學書籍（格致之學）更為重要。〔註 82〕

　　三是該時期的翻譯特點，以歸化為主調，有學者指出，「我國頭一百年的外國文學翻譯，基本上都以歸化為主調。」〔註 83〕其實不僅是文學翻譯，其他翻譯也大致如此。當時的翻譯界存在著意譯為主的時代風尚，譯文中的異質性成分所佔比重較小，原文中的很多成分都被換成了漢語傳統文化固有的成分，譯文的雜合度因此較低。這在嚴復以及林紓的譯文中看來尤為明顯。他們都是用典雅的古文來翻譯，所以無論是語言還是文化，都是相當地道的漢語文本（當然不否認其中歐化部分的存在，因為既然是翻譯，就不可能不受源文本的影響，例如保留外國人名與地名的音譯等）。對於這樣的一種狀況，是有其歷史原因的。就讀者而言，當時翻譯作品的讀者文化水平普遍比較高，對於西方文化則相反，他們都普遍的無知乃至抱有偏見.就翻譯文學而言，直譯在晚清之所以沒有市場，主要原因是中國社會封閉已久，西學雖然在中國傳播有時，但大多數的讀者對於西方的語言、文化、文學還是相當的隔閡，不具備接受或欣賞異質性成分的能力。就當時的社會思潮而言，譯者所追求的是譯文在讀者與社會中的影響，對於語言形式和文化諸方面則很少關注，也就是說，他們對於譯文首先追求的是流暢可讀，並盡可能的被接受，產生社會影響力，促進社會的變革。當然這也與當時商業的發展密切相關，晚清報業的發展促進了翻譯的商業化，為追求經濟效益，翻譯要盡可能的迎合讀者口味，這也是導致該時期翻譯文本雜合度不高的原因之一。〔註 84〕

　　四是這一時期的翻譯對於中國人瞭解西方乃至理解西方起到了積極的作用，嚴復、林紓等翻譯大家的影響不可低估。如嚴復把《天演論》翻譯出來後，震動全國。「物競天擇，適者生存」成了社會上的流行語。《天演論》的

〔註 80〕梁啓超：《戊戌政變記》。

〔註 81〕嚴復：《論世變之亟》。

〔註 82〕高鳳謙：《翻譯泰西有用書籍議》。

〔註 83〕韓子滿：《文學翻譯的雜合研究》，上海譯文出版社 2005 年 10 月，第 87 頁。

〔註 84〕可以參閱蔣曉麗：《中國近代大眾傳媒與中國近代文學》，四川出版集團 2005年 6 月。

出版告訴人們天下的形勢：中國的確是危險，中國面臨滅亡的危機；但是《天演論》又告訴人們：人的努力可以與天競爭，而且最後可以取勝，只要努力革新社會的政治，國家是可以復興的，民族也能永存。《天演論》在民族危亡的時刻，給中國人民敲響了警鐘，激發人民的愛國思想，促進人們的覺醒。

第 5 章　民國時期閩籍翻譯家
（1911～1949）

　　1911 年中國經歷了一場大變革，孫中山領導的資產階級革命推翻了滿清王朝的統治，建立了中華民國，緊接而來的是五四新文化運動的狂飆，中國社會與中國文化在這經歷了數千年來未曾有的巨大震蕩，一個改變世界的「福音」從西方傳到了中國，這就偉大的馬克思主義！西方各種書籍陸續翻譯出版，改變了中國原有的社會與文化結構，產生了深遠的影響。閩籍翻譯家在這一系列的運動中始終是一支不可忽視的力量。

第一節　辛亥革命後的中國社會思潮

　　中華民國建立，這一政治上的變動雖然影響深遠，但真正標誌著中國從近代走向現代的卻是 1919 年的五四運動。中華民國建立後，社會依然動蕩，各種復古反動勢力猖獗，軍閥混戰，民不聊生：1912 年 2 月 15 日，袁世凱任中華民國臨時大總統；1913 年 3 月 20 日，袁世凱指使凶徒刺殺了國民黨重要人士宋教仁，充分暴露出了反動面目；1913 年 7 月 12 日，孫中山領導的「二次革命」揭開序幕，後又以失敗告終：1915 年 1 月 18 日，日本向袁世凱提出了滅亡中國的「二十一條」，日本企圖把中國變為其獨占的殖民地，全國掀起了反日反袁鬥爭；1915 年 8 月 14 日，楊度、嚴復等發起成立了籌安會，鼓吹恢復帝制，12 月 13 日袁世凱「登基」，改元「洪憲」；1917 年 7 月 1 日張勳復辟……

　　中華民國的建立並沒有使中國人實現富強與民主、獨立的願望，在各種

反動逆流中，人們開始探尋新的文化，這直接導致了新文化運動的興起。馮契先生認爲，中國近代思想的發展有兩個階段的革命，一個是進化論階段，一個是馬列主義階段。嚴復是在中國傳播西方哲學的第一人，他以科學的進化論做武器，將西方近代資產階級世界觀和中國封建社會腐朽的統治思想做比較，鼓勵人們學習西方，以求中華民族的自強，標誌著中國近代哲學第一階段革命的開始，在其影響下的中國思想界，一直以來都是以進化論思想爲指導；辛亥革命後帝國主義變本加厲的侵略，強烈地衝擊了中國人心目中西學救國的夢想，第一次世界大戰爆發，資本主義暴露了其固有的文化弱點，人們開始重新探索新的世界觀，俄國十月革命後，馬列主義傳入中國，開始了第二階段的思想革命。〔註1〕

1915 年 9 月，陳獨秀在上海創辦《青年雜誌》，標誌著新文化運動的開始。陳獨秀（1879～1942 年），字仲甫，安徽人，早年曾中秀才，後留學日本，組織革命團體，並撰寫了許多批判封建禮教的文章，辛亥革命時爲安徽都督府秘書長，二次革命失敗後去日本，1915 年 6 月回到上海。在《青年雜誌》的創刊號上，陳獨秀發表了《敬告青年》一文，提出了「人權」與「科學」的口號以及「自主的而非奴隸的」、「進步的而非保守的」、「進取的而非退隱的」、「世界的而非鎖國的」、「實利的而非虛文的」、「科學的而非想像的」六大宗旨。〔註2〕《青年雜誌》自 1916 年 9 月起更名《新青年》，後因陳獨秀擔任北京大學文科學長，編輯部遷往北京。李大釗、胡適、劉半農、魯迅、吳虞等參加雜誌的編輯或撰稿工作。

新文化運動以 1918 年爲界，可以分爲前後兩個階段，前期主要是宣傳民主與科學、批判孔教、提倡文學革命三個方面：

一、民主與科學：陳獨秀主張，德先生（Democracy，民主）和賽先生（Science，科學），「只有這兩位先生可以救治中國政治上、道德上、學術上、思想上的一切黑暗。」中國「欲圖世界的生存，必棄數千年相傳之官僚的、專制的個人政治，而易以自由的、自治的國民政治也。」他大聲疾呼，我國

〔註1〕 馮契：《中國古代哲學的邏輯發展》上冊，上海人民出版社 1983 年 10 月，第 33～35 頁；孫中山先生之所以成爲堅定的資產階級革命家這和他唯物主義的進化論思想有關，馮先生此兩階段說甚爲精闢。見蔣國保等：《晚清哲學》，安徽人民出版社 2002 年 9 月，第 609～613 頁。

〔註2〕 陳獨秀：《敬告青年》，《青年雜誌》第一卷第 1 號，參見李偉：《中國近代翻譯史》，齊魯書社 2005 年 8 月，第 275 頁。

要生存於世界，「當以科學與人權（就是後來的『民主』）並重。」〔註3〕

　　二、批判孔教：1916 年秋，曾經是維新的主要人物的康有為，上書北京政府，要求將「孔教」定為國教，列入憲法。新文化運動高舉「打倒孔家店」的大旗，深刻批判了作為封建專制主義和理論基礎的「孔教」。李大釗發表了《憲法與思想自由》、《孔子與憲法》、《自然的倫理觀與孔子》等文章，把孔子看作是歷代帝王專制的護身符，大加鞭撻。魯迅發表了著名的《狂人日記》，矛頭更是直指封建禮教的吃人本質。

　　三、提倡文學革命：「文學革命」主要是提倡白話文、反對文言文；提倡新文學，反對舊文學。胡適首先提出文學改良的建議，陳獨秀則進一步的提出「文學革命」的口號。《新青年》自 4 卷 1 號（1918 年 1 月）起改用白話文，採用新式標點符號。

　　1917 年 11 月 7 日，俄國十月社會主義革命爆發，新文化運動發生了極大的轉向，開始了馬克思列寧主義的宣傳。馬克思及其著作、社會主義主張在中國其實早就有所介紹與傳播。〔註4〕張德彝在《三述奇》中曾描述了其目睹的巴黎公社起義的情況。據有關專家研究，目前所知道的最早提到馬克思和馬克思主義的是 1898 年上海廣學會出版的《泰西民法誌》，該書原名《社會主義史》）（The History of Socialism），英國人柯卡普（Kirkup）著。〔註5〕此外，最早接觸和介紹馬克思主義還有流亡海外的資產階級改良派、革命派以及留學生等。由於他們翻譯的目的不同，翻譯介紹的內容也有所偏重，甚至還有歪曲、誤解的地方，馬克思主義學說並沒有引起中國人的重視，影響也極其有限。

　　李大釗才是中國第一個馬克思主義的積極傳播者。李大釗（1889～1927年），字守常，河北人。他在 1918 年 7 月後先後發表《俄法革命之比較觀》、《庶民的勝利》、《布爾什維主義的勝利》等文章，歡呼十月革命的勝利。他說：「由今以後，到處所見的，都是 Bolshevism 戰勝的旗幟，到處所聞的，都是的凱歌的聲。人道的警鐘響了、自由的曙光現了、試看將來的環球，必是赤旗的世界！」〔註6〕1919 年 5 月，李大釗將《新青年》第 6 卷 5 號編為《馬

〔註3〕　參見郭豫明主編：《中國近代史教程》，華東師範大學出版社，第 360 頁，此三方面內容皆參見此書第 360～363 頁。
〔註4〕　具體可以參見王繼平：《論清末社會主義學說的傳播》，載《近代中國與近代文化》，中國社會科學出版社 2003 年 9 月，第 359～367 頁。
〔註5〕　李偉：《中國近代翻譯史》，齊魯書社 2005 年 8 月，第 285 頁。
〔註6〕　李偉：《中國近代翻譯史》，齊魯書社 2005 年 8 月，第 291 頁。

克思主義研究專號》，發表了他的長篇論文《我的馬克思主義觀》，系統地介紹了馬克思主義哲學、政治經濟學和科學社會主義。其後，有關馬克思和馬克思主義的著作陸陸續續在中國翻譯和出版，爲中國的革命帶來了新的曙光、更重要的是，在覺醒的中國知識分子中迅速組織了馬克思主義的團體。1921 年中國共產黨的誕生，中國革命進入了新的階段，中國人民在中國共產黨的領導下開始了新的尋求民族獨立與自強的道路。

與此同時，蘇俄（蘇聯）作家作品的翻譯和日本書籍的翻譯一樣，也逐漸爲國人所熱衷。在民國時期，俄國（蘇聯）文學的翻譯也形成了高潮，許多翻譯家把目光從英國、美國等老牌帝國主義國家的文學轉向了俄國（蘇聯）這個新興的社會主義國家，這是和社會主義或馬克思主義思潮的影響緊密聯繫的。

第二節　本時期閩籍翻譯家及其主要譯作

民國以來，林紓仍然活躍於文化界，翻譯了大量的小說著作，但不同的是，這時候林紓的處境有所變化，特別是新文化運動的爆發，對其產生了巨大的影響。

中華民國推翻了滿清政府，昔日威嚴的皇帝退出了歷史舞臺。林紓對於共和制度和專制制度都是不滿的，他認爲理想的制度應該是君主立憲制度，他對民國建立後的社會現狀十分不滿，在政治立場上他已經由維新派轉化爲十足的頑固派。他曾經說明鼎革之後的心情道：「革命軍起，皇帝讓政，聞聞見見均弗適餘心，」「帷所戀戀者故君耳。」〔註7〕從民國二年（1913 年）開始，他開始謁陵的活動，這樣的活動在其晚年進行了數次。他曾在陵階上痛苦涕零，曰：「臣紓不肖，未與仕版，然戀恩之心，至死不泯。」〔註8〕但是，林紓所效忠的只是立憲的清朝皇帝，他是反對袁世凱復辟帝制的，「洪憲時，徵余爲高等顧問，又勸進時，官中以碩學同儒見徵。余幸以病力雌，計不免者則服阿芙蓉（鴉片膏）以往，無他術也。」〔註9〕尷尬的是，鼎革之際，林

〔註7〕 林紓：《畏廬詩存自序》，見曾憲輝：《林紓》，福建教育出版社 1993 年 8 月，第 253 頁。

〔註8〕 林紓：《三謁崇陵記》，見曾憲輝：《林紓》，福建教育出版社 1993 年 8 月，第 259 頁。

〔註9〕 林紓：《七十自壽詩》自注，見曾憲輝：《林紓》，福建教育出版社 1993 年 8 月，第 266 頁。

紓還在中華民國時期的京師大學堂（北京大學）任職，直到民國二年（1913年）被迫辭職，其原因不是「殉清」，而是因為民國成立後北大文科漸為章太炎弟子所佔據。這一事實也使得林紓在與新文化運動的人士爭辯時產生了嚴重的自我認同危機，陳獨秀就曾點明這點，這些已食民國之祿的前朝遺老腐儒，「還要厚著臉來學我們談綱常名教」，眞是肉麻之至。〔註10〕

　　林紓在新文化運動中處境艱難，他成爲了新文化運動的的靶。和他的政治處境一樣尷尬的是：在文化身份的認同方面，他也是存在極大的危機的——他只是一個不會西文的「翻譯家」，以用「古文」翻譯西方文學而著名的前清舉人。就翻譯言，他是無法和嚴復相提並論的，因為他不通西文，康有為曾有詩云「譯才並世數嚴林，百部虞初救世心」〔註11〕，惹得嚴復和林紓都不高興：嚴復以爲林紓不通西文，翻譯的只是小說而已，和自己無法並立：林紓忌諱別人把他看作翻譯家，他更希望別人認同他的「古文家」（其實他的古文也爲桐城派所輕視，他不是桐城派弟子〔註12〕）地位。總之「新文化諸人對林紓從一開始的主動攻擊到後來的辯駁，都一直抓住林紓的認同危機即舊派資格不夠這一主線。」〔註13〕陳獨秀甚至直言：像林紓這樣「冒充古文家的老頭兒」，是不配當保守派和他們對抗的。〔註14〕林紓在新文化運動中的尷尬處境，對其翻譯文學的直接影響是：他的翻譯作品已經沒有往日那樣風行，和之前受歡迎的情況相比，「林譯小說」已經有點叫人厭煩了。嚴復此期的處境也與林紓大致相同，已經從維新走向保守而遭到國人的唾棄。

　　此期出現的其他翻譯家，主要是新文化運動影響下的一代新的青年知識分子，他們雖然有著不同的社會經歷、不同的政治立場和文化主張，但他們對於翻譯的意義較之前輩翻譯家更爲看重，換句話說，他們的翻譯活動是有意識的活動，翻譯的目的性更加明確。其中主要的有林語堂、鄭振鐸等。

〔註10〕 見羅志田：《林紓的認同危機與民初的新舊之爭》，《權勢轉移：近代中國的思想、社會與學術》，湖北人民出版社 1999 年 7 月，第 278 頁。

〔註11〕 林薇：《林紓選集》小說卷上，《林紓傳》，四川人民出版社 1985 年 12 月，第315 頁。

〔註12〕 羅志田：《林紓的認同危機與民初的新舊之爭》，《權勢轉移：近代中國的思想、社會與學術》，湖北人民出版社 1999 年 7 月，第 276 頁。

〔註13〕 羅志田：《林紓的認同危機與民初的新舊之爭》，《權勢轉移：近代中國的思想、社會與學術》，湖北人民出版社 1999 年 7 月，第 279 頁。

〔註14〕 羅志田：《林紓的認同危機與民初的新舊之爭》，《權勢轉移：近代中國的思想、社會與學術》，湖北人民出版社 1999 年 7 月，第 280 頁。

　　林語堂（1895～1976 年），幼名和樂，入上海聖約翰大學讀書後更名玉堂，留學歸國後發表文章中署名語堂。福建龍溪縣人。1916 年大學畢業後曾在清華學校任中等英文教員。1919 年秋與新婚妻子赴美哈佛大學，就讀於該校比較文學研究所。1922 年獲文學碩士學位。同年轉赴德國入萊比錫大學，專攻語言學。1923 年獲博士學位後回國，任北京大學教授、北京女子師範大學教務長和英文系主任。1923 年 9 月 16 日，林語堂在上海創辦《論語》雜誌，引起文學界的注意。1924 年後爲《語絲》主要撰稿人之一。1926 年到廈門大學任文學院長。1927 年 3 月任外交部秘書，爲期僅 6 個月，當年 9 月就應中央研究院院長蔡元培邀請到上海，於 11 月出任該院英文編輯兼國際出版品交換處處長。1932 年主編《論語》半月刊。1934 年 4 月 5 日創辦《人間世》，1935 年 9 月創辦《宇宙風》半月刊，提倡「以自我爲中心，以閒適爲格調」的小品文。1936 年 8 月 10 日，林語堂舉家遷往美國開始了他長達 30 年的海外生涯。1944 年曾一度回國到重慶講學。1945 年赴新加坡籌建南洋大學，任校長。1952 年在美國與人創辦《天風》雜誌。1966 年定居臺灣。1967 年受聘爲香港中文大學研究教授。1975 年被推舉爲國際筆會副會長。1976 年在香港逝世。〔註15〕

　　林語堂的創作和翻譯，基本可以分爲三個階段：一是 20 世紀 20 年代後期到 30 年代前期，主要在上海，此期林語堂主要是以小品文著稱，在文學界頗有影響，雖然受到魯迅等人的批判，但他還是得到了許多人的支持，有「幽默大師」和「版稅大王」的雅號；二是 30 年代後期至 60 年代前期，主要在美國，這是林語堂英文寫作與翻譯的高峰期。《吾國與吾民》（My Country and My People）於 1935 年在美國出版，係林語堂的英文著作。該書的出版得到了美國讀者的喜愛，美國著名作家賽珍珠（Pearl S. Buck）還因此盛情邀請他前往美國。1936 年，林語堂遷往美國，此後相繼出版了《生活的藝術》（The Importance of Living）、《京華煙雲》（Moment in Peking，又譯《瞬息京華》，1939 年美國出版，使其成爲諾貝爾文學獎的候選人之一）等許多英文著作；三是 1966 至 1976 年香港特別是臺灣的活動期。

　　林語堂兩腳踏中西文化」，他的最長處是「對外國人講中國文化，而對中國人講外國文化」，對於後者，其精力主要在於翻譯外國作品，但他與魯迅、

〔註15〕林語堂生平參見郭著章等：《翻譯名家研究》，湖北教育出版社 1999 年 7 月，第 79～81 頁。

胡適等不同的是，他向中國人介紹外國文化主要是從三個方面入手：一是介紹和提倡幽默，他是最早將「humour」翻譯爲「幽默」的，其《論語》雜誌就全力提倡幽默；二是對自由眞諦的理解；三是強調性愛之美。〔註16〕

　　林語堂的翻譯作品主要有：英文翻譯成中文：《國民革命外紀》（1928 年）、《女子與知識》（1928 年）、《易卜生評傳及其情書》（1929 年）、《賣花女》（1929年，劇本）、《新俄學生日記》（1929 年）、《新的文評》（1930 年）等；中文翻譯成英文：《浮生六記》（Six Chapters of Floating Life，1939 年）、《古文小品）》（1940 年）、《冥寥子游》（TheTravels of Ming liaotse，1940 年）等。〔註17〕

　　《浮生六記》（Six Chapters of Floating Life）：這是很能代表林語堂文學主張的一部作品。此書原著大約問世於清嘉慶年間，作者是沈復，作品中的沈三白有著與賈寶玉相類的性格特徵，都不願在因循守舊的社會中隨波逐流，他們有著強烈的個性追求，蔑視八股、經濟與仕途之路，他曾公開而言：「余凡事喜獨出己見，不屑隨人是非。」他追求自然，在輕柔的風景描寫中也不忘流露對於個性的崇尚：「吾蘇虎丘之勝，餘取後山千傾雲一處，次則劍池而已，餘皆半借人工，且爲脂粉所污，已失山林本像。」這和賈寶玉對稻香村的批評如出一轍。不僅如此，此書中令人感動至深的是其對於愛情婚姻不同於傳統的理解。書中女主人公陳芸，可以說是一個眞正的才女，她喜愛吟詩，溫婉可人，充滿浪漫氣息，也是一位有眞性情的奇女子，她對自己丈夫是理解的，夫妻倆舉案齊眉，然而卻不容於公婆，沈三白不敢公然對抗禮教社會的原則，但他爲自己的妻子鳴不平，最後說出了「奉勸世間夫婦，固不可彼此相仇，亦不可過於情篤」〔註18〕的憤激之言，這樣的無奈令人傷痛。林語堂翻譯此書是和其文學上的主張相一致的。《浮生六記》的寫作與明清時期風行一時的性靈派文學一樣，重視書寫性靈，追求情感的眞摯，敢於突破禮教觀念對文學的束縛。周作人在其《中國新文學的源流》中就將性靈派文學運動看作五四新文學運動的源頭。〔註19〕

〔註16〕參見王兆勝：《林語堂：兩腳踏中西文化》北京出版社出版集團，2005 年 1月，第 107 頁。

〔註17〕有關翻譯著作的數目，《中國翻譯家辭典》和《辭海》相關條目有偏差，以上據林語堂先生次女林太乙先生的整理，見郭著章等：《翻譯名家研究》，湖北教育出版社 1999 年 7 月，第 114 頁。

〔註18〕林語堂譯：《浮生六記》，外語教學與研究出版社，1999 年。

〔註19〕周作人：《中國新文學的源流》，上海書店出版社，1988 年 2 月。

《冥寥子游》（TheTravelsofMingliaotse）：此是明代文學家屠隆所著的一篇小品文。林語堂將其翻譯後歸於《生活的藝術》一書第十一章中。該章是談論旅遊的樂趣的（章題：The Enjoyment of Travel）。此文也可以作爲林語堂提倡「以自我爲中心，以閒適爲格調」的小品文、提倡「幽默、閒適」的性靈文學主張的代表作品。《冥寥子游》共分五節，一是出行之由（THE REASON FOR THE FLIGH），二是旅行的方法（THE WAY OF TRAVELING），三是高山之頂（AT AUSTERE HEIGHTS），四是回到塵世（BACK TO HUMANITY），五是出遊哲學（PHILOSOPHY OF THE FLIGHT）。〔註20〕此書的內容主要是闡明了這樣的一種旅行才是快樂：「一個眞正的旅行家必是一個流浪者（a vagabond），經歷著流浪者的快樂、誘惑和探險意念。旅行必須是流浪式的，否則便不成其爲旅行。……一個好的旅行家絕不知道他往哪裏去，更好的甚至不知道從何處而來，他甚至忘卻了自己的姓名。」〔註21〕

鄭振鐸（1898～1958 年），原籍福建長樂，出生於浙江永嘉（即今溫州）。現代作家、文學評論家、文學史家、考古學家。筆名西諦、CT、郭源新等。1917 年入北京鐵路管理學校學習，五四運動爆發後，曾作爲學生代表參加社會活動，並和瞿秋白等人創辦《新社會》雜誌。1920 年 11 月，與沈雁冰、葉紹鈞等人發起成立文學研究會，並主編文學研究會機關刊物《文學週刊》，編輯出版了《文學研究會叢書》。1923 年 1 月，接替沈雁冰主編《小說月報》，倡導寫實主義的「爲人生」的文學，提出「血與淚」的文學主張。大革命失敗後，旅居巴黎。1928 年 10 月回國，在上海積極參加籌備發起「中國著作者協會」，該協會是可以說是日後醞釀成立「左聯」的第一階段。抗戰爆發後，鄭振鐸於 1937 年 7 月 28 日參與發起了「上海文藝界救亡協會」，創辦《救亡日報》。1937 年 11 月，與胡愈之、許廣平等人組織「復社」，出版了《魯迅全集》、《聯共黨史》、《列寧選集》、《西行漫記》等。在「孤島」上海的四年裏，他還聯絡了一些文化名流，秘密成立了「文獻保存同志會」，爲搶救古籍珍本、民族文獻冒死工作。抗戰勝利後，他又積極投身民主鬥爭，發表了大量的政論文章，被稱爲當時「最活躍的三大政論家」之一，他還於 1945 年末參與發

〔註20〕 林語堂：《生活的藝術》，外語教學與研究出版社 1998 年 10 月英文版，第 333～336 頁。

〔註21〕 林語堂：《生活的藝術》，外語教學與研究出版社 1998 年 10 月英文版，第 335、336 頁。

起組織「中國民主促進會」，創辦《民主周刊》，鼓動全國人民爲爭取民主、和平而鬥爭。1949 年以後，歷任文物局局長、考古研究所所長、文學研究所所長、文化部副部長、中國民間研究會副主席等職。1958 年 10 月 18 日，在率中國文化代表團出國訪問途中，因飛機失事殉難。主要著作有：短篇小說集《家庭的故事》、《桂公塘》，散文集《山中雜記》，專著《文學大綱》、《插圖本中國文學史》、中國通俗文學史》、《中國文學論集》、《俄國文學史略》等。〔註 22〕

　　鄭振鐸在翻譯方面有著突出的貢獻，他不僅提出了鮮明的翻譯理論，一生提倡和參與組織翻譯工作，而且自己也有豐碩的翻譯實績。鄭振鐸熟練掌握的外語主要是英語，但他翻譯的文學作品主要有三類：一是俄國（包括蘇聯）文學，二是印度文學，三是希臘羅馬文學。他對英美文學的翻譯最少。

　　在俄國文學翻譯方面，他第一篇翻譯的是俄國著名作家蓋耶夫青斯基的《神人》。與林紓等前輩翻譯家不同的是，鄭振鐸的翻譯目的一開始就非常的明確，當時整個新文化運動受俄國的影響很強烈，他選擇翻譯俄國作家作品，與他追求進步的思想是相吻合的。他翻譯的第二篇俄國作品是高爾基的《木筏之上》，後收入他的《俄國短篇小說譯叢》中，在序文中他指出此篇小說「有如逢到大自然的黑夜，風雨交加，電鞭不時的一閃的情景，那『力』是那樣的偉大。」〔註 23〕此外，他還翻譯了一些童話、寓言、散文詩和戲劇作品，如梭羅古勃的童話作品《芳名》、《你是誰》，克雷洛夫的寓言《林語》、《箱子》，屠格涅夫的散文詩《麻雀》，普希金的小戲劇《莫薩特和沙萊里》，契訶夫的劇本《海鷗》等。最重要的是，他還翻譯了他一生中翻譯出版的唯一的兩部長篇小說：路卜洵的《灰色馬》（1924 年 1 月出版）和阿志拔綏夫的《沙寧》（1930 年 5 月出版）。後一部作品曾經是蘇聯當局的禁書，因爲書中的主人公代表的是資產階級知識分子在經過一個政治煩悶的時期後終於向自身的資產階級性投降，腐化墮落了。但鄭振鐸翻譯此書目的是要以之作爲國人的借鑒，引起大眾對虛無主義思潮的關注，並進行有力的批判。

　　鄭振鐸翻譯的印度文學作品，主要是泰戈爾的詩以及印度的古代寓言。泰戈爾是東方第一個諾貝爾文學獎的獲得者，對中國現代文學的影響

〔註 22〕鄭振鐸簡歷參見鄭尚明：《文學家鄭振鐸簡介》，《長樂文史資料》第二輯，第
　　　　99～101 頁；陳福康：《鄭振鐸論》，商務印書館 1991 年 6 月，第 13～83 頁。
〔註 23〕陳福康：《鄭振鐸論》，商務印書館 1991 年 6 月，第 377 頁。

巨大，而鄭振鐸在介紹翻譯泰戈爾詩歌方面功不可沒。據他自述，原先他經由許地山的介紹讀到了泰戈爾《新月集》的英譯本，隨後在許的鼓勵下開始進行翻譯。1922 年十月，鄭振鐸出版了他翻譯的《飛鳥集》，翌年又出版了他翻譯的《新月集》，1925 年 3 月，他又將除了以上兩本集子之外的單篇翻譯作品結集爲《太戈爾詩》出版。是年他出版了我國第一本《泰戈爾傳》。早在文學研究會成立時，他就在會內組織了一個「太戈爾研究會」。他被稱爲中國最早系統介紹和研究泰戈爾的學者。此外，他對印度寓言的翻譯和研究也十分深入，1925 年 8 月，他出版了《印度寓言》一書，內收他所翻譯的印度寓言 55 篇，這些文章都是從英文轉譯的。他還專文論述過印度寓言的特點、地位等。

鄭振鐸對希臘、羅馬文學的翻譯的主要成就是 1935 年 2 月出版了《希臘神話》（以後再版改爲《希臘神話與英雄傳說》）一書。他對希臘羅馬神話傳說的譯述，可以說是國內較早而且是較全面的。他在序言中指出希臘神話的重要性說：「希臘神話是歐洲文化史上的一個最弘偉的成就，也便是歐洲文藝作品最常取材的淵藪。有人說，不懂得希臘神話簡直沒法去瞭解和欣賞西洋的文藝，這話是不錯的。」〔註 24〕

此外，值得一提的是，鄭振鐸也是曾經激勵了幾代青年人的革命頌歌《國際歌》的最早翻譯者。1920 年七八月間，鄭振鐸與耿濟之共同翻譯了《第三國際黨的頌歌》（署名 C.Z、C.T 同譯），此實爲《國際歌》的最早中文譯本。〔註 25〕

與鄭振鐸密切相關的是文學研究會。該組織成立於 1921 年，該會計劃發起出版一個文學雜誌，「以灌輸文學常識，介紹世界文學，整理中國舊文學並發表個人的創作」，鄭振鐸與茅盾、許地山、周作人等是該會的主要發起人。文學研究會的成立，推動了文學翻譯工作的發展，他們一開始就非常重視外國文學的翻譯工作，他雲集了五四以來的文學家、翻譯家達一二百人，他們既是新文學運動的生力軍，又是我國早期翻譯界的主力。文學研究會接辦《小說月報》後，對它做了全面改革（該報創辦於 1910 年，原爲文言文學刊物），在改革宣言中就強調指出「西洋文學變遷之過程有急需介紹與國人之必要」因此，「將於譯述西洋名家小說而外，兼介紹世界文學潮流之趨向，討論中國文學革進之方法。」

〔註 24〕陳福康：《鄭振鐸論》，商務印書館 1991 年 6 月，第 392 頁。
〔註 25〕鄭爾康：《星隕高秋——鄭振鐸傳》，京華出版社 2002 年 3 月，第 39～41 頁。

改革後的總第十二卷第一期就發表了許多翻譯作品，其中有鄭振鐸的《泰戈爾詩》、《莫爾頓的文學的近代研究》（文學研究）等。〔註26〕

　　鄭振鐸的翻譯有著明確的目的性，他總是選擇與中國國情相近的作品。這也是他多翻譯印度與俄國文學作品的原因。鄭振鐸曾在文學研究會刊物《文學旬刊》（1921 年 6 月 30 日）上發表《盲目的翻譯家》一文，不主張翻譯英美雜誌上的新東西，他要求翻譯家「請先掙開眼睛來看看原書，看看現在的中國，然後再從事翻譯。」他對當時中國翻譯界脫離現實，一窩蜂地趕譯所謂世界名著的狀況提出了嚴肅的批評。後因此文引發了一場有萬良濬、茅盾、郭沫若等參加的筆墨大戰，也反映了當時翻譯界的走向。〔註27〕

　　楊騷（1900～1976 年）：原名楊維銓，福建漳州人，著名的浪漫詩人，早年留學日本東京。因為在家鄉時就經常聽到日本割據臺灣的慘痛歷史，激發了他濃重的愛國心，初到日本，他的志向是學海軍，希望學成歸國後可以率領艦隊打倒日本。後因無望進海軍學校學習，就改學開礦，但最終還是讀高等師範文科。在日本留學期間，他開始愛好文學，當時身受民族家國之苦難，「思想上帶有虛無和悲觀的色彩」。他主要創作詩和詩劇，代表作品有《受難者的短曲》、《鄉曲》、《春之感傷》等，其作品受歐洲唯美派、象徵派作品影響很深。

　　楊騷翻譯的唯一一部日本長篇小說是日本作家谷崎潤一郎的《痴人之愛》。谷崎潤一郎（1886～1965 年）是日本唯美主義文學的集大成作家，《痴人之愛》原著出版於 1925 年，楊騷譯本 1928 年由上海北新書局出版，被認為是谷崎潤一郎的翻譯作品中在選題與翻譯方面較為優秀的一部。該書主題是寫一個 28 歲的單身漢把一個巧歲的漂亮而淫蕩的女招待領到家中包養起來，他憤恨女招待的醜惡的靈魂，但痴迷於她漂亮的肉體不能自拔。最後成了這樣女人的奴隸，成了一個色迷心竅的「痴人」。楊騷認為該書是代表谷崎潤一郎風格的一部傑作，他翻譯該書應該沒有很明確的目的，可能只是排解胸中的鬱悶而已。〔註28〕

〔註26〕陳玉剛主編：《中國翻譯文學史稿》，中國對外翻譯出版公司 1989 年 8 月，第116～120 頁。

〔註27〕具體情況參閱衛茂平：《德語文學漢譯史考辨——晚清和民國時期》，上海外語教育出版社 2004 年 1 月，第85～97 頁。

〔註28〕見青禾著：《楊騷傳》，福州：海峽文藝出版社，1998；王向遠：《二十世紀中國的日本翻譯文學史》，北京師範大學出版社 2001 年 3 月，第 130 頁。

梁遇春（1906～1932 年），別署馭聰，又名秋心，福建閩侯人，1924 年進入北京大學英文系學習，師從葉公超等名師。1928 年秋畢業後曾到上海暨南大學任教。翌年返回北京大學圖書館工作。後因染急性猩紅熱，猝然去世，年僅 27 歲。文學活動始於大學學習期間，主要是翻譯西方文學作品和寫作散文。翻譯有論文《近代論壇》（英國狄更生著，1929，上海春潮書局）、（英國詩歌選》（1931，北新）、《草原上》（小說、蘇聯高爾基著，1931，北新）、《蕩婦自傳》（小說、英國笛福著，1931，北新，再版改名《摩爾‧弗蘭德斯》，1982，人文）、《紅花》（小說、俄國伽爾遜著，1931，北新）、《吉姆爺》（小說、波蘭康拉德著、1934，商務）等。〔註 29〕

冰心（1900～1999 年），福建長樂人，原名謝婉瑩。其父謝葆璋是一位參加過甲午戰爭的愛國海軍軍官，在海浪、艦甲、軍營中冰心度過了著男裝、騎馬、射擊的少年生活。中華民族飽受列強欺凌的屈辱歷史，更激發了她的愛國之情。1911 年冰心入福州女子師範學校預科學習。1914 年就讀於北京教會學校貝滿女中。「五四」時期，在協和女子大學理科就讀，後轉文學系學習，曾被選為學生會文書，投身學生愛國運動。1921 年參加茅盾、鄭振鐸等人發起的文學研究會，努力實踐「為人生」的藝術宗旨，出版了小說集《超人》，詩集《繁星》等。1923 年赴美留學，專事文學研究，曾把旅途和異邦的見聞寫成散文寄回國內發表，結集為《寄小讀者》，舉世為之矚目，至今仍然聲譽不衰。1926 年回國後，相繼在燕京大學、清華大學女子文理學院任教。1929 年至 1933 年寫有《分》、《南歸》等。還翻譯了敘利亞作家凱羅‧紀伯倫的《先知》。抗戰期間，在重慶用「男士」筆名寫了《關於女人》。抗戰勝利後到日本，1949～1951 年曾在東京大學新中國文學系執教。1951 年回國後，除繼續致力於創作外，還積極參加各種社會活動，曾任中國民主促進會中央名譽主席、中國文聯副主席、中國作家協會名譽主席、顧問、中國翻譯工作者協會名譽理事等職。〔註 30〕

許地山（1893～1941 年）：名贊坤，號地山，筆名落花生。原籍漳州龍溪

〔註 29〕 參見李雙潔：《直譯加注釋、堪稱好文筆——試評梁遇春的翻譯風格》，《福建翻譯家研究》，福建教育出版社 2004 年 12 月，以下諸家大都參見此書，感謝福建師範大學外國語學院諸同人對他們作出了深入研究。

〔註 30〕 見林佩漩：《冰心的翻譯貢獻》，《福建翻譯家研究》，福建教育出版社 2004 年 12 月；另參見冰心：《謝冰心自傳》，《當代文學翻譯百家談》，北京大學出版社 1989 年 5 月，第 254～256 頁。

縣，生於臺灣臺南縣，是著名學者、教授、新文學運動時期的主要作家、文學研究會發起人之一。1910 年中學畢業後曾任師範、中學教員。1917 年考入燕京大學文學院，1920 年畢業留校任教。期間與瞿秋白、鄭振鐸等人聯合主辦《新社會》旬刊，積極宣傳革命。「五‧四」前後從事文學活動，1921 年 1月，他和沈雁冰、葉聖陶、鄭振鐸等 12 人，在北平發起成立文學研究會，創辦《小說月報》。1922 年往美國入紐約哥倫比亞大學研究院哲學系，研究宗教史和宗教比較學，獲文學碩士學位。後轉入英國牛津大學曼斯菲爾學院研究宗教學、印度哲學、梵文、人類學、民俗學等。1927 年回國在燕京大學文學院和宗教學院任副教授、教授，同時致力於文學創作。1935 年應聘爲香港大學文學院主任教授，遂舉家遷往香港。在港期間曾兼任香港中英文化協會主席。1937 年「七‧七」事變後，他發表文章、演講，宣傳抗日，反對投降。「皖南事變」發生，即與張一塵聯合致電蔣介石，呼籲團結、和平、息戰。許地山一生創作的文學作品多以閩、臺、粵和東南亞、印度爲背景，曾發表獨幕劇《女國王》、《木蘭》等，宣傳抗日救亡。主要著作有《空山靈雨》、《綴網勞蛛》、《危巢墜簡》、《解放者》、《道學史》、《達衷集》、《印度文學》；譯著有《二十夜問》、《太陽底下降》等。他的散文名篇《落花生》膾炙人口。〔註31〕

林文慶：（Lim Boon Keng，1869～1957 年），字夢琴，祖籍福建海澄，著名維新志士黃乃裳的女婿。1869 年 10 月 18 日出生於馬來西亞檳城。1887 年，入英國愛丁堡大學醫學院。1892 年獲醫學學士和外科碩士學位，後又獲香港大學榮譽法學博士學位。1895 年，成爲新加坡英國立法會的成員。1899 年，與人合資建立新加坡女子學校。1921 年到 1937 年，任廈門大學第二任校長，對學校初期建設影響巨大。1929 年，把《離騷》翻譯成英文，印度詩人泰戈爾爲他作序。1957 年 1 月 1 日在新加坡病逝。陳嘉庚稱他是「樹膠種植之父」。其子林可勝，抗日戰爭時，曾主持軍醫事務。

周辨明（1891～1984 年）：字忭民，福建惠安人，著名語言學家，1921年到 1949 年曾任教於廈門大學，歷任廈門大學英文教授、語言學教授、總務主任、教務長、院長。他精通法語、英語、德語等多國語言。早年畢業於上海聖約翰大學，1911 年起先後在上海聖約翰大學、清華學校任英文教師，1917年前往美國哈佛大學進修。1921 年來廈門大學任教，1928 年往德國漢堡大學

〔註31〕見林瑞芳：《許地山譯事》，《福建翻譯家研究》，福建教育出版社 2004 年 12月；另見宋益喬：《許地山傳》，海峽文藝出版社 1998 年 1 月。

攻讀語文學，1931 年獲研究語言學和實驗語音方面的哲學博士學位。曾在倫敦大學東方語文學院擔任漢語講師。1932 年回到廈門大學，1949 年應邀前往倫敦大學講學，後移居新加坡，1954 年起在新加坡馬來亞大學任中文教師，1960 退休。周辨明是我國國語羅馬字拼音制度的創製者之一，也最早運用現代語言學的方法對廈門語音進行研究的學者，他還發明了「半周鑰筆索引法」（檢字法），出版有《英文文法綱要》、《語言學概論》等著作。〔註32〕

　　唐鉞（1891～1987 年）先生字擘黃，原名柏丸，1891 年 1 月 7 日出生於福建閩侯。早年就讀於英華書院和福州中等商業學校。1911 年入北京清華學校，1914 年畢業後赴美國康乃爾大學修習心理學和哲學。1917 年入哈佛大學研究院哲學部心理學系深造，並從事心理研究工作，1920 年獲博士學位。1921 年回國後歷任北京大學哲學系、清華大學心理系心理學教授，上海商務印書館編輯部哲學教育組組長，中央研究院心理研究所第一任所長、研究員。新中國成立後，歷任清華大學、北京大學心理系教授，中國心理學會北京分會第一屆理事長，第二至第六屆全國政協委員。1987 年 2 月 5 日在北京逝世，享年 96 歲。2001 年 11 月北京大學召開「唐鉞先生誕辰 110 週年紀念大會」，同時《唐鉞文集》正式出版發行。唐鉞先生是我國心理學的奠基人之一，在心理學方面成就卓著。唐鉞先生在早期即向國內翻譯介紹了大量的西方心理學及哲學名家著作，如穆勒、康德、詹姆斯、蘭德、馬赫等的作品。在紀念唐先生誕辰 110 週年紀念大會上，吉林大學的車文博教授盛讚唐先生不僅是我國現代心理學的奠基人之一，基礎心理學和心理學的大師，而且是「著名的編纂家和翻譯家」。唐鉞主要譯著有《人的義務》（上、下冊，瑪志尼著，商務印書館）、《功用主義》（J.S.Mill 著，商務印書館，1936 年）、《論人生理想》（W.James 著，商務印書館，1936 年）、《論情緒》（W.James 著，商務印書館，1945 年）、《論思想流)》（W.James 著，商務印書館，1945 年）、《宗教經驗之種種》（上、下冊，W.James 著，商務印書館，1947 年）、《道德形而上學探本》（康德著，商務印書館，1957 年 10 月初版）、《西方心理學家文選》（科學出版社，1959 年）、《幼兒的感覺與意志》（W.Preyer 著，科學出版社，19》0 年 4 月，與孫國華合譯）、《心理學原理（選譯）》（W.James 著，商務印書館，1963 年 9 月初版）、《感覺的分析》（馬赫著，商務印書館，1986 年 9 月第二版，與

〔註32〕 參見許長安：《周辨明、林語堂、羅常培的廈門方言拼音研究》，《廈門大學學報（哲社版）》1994 年第 3 期。

洪謙、梁志學合譯）、《願望與道德》（霍爾特著，未發表）。〔註33〕

　　黃嘉德、黃嘉音兄弟：黃嘉德（1908～1992 年），1908 年 10 月 15 日出生於泉州安溪，1921 年，13 歲的黃嘉德進入美國教會在廈門鼓浪嶼設立的尋源中學讀書，開始學習英語，1928 年夏從福建協和大學轉學到美國聖公會最早在中國設立的一所大學）上海聖約翰大學英文系。1931 年畢業後留校任教，歷任上海聖約翰大學副教授、教授、文理學院副院長、文學院副院長等。1947 年黃嘉德取得「美國在華教會大學董事會」獎學金，並於同年 8 月到美國留學，1948 年 9 月獲文學碩士學位並回國，1992 年逝世。黃嘉德的主要翻譯著作有《蕭伯納傳》（商務印書館，1934 年）、《鄉村求愛》（商務印書館，193《年）、《公民教育》（商務印書館，1938 年）、《現代民族主義演進史》（商務印書館，1937 年）、《英國公民教育》（商務印書館，1938 年）、《新女性》（上海西風社，1938 年）、《蕭伯納情書》（上海西風社，1939 年）、《流浪者自傳》（上海西風社，1939 年）、《翻譯論集》（上海西風社，1940 年）、《生活的藝術》（上海西風社，1941 年）等。黃嘉音（1913～1961 年），1913 年出生，比胞兄黃嘉德年幼五歲。他走的是與黃嘉德一樣的求學道路，也就讀於上海聖約翰大學，不過他讀的是歷史系。因為兼修過心理學和新聞學，並且中英文功底都同樣深厚，於是在黃嘉德創辦《西風》月刊時，他擔任了主編兼發行人。他長期從事翻譯和編輯工作，翻譯介紹了西方許多著名的書籍，刊登在《西風》月刊的「西書精華」一欄上（後來許多書被刊印成單行本發行。）1961 年，年僅 48 歲的黃嘉音英年早逝。黃嘉音的主要譯作有：《大地的歡息》（桂林西風社，1942 年）、《得意書》（桂林西風社，1943 年）、《廣島被炸記》（光出版社，194《年）、《阿達諾之神》、《希臘羅馬神話故事》、《迷宮》（西風社，1948 年）、《流犯餘生記》（西風社，1948 年）、《矛盾》（上海西風社，1948 年）、《實用育嬰問答》（家雜誌社，1948 年）等。〔註34〕

　　高名凱（1911～1965 年），曾用名蘇旋，福建平潭人，1911 年 3 月 28 日出生於福建平潭縣。他 7 歲開始在本村私塾讀書。10 歲，即 1921 年秋入平潭開宗小學。12 歲，由堂兄高誠學先生帶到福州，入進德小學。13 歲，轉福州

〔註33〕唐紅：《心理大師，翻譯名家——記心理學翻譯家唐鉞》，（福建翻譯家研究），福建教育出版社 2004 年 12 月。

〔註34〕參見拙作：《西風乍起、黃氏昆仲——記翻譯家黃嘉德及其胞弟黃嘉音》，《福建翻譯家研究》，福建教育出版社 2004 年 12 月；另參見黃嘉德：《黃嘉德自傳》，《當代文學翻譯百家談》，北京大學出版社 1989 年 5 月，第 751、754 頁。

英華中學小學部。14 歲，即 1925 年秋考進英華中學，1931 年秋考入北平燕京大學哲學系，1935 年畢業後升入燕京大學研究院哲學部學習，1937 年受燕京大學派遣赴法國巴黎大學研究院文學院攻讀語言學，1942 年獲博士學位。1941 年回燕京大學國文系任教，1942 年到北京中法漢學研究所任研究員，1945 年起在燕京大學國文系任教授兼系主任。1952 年併入北京人學中文系任教授兼語言教研室主任，併兼任中國科學院語言研究所學術委員，《中國語文》編委。高名凱先生著述宏富，計有自編自著的語言學專著（包括與人合作的，包括修訂本，增訂本）18 部，語言學譯著 6 部，語言學文章 80 多篇，零散譯文 4 篇，代表著作有《漢語語法論》、《普通語言學》、《語法理論》、《語言學概論》、《語言論》。單篇論文影響較大的有《怎樣研究中國的文法》、《漢語規定詞「的」》、《漢語句終詞研究》、《唐代禪高語錄所見的語法成分》、《關於漢語的詞類分別》、《論語言及言語》等。譯著中最有影響的是索緒爾的《普通語言學教程》。此外，有巴爾扎克作品的譯著 20 餘種。出版過專著《現代哲學》，譯著《哲學大綱（羅素）》，還發表過賞析中國畫的文章。高名凱先生在介紹西方語言學理論方面做了大量工作，影響整個 20 世紀語言學發展進程的瑞士語言學家索緒爾的經典性著作《普通語言學教程》就是高名凱先生翻譯的。50 年代對中國語言學的發展起了促進作用的很多蘇聯學者有關普通語言學，語法理論、風格學等方面的著作和論文也是高名凱先生翻譯的，如契科巴瓦的《語言學概論》。除此之外他還寫了一些介紹美國結構主義語言學等西方語言理論和西方語言學家的文章。〔註 35〕

　　林林（1910 年～），原名林印山，1910 年生於福建省詔安縣，1924 年，林林在詔安中學（初級）讀書時，因參加一次作文比賽，獲得校方獎勵——冰心的《春水》、《繁星》兩本詩集，從此開始接觸新文學。1927 年，林林在漳州龍溪第三高中學了一學期後，被召回家鄉當校長。1930 年，林林在北平中國大學讀政治經濟學專業。1933 年夏，經朋友的協助進日本早稻田大學經濟系，因對所授的資產階級經濟學沒有興趣，轉向文學方面。1934 年春他參加左聯東京分盟，任幹事會幹事，參預《雜文》（後改為《質文》）、《東流》、《詩歌》三個刊物的編輯工作。1936 年夏回上海。抗戰爆發後，在郭沫若任社長，夏衍任主編的《救亡日報》工作。1941 年他從香港去菲律賓馬尼拉。

〔註 35〕 見嚴曉瑜：《高名凱生平譯事》，《福建翻譯家研究》，福建教育出版社 2004 年 12 月。

1943 年，林林主持抗日地下報紙《華僑導報》，馬尼拉光復後《華僑導報》公開出版，林林繼續領導《導報》工作，直至 1947 年 10 月被迫停刊爲止。1947年冬林林回香港任《華商報》副刊編輯及達德學院、南方學院中文系教師。1949 年冬回廣東參加文教單位接管工作，先後供職於中央華南分局文藝處、華南文聯、文化局等單位。1955 年夏他擔任我國駐印度大使館的文化參贊。1958 年冬，從駐印度使館回國，調任對外文化聯絡委員會亞非司司長，後來，亞、非兩司分開，林林任亞洲司司長，經常訪問日本、泰國、伊拉克等國。這樣的經歷，本來已經夠使他成爲「亞洲通」了，加上他工作上的需要和業餘的愛好，除了詩歌外，就是研究亞洲各國的人文歷史和文化交流。在 1949年前，林林翻譯的主要作品有黎薩爾《最後書懷》（1945 年）、海涅《織工歌》（香港人間書店，1948 年）。〔註36〕

　　林疑今（1913～1992 年），曾用名林國光，福建龍溪人。1929～1931 在上海東吳第二中學讀書時，曾試譯《西部前線平靜無事》。1932 年進上海聖約翰大學讀書期間，開始翻譯介紹美國現代文學。1935 年大學畢業後，赴香港聖士提反書院授課，曾與友人合譯《老殘遊記》（商務印書館）。翌年留學美國，在哥倫比亞大學研究院攻讀英美文學，獲得文學碩士學位，1941 年回國後，任職於中央銀行經濟研究處，協助編輯由該處出版文季刊。1947 年起，先後在交通大學、滬江大學、復旦大學教授英文，1959 年起在廈門大學外文系任教並擔任系主任。1992 年，在廈門病逝。林疑今是著名的翻譯家、作家、教授也是我國最早翻譯和研究美國文學的知名學者之一。早在三十年代初，他就翻譯介紹了海明威的名著《永別了，武器》，而且從 40 年代起一版再版，流傳至今，在眾多版本的競爭中獨占鰲頭。〔註37〕

　　施蟄存（1905～2003 年）：1905 年生於杭州。1922 年夏，在江蘇省立第三中學畢業。秋，入杭州之江大學，因參加非宗教大同盟爲校方所不喜，自動輟學。1923 年秋，到上海，入上海大學。1925 年秋，轉入大同大學。1926 年秋，又轉入震旦大學法文特別班。同年，加入共青團。1927 年「四一二」事變後，歸隱松江，任松江聯合中學語文教師。1928 秋，震旦同學劉燦波（吶鷗）創辦

〔註36〕汪方挺：《記俳句翻譯家林林》，《福建翻譯家研究》，福建教育出版社 2004 年12 月。

〔註37〕見陳明達：《林疑今的翻譯理論和實踐》，《福建翻譯家研究》，福建教育出版社 2004 年 12 月：另參見林疑今：《林疑今自傳》，《當代文學翻譯百家談》，北京大學出版社 1989 年 5 月，第 555～556 頁。

第一線書店於上海，與戴望舒一起主持編輯工作，後書店遭當局查封。次年，又辦水沫書店。得馮雪峰的幫助，請魯迅主編《馬克思主義文藝論叢》（後改名爲改名《科學的藝術論叢書》），有計劃地、系統地介紹馬克思主義文藝理論。這個書店，印行了戴望舒、姚蓬子的詩集，柔石、胡也頻等小說集：沈端先（夏衍）、劉吶鷗、馮雪峰、郭建英、林疑今等人的外國文學譯作。此外，還創辦了《新文藝》月刊。1932 年春，應上海現代書局之聘，主編大型文學月刊《現代》，1935 年夏，應上海雜誌公司之聘，與阿英同編《中國文學珍本叢書》。1937 年至 1940 年，在昆明雲南大學文史系任教。後來往於香港、上海、福建、江蘇等地，1947 年夏回滬，在暨南大學中文系任教授。至 1950 年，轉任大同大學、光華大學、滬江大學教授。1952 年，院系調整，分配到華東師範大學中文系任教，直到現在。1937 年以前，他的文學烽動除了編輯工作之外，主要是創作短篇小說、詩歌及外國文學的翻譯。1950 至 1958 年間，譯了二百萬字外國文學作品。1958 年以後，致力於古典文學和碑版文物的研究。

　　施蟄存己刊行的翻譯作品有，《多情的寡婦》（1929 年）、《十日談選》（1930 年）、《戀愛三味》（1931 年）、《波蘭短篇小說集》（1967 年）、《捷克短篇小說集》（1937 年）、《匈牙利短篇小說集》（1936 年）、《今日之藝術》（1935 年）、《戴麗莎之一生》（1937 年）、《愛爾賽之死》（1943 年）、《稱心如意》（1945 年）、《勝利者巴爾代克》（1945 年）、《丈夫與情人》（1945 年）、《漁人》（1952 年）、《扼下》（1952 年）、《榮譽》（1953 年）、《火炬》（1953 年）、《顯克微支短篇小說集》（1955 年）、《雷蒙特短篇小說集》（1956 年）、《征服者貝萊》（四卷，1956～1958 年）。未刊行的翻譯作品有：《現代英美詩抄》、《現代法國詩抄》（譯詩集）；《侮辱的時代》（譯馬爾洛中篇小說）。〔註 38〕

　　當然還有許多的翻譯家，我們不在這裏一一列舉，他們的翻譯作品我們在附錄的列表中都有詳細的展示，他們爲中國翻譯事業所作出的積極貢獻同樣值得我們崇敬！

第三節　小結

　　與之前的閩籍翻譯家相比，民國以來的閩籍翻譯家，無論是從個人生活還是從翻譯的活動上看，都與之前大有不同：

〔註 38〕見施蟄存：《自傳》：http:www.sjlib.com.cn/yearn_shizhecun.htm。

　　第一，從群體上看，民國以來的閩籍翻譯家沒有近代閩籍翻譯家間聯繫緊密，之前的閩籍翻譯家，或是同學、或是朋友、親戚，維繫他們的是這樣親密的關係，而這時期的閩籍翻譯家，則明顯的只是一種「同鄉之誼」而已，很多未必有什麼深入交往。他們大都散佈在一些團體中，如林語堂與以《語絲》、《論語》等雜誌爲聯結點，形成一個文學流派；鄭振鐸在文學研究會，與茅盾、許地山等共同活動，有著他們自己的主張。

　　第二，從翻譯的作品看，此時期的翻譯家的翻譯作品更爲專門化，這種專門化指的是他們翻譯的範圍都是他們所熟悉的專門學科的作品，這和民國以來中國學術的演變有極大關係。中國傳統學術都是包容很廣的，幾部儒家經書可以包羅文學、歷史、哲學、政治、法律、宗教、醫學、天文學、地理學等各個方面，中國沒有西方學術那樣科學、細緻的分科，而隨著西學傳播的深入，中國的學術體系也逐漸完善起來。所以這時期的翻譯家，你可以說他是語言學家、文學家、哲學家和物理學家等等。例如，周辨明是我國著名的語言學家，他的翻譯主要集中在語言學方面的書籍；林語堂，他是以文學家兼語言學家而著名的；唐鉞是我國心理學的奠基人等。這樣的專門化，使得這時期的翻譯家的影響力也相應的受到了限制，僅僅局限於某一領域之內，沒有出現向嚴復、林紓那樣有著巨大影響力的翻譯家。

　　第三，此時期的閩籍翻譯家大都還進行文學的創作，很多還是以文學家而著稱的，如鄭振鐸、林語堂、冰心等，都是著名的文學家，人們對他們的文學成就反而比翻譯更爲關注。之前的林紓等翻譯家雖然也以古文著稱，但大家關注的還是其翻譯的成就。

　　第四，五四時期馬克思主義思想的譯介對閩籍翻譯家產生一定的影響。許多閩籍翻譯家也翻譯了馬克思主義的相關著作。如王亞南翻譯了許多馬克思政治經濟學著作，他翻譯的馬克思主義著作有《資本論》、《政治經濟學批判》等：施蟄存介紹和推廣了馬克思主義文藝學。

　　最後，受當時中國翻譯思潮的影響，閩籍翻譯家譯介西方文化時趨於保守。此期中國總體翻譯的特點是，在 30 年代以前，直譯在翻譯特別是文學翻譯中迅速成爲一種主流。譯文中歐化成分開始增多，陌生的文化意象開始頻繁出現，甚至出現死譯、硬譯等現象，譯文中的异質性成分所佔比例逐漸增大，譯文雜合度增高。而 30 年代以後又發生了明顯的變化，地道的漢語成分開始增多。〔註39〕

〔註39〕韓子滿：《文學翻譯的雜合研究》，上海譯文出版社 2005 年 10 月，第 94 頁。

之所以出現這種現象，與當時的社會狀況有關。從讀者方面來說，經過五四文化的洗禮，讀者對於西方文化的瞭解已經不同其前。人們的心態也發生了極大的變化，他們普遍樂於接受西方文化，反對文化保守，熊月之曾認爲，西學在中國的傳播，經歷了「疑忌」接觸──試用──對比──信服」五個階段，五四以來的中國人對於西學正是處於信服的階段，所以該時期，直譯更成爲一種社會風尚。當然還有其他許多的影響因素也促成了直譯的流行。而 30 年代以後動蕩的社會狀況，特別是侵略的危機，必須喚醒民族的自尊、自豪感，直譯這種歐化親外色彩當然也要受到一定程度的抑制。〔註40〕閩籍翻譯家在這方面也大體如此。

〔註40〕韓子滿：《文學翻譯的雜合研究》，上海譯文出版社 2005 年 10 月，第 114～122 頁。

第6章 近現代福建社會與閩籍翻譯家

福建瀕臨海洋，自古以來移民與對外貿易、文化交流等活動都走在全國的前列。近代福建也不例外，晚清福建設立了福建船政局。福建船政局是一個近代性質的工廠，主要生產兵艦，1866 年 6 月由洋務派大臣左宗棠奏請朝廷設立，它的出現被公認爲中國最早的近代大型工業企業之一，也是近代中國由傳統手工業走向近代大工業的起點。1869 年，閩浙總督英桂又在省城水部門內東湖地方設立福州機器局。福建船政局和福州機器局是福建第一批洋務軍工企業，這使得福建成爲全國最早出現近代工業的一個省份。

1840 年以後，帝國主義用武力打開了中國的大門，他們通過不平等條約迫使清政府開放通商口岸。廈門和福州都是較早的通商口岸，各國傳教團體和不同的修會蜂擁而入，加之福建自明末清初以來天主教活動就己有相當基礎，因而很快又成爲西方傳教士活動最活躍的地區之一。

此外，福建在維新運動與革命運動中都是走在全國的前列，這些都深深影響到閩籍翻譯家的形成，而閩籍翻譯家的貢獻反過來又影響了福建乃至中國社會的發展。

第一節 福建船政學堂與閩籍翻譯家

談到甲午海戰中那些著名的海軍將領如林永升、鄧世昌等，就不得不想起福建船政學堂。福建船政學堂（亦稱福州船政學堂）作爲中國近代第一所高等實業學堂，在中國近代中西文化交流史上有著舉足輕重的地位，[註1] 它

〔註 1〕 參閱潘懋元：《福建船政學堂的歷史地位與中西文化交流》，《東南學術》1998 年第 4 期。

不僅培養了大批的科技、軍事人才，而且意外地產生了一大批的翻譯人才，如著名的翻譯家嚴復、陳季同、王壽昌、魏翰、陳壽彭等。

福建船政學堂是 1866 年隨福建船政局的開辦而同時設立的新式學校，當時稱爲「求是堂藝局」。當時的洋務派人物十分重視人才的培養，左宗棠認爲藝局是「造就人才之地。」後由他具體提出建立學堂：「開設學堂，延致熟習中外語言文字洋師，教習英、法兩國語言文字、算法、畫法，名曰『求是堂藝局』，挑選本地資性聰穎、粗通文字子弟入局肄習。」〔註 2〕爲此他還制訂了《詳議創設船政章程》，製定學堂學制、培養目標、學生待遇、考覈制度等詳細內容。

這裏有必要特別提到的是有關學堂學生待遇問題。左宗棠認爲，作爲人才培養的基地，對於學生，「非厚給月稟不能嚴定章程，非優予登進則秀良者無由進用。」根據這樣的原則，章程中規定，「各弟子到局後飲食及患病醫藥之費用均由局中給發。」「每名月給銀四兩，俾贍其家。」〔註 3〕這樣的優待正是爲了吸引更多的學子，因爲當時大多數人對洋學仍然視如旁門，以爲唯科舉功名方爲正途。即便待遇如此優渥，當時願意報考入學者仍然局限於以下四類人：一是家境貧寒之士，如嚴復就是因爲家境貧苦而來報考者；二是商人或受過外國影響的家庭子弟；三是外國學堂的學生；四是華僑子弟。雖然也有少數出身官僚家庭的學子，但總的來說，船政學堂對他們的吸引力不強。〔註 4〕福建和廣東是當時福建船政學堂學生的主要來源，而閩人特別是福州人是其中最主要的。(見下表〔註 5〕)

姓　名	貫　籍	考入時間	專　業
嚴宗光（嚴復）	閩	1986 年	駕駛
林泰曾	閩	1866 年	駕駛
黃建勛	閩	1866 年	駕駛
劉步蟾	閩	1867 年	駕駛
鄧世昌	粵	1867 年	駕駛

〔註 2〕林慶元：《福建船政局史稿》，福建人民出版社 1986 年 10 月，第 59 頁。
〔註 3〕林慶元：《福建船政局史稿》，福建人民出版社 1986 年 10 月，第 60 頁。
〔註 4〕林慶元：《福建船政局史稿》，福建人民出版社 1986 年 10 月，第 63 頁。
〔註 5〕林慶元：《福建船政局史稿》，福建人民出版社 1986 年 10 月，第 64 頁。

姓　名	貫　籍	考入時間	專　業
林永升	閩	1867 年	駕駛
許壽山	閩	1868 年	駕駛
陳國昌	閩	1868 年	
呂翰	粵	1869 年	駕駛
林履中	粵	1871 年	
黎家本	粵	1873 年	駕駛
翁守瑜	閩	1877 年	

　　福建船政學堂創建的初衷只是培養中國的科技、軍事人才，然而附帶的產生了一大批的翻譯人才，這也不偶然的。福建船政學堂又分為前、後兩堂，據學者研究，該名稱第一次出現在《船工將竣謹籌善後事宜摺》（1873 年 12 月 7 日）中：「前學堂習法國語言文字者也；……，後學堂習英國語言文字者也。」〔註6〕因有前後堂之分，各堂專業設置也有所區別，但不管如何，對於外語的重視則是一致的。〔註7〕翻譯家的產生與福建船政學堂的教學機制密切相關，主要體現在以下三個方面：

　　第一，福建船政學堂實行嚴格的招生、考覈與淘汰制度。學堂的招生，初入學時選的多是「聰穎幼童」，而且都要求「粗通文義」。雖然是洋學堂，然而招生還是十分重視傳統道德與文章的：「同治丙寅（1866 年），侯官文肅公開船廠招子弟肄業，試題大孝終身慕父母。」〔註8〕入學之後，除了外語和專業知識的學習外，仍然設置《孝經》等中國傳統科目，雖然這些科目只在洋教習的休息日學習，而且不是作為正課，〔註9〕但這也為日後的翻譯家打下了一定的國文基礎。學堂的考覈制度規定：「開藝局之日起，每三個月考試一次，由教習洋員分別等第，其學有進境，考列一等者，賞洋銀十元，二等則無賞無罰，三等者記惰一次，兩次連考三等者，戒責。三次

〔註6〕林慶元：《福建船政局史稿》，福建人民出版社 1986 年 10 月，第 66 頁。

〔註7〕具體的專業設置情況因不是本書關注的重點，此不詳述，可以參閱林慶元：《福建船政局史稿》，福建人民出版社 1986 年 10 月，第 66～70 頁。

〔註8〕林慶元：《福建船政局史稿》，福建人民出版社 1986 年 10 月，第 66～70 頁。

〔註9〕潘懋元：《福建船政學堂的歷史地位與中西文化交流》，《東南學術》1998 年第 4 期。

連考三等者，斥出。其三次連考一等者，於照章賞罰外，另賞衣料以示鼓勵。」〔註10〕除此之外，還進行嚴格的淘汰。學堂學生從入學到畢業，除了死亡者外〔註11〕，被淘汰的人數竟達一半之多。〔註12〕在這樣嚴格的學習氛圍之中，這些年輕的學子學習的勤奮可想而知，當時外國的教員對此也是稱讚有加。

第二，福建船政學堂重視外語的教學。學堂主要是學習西方的科學技術，他們使用的教材都是原版的外文專業教材，所以要求學生必須有較高的外文水平，因此學堂也聘用了許多外國教員，爲他們學習外語創造了優越的條件。學生們剛入學，就要求先習外語，據1867年2月19日福州將軍英桂奏稱：「（船政局）於十一月十七日開局……習學洋技之求是堂，亦經開設，並選聰穎幼童入學，先行肆習英語英文。」〔註13〕當時前學堂學習的是法語，所以聘請的是法國教員；後學堂則是英語，聘請的則是英國教員。這些洋教員大都能夠認眞傳授，1867年閩浙總督吳棠稱：「臣吳棠先於五月初旬乘舟前往，周歷勘視工程，粗有端緒，查知學堂教習洋師均能認眞講授。」〔註14〕外文原版書籍的使用與洋教習的教授，都保證了學堂學生所習外語的語言的純正，爲日後從事翻譯奠定了紮實的外語功底。

第三，學堂不僅通過聘請洋教習教授，還先後以各種形式派遣了幾批的留歐學生。留學歐洲的主張，先是由沈葆楨提出的，但他的奏議沒有得到批准，所以第一次學堂學生的出洋，不是以派遣留學生的形式完成的。1875年，沈葆楨令法國人日意格趁回國採購之便，在船政前後堂中挑出一些學生隨同前往歐洲參觀學習。這次出洋的有魏瀚、陳季同、劉步蟾、陳兆翱、林泰曾五人。〔註15〕後來經過積極的籌備，第一批的留歐學生於1877年3月31日乘船開赴香港，4月5日由香港出發前往歐洲。第一批留學生中就有許多日後成爲著名的翻譯家：如嚴復、羅豐祿（作爲翻譯）、陳季同（作爲文案）、馬建忠等。船政局派出的留學生，到1897年共派出了四批，以後還陸續派出，洋務運動時期官

〔註10〕林慶元：《福建船政局史稿》，福建人民出版社1986年10月，第59、60頁。
〔註11〕這樣的刻苦精神保留到後來出洋的留學生中，如福建長樂人梁炳年在法國就是因爲刻苦過度而病死法國。見《長樂文史資料》第三輯。
〔註12〕林慶元：《福建船政局史稿》，福建人民出版社1986年10月，第74頁。
〔註13〕林慶元：《福建船政局史稿》，福建人民出版社1986年10月，第62頁。
〔註14〕林慶元：《福建船政局史稿》，福建人民出版社1986年10月，第62、63頁。
〔註15〕林慶元：《福建船政局史稿》，福建人民出版社1986年10月，第142頁。

費留學生運動是以福建船政學堂爲中心的，船政學堂成爲派出留學生的基地。留學的生涯使中國學子們得以親身體驗外國的文化與生活，開闊了眼界，增長了見識：「遊學之益何在？日：人有恒言日，『百聞不如一見』，欲取他國之長，以補吾國之短，非親臨其境，不能得其益也。」〔註16〕

十九世紀末清政府選派赴歐留學生情況表〔註17〕

選派時間	主辦人	選派單位	人數	留學國家
1875	沈葆楨	福建船政局	5	英法
1876	李鴻章	清軍武弁	7	德
1877	沈葆楨	福建船政學堂	30	英法德
1877	沈葆楨	隨員、文案、譯員	3	英法
1881	李鴻章	福建船政學堂、北洋水師學堂	10	英法德
1886	李鴻章	福建船政學堂、北洋水師學堂	33	英法

注：從此表可以看出福建船政學堂在中國近代教育史上的重要地位。

　　總之，可以說，福建船政學堂就是培養閩籍翻譯家的搖籃。它使得許多貧苦的福建學子得以求學，並接觸西學，轉變觀念，更重要的是有機會親歷外國，這些都爲他們日後從事翻譯活動準備了培養了優良的素質。

第二節　近現代福建基督教與閩籍翻譯家

　　閩籍翻譯家的出現還與近代以來福建基督教傳教活動的興盛有關。

　　近代以前在福建西方基督教的傳播情況如前面我們所提到的，是十分興盛的，雖然經歷了清中期嚴厲的禁教時期，但福建的天主教傳教活動仍然沒有完全禁絕，只是逐漸轉入地下而已。〔註18〕

　　近代以後，中國門戶被帝國主義的堅船利炮所打開，基督教傳教士借助

〔註16〕《日本遊學指南》，轉引自鄭春：《留學背景與中國現代文學》，山東教育出版社 2002 年 9 月，第 83 頁。
〔註17〕資料來源：林國平主編：《福建移民史》第六章，方志出版社 2005 年 1 月，第 237 頁。
〔註18〕具體可以參閱陳支平：《福建宗教史》，福建教育出版社 1996 年 11 月，第 389～400 頁。

不平等條約的庇護在中國各地橫行。福建的廈門和福州也成爲他們傳教的重要地區。據學者研究，近代以後涌入福建傳教布道的即有基督教（新教）傳教士，也有羅馬天主教（舊教）傳教士。早在第一次鴉片戰爭期間，基督教傳教士就已經登陸廈門布道，廈門成爲除廣州之外最早傳入基督教的城市。〔註19〕

　　第一個進入廈門的基督教傳教士是美國歸正教牧師雅裨里博士（Dr. David Abeel）。1842 年 2 月日他偕同文惠廉（Dr. William J. Boono）到達廈門，並且在英國軍隊的支持下安頓下來。3 月 3 日開始就進行了第一次布道。其後同會牧師相繼到來，1848 年在廈門新街建了一座教堂，據說是鴉片戰爭後外國人在中國建立的第一個教堂。在雅裨里之後，英國倫敦會的施約翰和養爲霖二牧師也來到廈門，他們開設禮拜堂，還創辦了女學，收學生 12 人，開教會在華辦學之先聲。

　　福州地區的傳教工作展開的也比較早。1847 年 9 月，基督教美以美會宣教師柯林（Judson Duight Collins）和懷德（Mosses Clark White）夫婦三人來到福州，開始他們的傳教活動。他們希望首先從平民中打開局面，所以他們一個創辦教育，一個辦醫院，但收效甚微。1856 年 10 月在倉前山創建天安堂，次年 6 月，長樂商人陳安在天安堂首先受洗入教，成爲福州第一個基督教徒，同時也是全中國第一個衛理公會（即美以美會）的會友。其後，英國的聖公會、長老會等也在福州開闢傳教據點，並向古田、閩清、福清、莆田、長樂、南平、永春等內地推廣教會活動。除了新教外，福建一些地區的明末以來天主教殘留勢力也日趨活躍起來。後來進入的一些天主教主要是方濟各會、耶蘇會和多明我會等，與他們建立了聯繫，恢復了天主教在福建的正常活動並擴大了傳教效果。

　　這些傳教士在福建的傳教活動主要利用三種傳教手段：一是建立教堂、編發傳教小冊子，二是開辦教會教育，三是進行慈善活動或建立教會醫院。

　　首先是建立教堂、編發傳教小冊子，創辦教會報刊、雜誌。對於初期傳教而言，建立教堂還爲時過早，而編發傳教小冊子則成爲當務之急。許多傳教士初到福州，他們所做的第一件事情是「迅速在街道和商店分發傳播福音

〔註19〕 以下所述近代福建基督教情況除特別說明外都參考陳支平：《福建宗教史》第四編，福建教育出版社 11 月，第 405～459 頁；另參見黃新憲：《基督教教育與中國社會變遷》第三章，福建教育出版社 1996 年 7 月，第 63～91 頁。

的宣傳小冊子和書籍，直到他們能夠繼續從事其他類型的傳教工作爲止。」
〔註 20〕

　　其次是開辦教會學校。西方教會在福建辦學，以道光二十二年（1844 年）
在廈門開設的英華男塾爲最早，其次是道光二十六年（1848 年）在福州開辦
的男塾，以及其後在兩地先後開辦的女塾和義學。早期教會學校大都是教堂
附設的讀經班和讀書班，教育程度不高，主要以發展初等教育爲主。福州、
閩清、古田等地還開設婦女初級神學校，即「婦女學」等。〔註 21〕

　　最後是慈善活動與教會醫院。各地基督教會、天主教會還分別舉辦了各
種慈善事業，如設立孤兒院、育嬰堂、盲童學校等，對於兒童，除了收容保
育之外，也進行一定的文化基礎教育和宗教教育。

　　具體來講，教會教育有其特定的目的。他們首先是爲了傳播宗教教義，
培養傳教士和牧師，其次是爲了否定乃至推毀中國傳統文化，也爲征服中國
培養「領袖人物」，〔註 22〕但不可否認，教會學校的創辦，在客觀上加速了封
建文化的崩潰，促進了福建西學的傳播，對福建的新式學堂、新式教育的發
展有著重要的影響（特別是學多女學堂的開辦，對中國婦女的解放有著積極
的意義，對於傳統造成了極大的衝擊），同時也爲當地培養了一批新型的知識
分子，這些都深刻地影響了福建社會。

校　　名	所屬教會	創辦時間	校址	備　　　註
文山女中	公理會	1854 年	福州	前身爲保福山書院
毓英女中	美以美會	1859 年	福州	初中、小學
陶淑女中	聖公會	1864 年	福州	前身爲電線齋學堂
融美女中	美以美會	1892 年	福清	初中、小學
天儒毓眞聯中	美以美會	1892 年	閩清	初中、小學
超古毓馨聯中	美以美會	1893 年	古田	初中、小學
明義毓貞聯中	美以美會	1894 年	福清	初中、小學
培青中學	美以美會	1894 年	長樂	初中、小學

〔註 20〕林立強：《美國傳教士盧公明與晚清福州社會》，福建教育出版社 2005 年 12
　　　月，第 39 頁。
〔註 21〕劉海峰等：《福建教育史》，福建教育出版社 1996 年 10 月，第 293、294 頁。
〔註 22〕劉海峰等：《福建教育史》，福建教育出版社 1996 年 10 月，第 290～293 頁。

校　名	所屬教會	創辦時間	校址	備　　註
嵐華中學	美以美會	1907 年	平潭	初中、小學
青年會中學	青年會	1907 年	福州	高初中
尋珍女中	聖公會	未知	福州	高初中、小學
華英女學堂	美以美會	1908 年	福州	高中（後稱華南附中）
史伯中學	聖公會	未知	古田	初中、小學
尋珍女中	聖公會	未知	古田	初中、小學

資料來源：《福建教育史》，福建教育出版社 1996 年 10 月，第 295、296 頁，依據「清朝末年教會中學情況表」製作。

　　如上所言，傳教士重視編發宣傳的小冊子，這就需要將西方的宗教經典翻譯成中國文字或中國的方言：「目前的《聖經》漢譯本是用文言文寫的，這需要重譯，要把《聖經》用各種方言翻譯出來，以便文盲和窮人們能夠理解，因為這些人既無時間也無金錢來學習文言文。《聖經》一部分已被翻譯成幾種方言，這對中國的傳教活動帶來了方便。」〔註 23〕許多加入教會的中國知識分子也加入了這樣的翻譯活動，如我們在第三章提到的提到的福建閩清人黃乃裳，黃乃裳遇傳教士薛承恩（Nathan Sites），於 1866 年 12 月 16 日毅然歸依基督教，供職於教會，翻譯了許多宗教著作，如以福州話翻譯《舊約全書》，協助保靈牧師翻譯《美以美綱例》，協助薛承恩翻譯《天文圖說》、《聖經圖說》、《衛斯理傳》，協助美國傳教士武林吉翻譯《丁大理傳》等。

　　傳教士開辦的一些教育機構，還是能夠使中國人學到一些外語的，哪怕是最低級的神學讀經班或只是讓國人得以親近傳教士。「根據經驗，大多數從傳教士那兒學會英語的中國年輕人，很快就不受傳教士控制了，他們會成為外國人的僕人或中間人，成為政府的翻譯或外國商人的代理人。」〔註 24〕這雖然是傳教士對傳教活動所進行的反思，但我們可以從這則材料裏發現一個事實：傳教活動對於福建人外語的學習乃至於翻譯活動的實踐是很有幫助的。黃乃裳在其《英華格致書院關係國家說》中也說到：「福州美以美會創設

〔註 23〕Social Life of the Chinese，轉引自林立強：《美國傳教士盧公明與晚清福州社會》，福建教育出版社 2005 年 12 月，第 90 頁。

〔註 24〕Social Life of the Chinese，轉引自林立強：《美國傳教士盧公明與晚清福州社會》，福建教育出版社 2005 年 12 月，第 76 頁。

英華格致書院於南臺倉前山，十有餘載，正爲我國家栽培此有用之人才，以振興我中國。……肆習三四年或五六年，能作英文、能操英語，見有可以糊口館地，輒求出院而就之。計十餘年所造就生童，大半作洋行書寫及洋、海關通事；其與年限已滿、考列優等經書院給照者，或爲傳道，或爲本書院副教習，或作英美按司領事衙門翻譯。」〔註 25〕足見教會學校在培養中國人的外語交流能力的巨大作用。

　　不過，基督教傳教活動最大的意義是對福建民眾觀念的影響，使他們一改普遍的盲目排外與自大無知的心態，能夠接去觸乃至接受一些西方的觀念、科學技術以及文化，而這些都使得福建成爲培養翻譯家的溫床。正如著名翻譯家黃嘉德在其回憶中說：「我於 1908 年 10 月 15 日出生在福建安溪縣一個宗教職業者的家庭。19 世紀後期，美國歸正教會在閩南地區設立了基督教會，我的父親曾在教會當過 30 多年的牧師，母親也曾在，閩南一所教會設立的女子學校當過校長。……自從廈門開闢爲通商口岸以來，閩南地區在經濟上和文化上與國外的聯繫日益頻繁。家庭環境和社會環境使我較早地接觸到西方文化。」〔註 26〕

第三節　移民、新式學堂（留學等）與閩籍翻譯家

　　我們在第二章中曾提到，福建古代向海外的移民主要有三條路線：一是移民琉球；二是移民東南亞，其中是以泉州籍華僑人數最多；三是移民日本。

　　近代以來，東南亞的福建移民不僅人數激增，而且分佈範圍也進一步擴大，據統計，近代閩籍華僑出國總數達到 579.3 萬人，其中相當多的屬於契約華工，也有許多自由移民。他們聚居在經濟發達、交通便利之地，從事著各種職業。閩籍華僑社會有著獨特的特點，他們依然較多的保持著原有方言、生活方式、民族傳統和文化習俗。英國學者維克多布塞爾（Victor Pucell）在其著作《東南亞的中國人》中說道：印尼和馬來亞的華僑，特別是爪哇島最早的中國移民，主要來自閩南，他們多居住在港口城市和市郊，除契約勞工外，大多數從事零售商、手工業或開荒種植經濟作物。而定居馬來半島的華

〔註 25〕該文見詹冠群：《黃乃裳傳》，福建人民出版社 1992 年 6 月，第 31 頁。
〔註 26〕黃嘉德：《我的回憶》，《學海風帆——科技文化名人憶述》，中國文史出版社，第 253 頁。

僑多集中於馬六甲、檳榔嶼和新加坡，是馬來亞的拓荒者和流通商業網的主要構成者。〔註27〕

移民使得這些福建華僑得以接觸到一些異質的文化（特別是西方文化），可以比較容易擺脫中國傳統的束縛，但同時，他們到底與中國文化是血脈相連的，所以能夠在中西文化之間進行選擇，吸取營養。移民與閩籍翻譯家之關聯，最顯著的例子，當是辜鴻銘莫屬。

辜鴻銘1857年出生於馬來西亞檳榔嶼一個華僑世家，被稱為「西方社會裏的混血兒」。他祖籍福建同安，同安在明清隸屬於泉州府，清末民初屬廈門道，故或稱祖籍泉州或自稱廈門人，其英文名字稱為 Amoy Ku（辜廈門）或 Koh Hong-beng 就是閩南話的音譯。據稱，辜鴻銘的祖輩就是被騙賣的勞工，他們到達馬來亞的時間無法確知，到其曾祖父辜禮歡時還是以打魚度日的窮苦勞工，不過辜禮歡漸漸成為當地受尊敬的華僑領袖，後來還被殖民當局任命為首任「甲必丹」（Capitain，這裏是指一種民族領袖、頭領、貴族的意思）。此後辜禮歡改而經商，兼事墾殖，漸漸取得了財富和聲望。辜鴻銘就是出生於這樣的一個「二等公民」的「貴族」之家，其父辜紫雲，母親是西洋人，所以辜鴻銘有著西洋人的某些特徵，因此還博得了布郎夫婦的喜愛，收為養子。東南亞的華僑，都念念不忘故土，他們一般都和祖國保持著密切的聯繫。辜鴻銘曾祖父辜禮歡曾把兒子辜安平送往國內學習（辜安平曾進士及第，後在林則徐部下，又去臺灣任職），同樣，辜鴻銘幼年時期在大陸和臺灣不少地方小住過，在香港短期學過英文，在廈門進過教會學校。1867年後隨養父母前往蘇格蘭接受正統而全面的歐洲式教育。〔註28〕這些都為其成為溝通中西文化的大翻譯家、作家準備了充分的條件。

除了移民，新式學校在福建的開辦也為翻譯家的成長提供了條件。福建船政學堂屬於洋務派開辦的新式學堂，可以說是中國教育改革的先導，但是洋務派保留科舉制度，維護「三綱五常」等封建禮教，實行「中體西用」的理論主張，阻礙了教育改革的廣泛、深入的發展和資產階級新式人才的培養，前引黃乃裳對英華格致書院畢業生不能為國所用的哀歎與這些洋務學堂畢業生是一樣適用的。維新運動之後，廢科舉、興學校，改革政務，已經成為一

〔註27〕林國平主編：《福建移民史》第六章，方志出版社2005年1月，第226頁。
〔註28〕參見孔慶茂：《辜鴻銘評傳》第一章，白花洲文藝出版社1996年12月，第23～28頁。

時風潮。著名翻譯家嚴復在這場風潮中起了重要作用，他痛斥八股禁錮智慧，壞人心術，滋養遊手好閒之士，高呼痛除八股而興西學。光緒二十四年（1898年）光緒皇帝採納維新派的意見，開始改革教育與選才制度。

在維新運動的影響下，福建全省上下積極推行新學制，建立新式學堂。福建福州的蒼霞精舍、福州東文學堂、廈門同文書院等就是在這一時期建立的。據統計，光緒二十九年福建各類學堂十四所，學生 917 人：至光緒三十三年，已有各級各類學堂 385 所，在讀學生 21085 人。在五年之內學堂數目和在讀學生數都大大增加，形成了初具規模的學校教育。

在各種新式學堂中，大都增加了外國語一門（英語、日語、德語、法語等語言，看各地情況而別），同時一些科目中也注意介紹外國的文化知識，以福州東文學堂為例。該學堂是一所以學習日文為主，兼學漢文的新型學堂。學制三年，其中開設的課程有東語、讀書、習字、學文、翻譯、西文、外國史、數學、經義、文獻通考、歷代經文等。其他中學堂的教育科目如歷史科目，要求先講中國歷史，次講亞洲各國史，再講歐美歷史：地理教材內容包括地理總論、中國地理、外國地理等。此外還有數學、物理、化學等科目，都是傳統教育所未曾有的。

閩籍翻譯家中許多人不僅直接受益於這些新式教育，而且也積極參加學堂的教學與建設。如林長民，19 的年從日本留學歸來任福建諮議局書記長，與劉崇祐創辦了福建私立法政學堂，任校長，劉崇祐也是日本早稻田大學畢業生，在日本期間就曾翻譯了一些日本書籍，由東京閩學會出版；林紓曾在「蒼霞精舍」任漢文總教習，1903 年被聘為京師大學堂譯書局筆述，1906 年後擔任京師大學堂預科、師範科和文科教職員，1907 年兼北京閩學堂教習，1909 年兼高等實業學堂教職，1915 年任正志中學教務長；林白水，中國白話運動的先驅，著名的記者與翻譯家，他曾參與表弟黃展雲 1899 年創辦的據說是福建第一所新學堂的福州蒙學堂，該學堂不僅重視漢文，還介紹西歐的政治和哲學思想以及自然科學知識，並且還經常邀請進步人士到學堂講演，此外，他還積極參加新教材的編寫，編有《高等小學修身課本》等；鄭貞文，福建長樂人，早年投身革命，辛亥革命爆發後，回國參加福建的光復活動，後任福建省都督府教育部專門科科長，此後留學日本，回國後編著和翻譯了大量的教科書和工具書，如《化學實驗教程》、《有機化學概要》（譯）、《英漢綜合字典》等。

其實不光是新式教育（還包括教會教育），福建自古以來就有的崇尚教育

之風對於閩籍翻譯家群體的出現也是有重要意義的。文學的興盛和人們的文化素質高低有很大關係，而文化素質又與教育是否普及有著直接關係。福建歷來被稱爲教育之鄉，對教育的重視，在閩地是有著悠久的歷史傳統的。

與新式學堂的創辦一同興起的是留學的風潮。洋務運動期間重視學習外國的軍事科技，派出了一些官費留學人員；甲午敗績，中國又掀起了留學東洋的熱潮，對於留學，也由先前的恐懼與嘲弄，一轉而至於讚賞和爭先恐後。留學風的興起原因有三：一是政府當局的鼓勵，如清政府曾許諾，不論官費、私費，只要學成歸國，一經考試合格，一律授予進士或舉人頭銜；二是鼓勵自費，自費生待遇與官費生同，而且只要努力，也可以轉爲官費生；三是科舉制度的廢除以及國內對洋學歷的重視。〔註29〕從福建船政學堂開始，福建就有大量的公費（包括國家官費、各省官費）或自費留學生，大多數的閩籍翻譯家都有留學的背景，這方面的例子是很多的，在前面的敘述中我們也多有提到，這裏就不一一羅列了。

第四節　故土：聯結閩籍翻譯家的紐帶

近現代閩籍翻譯家群星璀璨，他們之間的許多人，或多或少有著一定的關聯，而聯結他們的紐帶就是「福建」——這裏是生養他們的故土，或是他們先輩辛苦耕耘之地，這裏有著他們的親人、朋友和老師、同學，這裏也是他們精神的歸宿。我們可以從一些閩籍翻譯家的社會歷程中一窺這種以「福建」爲緣而結下的複雜的關係網：

一、親戚關係：親戚是關係最爲密切者，父子、兄弟、夫妻等，他們之間的影響當然是最爲顯著的。閩籍翻譯家中，許多就是父子、兄弟、夫妻等，在翻譯道路上他們互相幫助、互相支持，都爲中國近現代翻譯事業作出了不朽的貢獻。

（1）陳季同，這位被嚴復視爲清末難得的譯才的著名的翻譯家，他的親戚中就有許多的翻譯家：陳壽彭，陳季同胞弟，他因陳季同曾求學於馬尾船政學堂，後留洋英法成爲中國最早的駐外官員，所以他走的求學道路也與其兄相同，1897年9月30日（光緒二十三年九月初五）陳壽彭與陳季同一同創辦《求是

〔註29〕參見鄭春：《留學背景與中國現代文學》，山東教育出版社2002年9月，第77、78頁。

報》（International Review），其後半生主要從事翻譯和教學工作，除譯有《新譯中國江海險要圖志》（1901 年經世文社出版）外，還有《格致正軌》等十幾部著作，陳季同曾對其《新譯中國江海險要圖志》草稿提出修改意見，並為之校對〔註30〕；薛紹徽，陳壽彭之妻，1900 年在其夫陳壽彭的幫助下，率先將《八十日環遊記》譯成中文，此書首版譯者署名是薛紹徽，第二、三版署名逸如、秀玉（逸如是陳壽彭的字），可以推斷該書是陳壽彭口譯、薛紹徽筆述。

（2）曾協助林紓翻譯轟動一時的《巴黎茶花女遺事》的王壽昌，他是林紓走上翻譯文學之路的引導者，自己也翻譯有法國博樂克的《計學淺談》（1903 年由商務印書館出版），其侄子王慶驥、王慶通等也是出色的翻譯家，王慶驥曾在法國巴黎生活 8 年，法語水平精深而純熟，他和林紓翻譯了法國作家森彼得的《離恨天》與孟德斯鳩的《魚雁抉微》（《波斯人信札》，未譯完），他與林紓的翻譯雖少，但質量均屬上乘；王慶通也通法文，與林紓一起翻譯過《孝友鏡》、《金臺春夢錄》等，林紓，對其外語水平也作了充分的肯定。

（3）還有嚴復，其長子嚴璩曾留學英國，1902 年 6 月嚴復主持的京師大學堂譯書局開局其出訪德國歸來，被嚴復安排到譯書局供職。嚴璩與其弟嚴培南都曾與林紓合作翻譯希臘名著《伊索寓言》等，可謂「子承父業」了。

（4）鄭振鐸先生是高鳳謙的女婿，林文慶先生也是黃乃裳之女婿。此種互相聯姻之關係，在閩籍翻譯家中也是十分常見之舉。

（5）此外，值得一提的是黃嘉德與黃嘉音兄弟，他們創辦了著名的《西風》月刊，該刊物的宗旨是「譯述西洋雜誌精華，介紹歐美人生社會。」〔註31〕黃氏兄弟翻譯的許多作品如《相對論者愛因斯坦》（Alva Johnston 原作，發表於美國《紐約客》1933 年 12 月 2 日與 9 日）等也主要刊登在這一刊物上，他們主要翻譯一些當時人們所關心話題的小文章。

二、同學（校友、師生等）關係：前以述及，福建船政學堂可謂閩籍翻譯家的搖籃，而且從這裏走出來的畢業生在晚清以至於民國初大都是具有一定影響力的人物，我們這裏所稱的同學關係大都與之相關。

（1）嚴復、羅豐祿、陳季同、魏翰、王壽昌等都是福建船學堂的畢業生，

〔註30〕詳見李華川：《晚清一個外交官的文化歷程》，北京大學出版社 2004 年 8 月，第 100〜102 頁。

〔註31〕參見拙文：《西風乍起，黃氏昆仲──記翻譯家黃嘉德及其胞弟黃嘉音》，《福建翻譯家研究》，福建教育出版社 2004 年 12 月，第 205〜213 頁。

他們之間都有著密切的聯繫，有的還互相提攜。光緒二十二年（1896 年）六月初二，福建船政學堂畢業生馬建忠在北京就曾向翁同龢舉薦陳季同、嚴復、羅豐祿等船政學堂同學「通西法」：「候選道馬建中〔忠〕來見，前十年人爭欲殺，要之是俊才。歲豐祿、嚴（復）、陳季同、陳熾、陳昌沖、夏寅巨，皆所舉通西法者。」〔註32〕

（2）王壽昌與林紓合作翻譯《巴黎茶花女遺事》就是通過同是福建船政學堂畢業的魏翰的介紹。與林紓合作的有許多是林紓學生（亦多是同鄉），如王慶驥、王慶通兄弟；李世中，福建閩侯人，通法文，與林紓翻譯《玉樓花劫》與《愛國二童子傳》；陳器，字獻琛，福建閩侯人，通英文，與林紓合譯《深谷美人》與《痴郎幻影》；力樹萱，字次東，福建永福人，通英文，與之翻譯《情窩》等：此外還有林秀璋、林凱、葉可立等，都是林紓學生，也都是福建閩侯人。

（3）陳季同是《求是報》的創辦者，也是該刊物的翻譯主筆，由於他所精通的是法語，所以該刊物法文的翻譯大都出自他的手筆，但是，陳季同也注意引薦其他翻譯人員，如陳慶平與曾仰東就是協助其翻譯法文的，他們都是福建老鄉，而且也都是出自福建船政學堂的校友。

三、同鄉關係：這可以從兩個方面來看，一是精神上的支持（主要是指福建先賢的精神對於後人的激勵），一則是實際的聯繫。

（1）林則徐是中華民族的民族英雄，也是福建人民的驕傲，他同時也是看世界的第一人，他曾組織了一個具有很強業務能力的翻譯班子，翻譯了大量西文資料，率先開啓了國人對西方世界探索的大門，這些都對福建的後人有極大的影響。福建船政學堂之成就，離不開沈葆禎的大力支持。沈葆禎是林則徐的女婿，他感於國家之衰弱而提倡向西方學習。林則徐的影響通由沈葆禎傳遞給了福建船政學堂的學子們，所以嚴復等人，都是以林則徐爲榜樣，滿懷救國之熱情而積極從事翻譯事業；林語堂也表示，他深受福建三前輩的影響：「前輩中有三位偉大的中國作家是福建人，一個是翻譯亞當斯密、孟德斯鳩和赫哥黎的嚴復，一個是翻譯司各特和狄更司的林紓，另一個是辜鴻銘。」〔註33〕除了這種精神的激勵外，同鄉之誼使得許多的福建同人同舟共濟。

〔註32〕翁同龢：《翁同龢日記》，見《陳季同編年事輯》，李華川：《晚清一個外文官的文化歷程》，北京大學出版社 2004 年 8 月，第 216 頁。

〔註33〕見王兆勝：《林語堂：兩腳踏中西文化》，北京出版社出版集團、文津出版社 2005 年 1 月，第 18 頁。

（2）嚴復在擔任天津水師學堂總教習時，特別注意錄取侯官子弟，如 1898 年海軍統領葉祖圭巡視沿海炮臺回閩時，嚴復託其在福州代選 30 名巧歲左右的侯官子弟，以備考水師學堂，後全部錄用。

（3）與林紓合作翻譯的口述者中多有福建籍人士，他們是王壽昌、曾宗鞏、王慶驥、王慶通、嚴璩、嚴潛、魏翰等。林紓最得意的翻譯作品《巴黎茶花女遺事》是在魏翰建議之下進行的，後由魏翰出資請福州著名刻手吳玉田鐫版，於 1899 年 2 月在福州印行；林紓與嚴復關係也非常密切，曾自稱「余與嚴子（嚴復）為誼三世」。〔註34〕

（4）陳衍是近代著名的經濟學家、翻譯家，譯介了大量的西方經濟學專著，1895 年值中日和談間，陳衍與林紓等人聯名上書都察院，反對割讓遼東半島、臺灣等領土；陳早期參加維新運動，曾受福州同鄉著名的維新人士林旭引薦，任侯官人（實際上就是同鄉陳季同與陳壽彭兄弟）在上海創辦的譯載西洋學說和維新文章的《求是報》主筆；嚴復擔任京師大學堂校長期間，曾請其擔任講席，並與之唱和往來。

（5）林長民，曾任留日福建同鄉會會長，並與福建留日學生組織閩學會，把西方資產階級的新思想介紹到國內。東京閩學會出版了許多翻譯書籍，如林長民翻譯的日本齋藤奧治著作《西力東侵史》，以及福建同人程樹德翻譯的《印度史》等。

（6）林白水 14 歲時因家窘迫，至大舅家家塾受學於福州著名的維新人士高嘯桐，1894 年在高的引薦下他離家往浙江杭州，在同鄉林孝詢家任教師，1898 年應杭州知府、福州人林啟（字迪臣）邀請，任蠶桑學堂教師，傳播西學，在杭州主編《杭州白話報》，開始提倡白話文，後受聘於求是書院，經常夜間召集學生宣傳反清思想。

（7）黃嘉德與黃嘉音兄弟的《西風》月刊也是在同鄉林語堂的支持與協助下創辦的，林語堂還在《西風》發刊詞中對他們寄以厚望。

第五節　小結

前已述及，福建的地理環境是背山面海，陸境與浙江、江西、廣東毗鄰，

〔註34〕見莊明水：《嚴復與林紓》，《嚴復與中國近代文化》，海風出版社 2003 年 9 月，第 215～223 頁。

與祖國寶島臺灣隔海相望。福建境內，山多水密。貧苦的生活環境迫使福建人出海尋求出路，來往於世界各地，帶動了福建對外文化交流的發展，形成了福建文化多元性與延伸性的特徵。

在福建文化中也不乏傳統——福建號稱理學之鄉，「海濱鄒魯」，在宋代理學的諸多學派中，以江西廬山濂溪的周敦頤的「鐮學」、河南洛陽程顥程頤的「洛學」、陝西關中張載的「關學」以及福建朱熹的「閩學」最為出名，而朱子學就是產生於南宋時期的福建；但比其他地區更為獨特也最為重要的是它可以容納和吸收更多的異質文化，不論是古代還是近現代代——有學者推測，東漢、東吳、西晉時期，很可能有西域僧人取海路來華。公元前 2 世紀左右開始，西域濱海地區的「胡人」以奴隸、商人、佛教徒等身份，從海上入居中國東南沿海地區，從而把佛教帶入中國，其明顯的表現是當時這一帶民俗觀念的巨大變化；由於特殊的經濟地理和文化環境，元代福建的泉州港成為中國南方也里可溫教的一個重要的傳教據點。元代泉州不僅是世界著名的海港，各地來往船隻、商旅絡繹不絕，而且泉州也是世界宗教薈萃之地：佛教、道教、伊斯蘭教、婆羅門教、摩尼教、襖教以及也里可溫教等等在這裏都有傳播。福建船政學堂的開辦與福建優越的地理環境、人文環境有關：近代以來基督教在福建的新發展也是有其歷史的根基的，再加上濃厚的鄉土意識連綴於各地的福建人之間，這自然造就了閩籍翻譯家的形成與發展。

總之，我們可以發現，閩籍翻譯家的成長與福建有著千絲萬縷的聯繫，這種聯繫或許是偶然的、不確定性的，但不可否認，這些聯繫有時候卻是必不可少的。閩籍翻譯像具有濃厚的故土情懷，他們胸懷世界，情繫故土，福建既是閩籍翻譯家誕生的搖籃，也是他們聯結感情、相互扶持、相互激勵的紐帶，閩籍翻譯家為近現代福建歷史書寫了輝煌的篇章，我們應該永遠銘記。

第 7 章　閩籍翻譯家與近現代中國

中國的近代化歷程，充滿了屈辱與坎坷，由對西方堅船利炮的畏懼，到對東洋改革維新的嚮往，再到激烈的革命運動，最後終於探索到救國救民的道路——馬克思主義道路。我們回顧中國的近現代史，其中不難找到閩籍翻譯家的踪跡，他們影響乃至親身參與了中國的一系列變革：從鴉片戰爭到洋務運動，到維新變法，再到辛亥革命，新民主主義革命。中國的每一次進步都和他們息息相關。

第一節　改變國人對西方文明的觀念

我們知道，翻譯主要是借助他者的視角來看待事物，視角的轉換帶來的將是心態與觀念的改變，他對於拓寬我們的視野、更新我們的觀念，打破墨守陳規的習俗有著重要的意義。西方學者認爲「進步來自於從同質性到異質性的轉變」〔註1〕，翻譯活動在各國的跨文化交流中無疑有著至關重要的作用。

西方社會與文化，對於當代人來說並不陌生，因爲我們現在的時代是開放的時代、信息的社會，世界各國都被密切的聯繫在一起，成爲了一個「地球村」。然而對於鴉片戰爭之前的中國人來說，對於西方的認識是再片面不過的，他們的無知與狂傲，使得中國付出了慘痛的代價，這在前面第三章中我們已經指明。這裏我們要關注的是國人面對噴涌而入的西方文化的衝擊時具體的心路歷程。

〔註 1〕 轉引自韓子滿：《文學翻譯雜合研究》，上海譯文出版社 2005 年 10 月，第 9 頁。

　　魯迅，這位被稱爲「民族魂」的偉大思想家、文學家，在其雜文作品《熱風・隨感三十六》中曾如是說：

　　　　現在許多人大有恐懼；我也有大恐懼。許多人所怕的，是「中國人」，這名目要消滅；我所怕的，是中國人要從「世界人」中擠出。我以爲「中國人」這名目，決不會消滅；只要人種還在，總是中國人。譬如埃及猶太人，無論他們還有「國粹」沒有，現在總叫他埃及擾太人，未嘗改了稱呼。可見保存名目，全不必勞力費心。但是想在現今的世界上，協同生長，掙一地位，即須有相當的進步的知識、道德、品格、思想，才能夠站得住腳：這事極須勞力費心。而「國粹」多的國民，尤爲勞力費心，因爲他的「粹」太多。「粹」太多，便太特別。太特別，便難與種種人協同生長，掙得地位。有人說：「我們要特別生長；不然，何以爲中國人！」於是乎要從「世界人」中擠出。於是乎中國人失了世界，卻暫時仍要在這世界上住——這便是我的，大恐懼。〔註2〕

此是魯迅先生發表在 1918 年 11 月 15 日的《新青年》上的作品，他所描述的是民初國人的情況，但也可以看作是整個中國近現代時期中國人內心苦悶與徬徨的眞實寫照：他們對於西方的物質文明與社會文化都有一種恐懼，擔心它們對中國傳統社會與文化的巨大衝擊會導致中華民族的消亡，也就是說「中國人」將失去自己的民族文化與民族特色，進而導致亡國滅種。因了這樣的擔憂，便走向了兩個極端，一個是閉關鎖國，對於西方的東西一概貶低、排斥：一個是盲目的崇洋，拋棄傳統，卑屈做人。

　　綜觀近代以來，中國人對待西方社會與文化的觀念經歷了如下幾個階段：一是無知與偏見，盲目排斥；二是一知半解，偏於學習西方科技，但骨子裏依然是貶低西方文明，「師夷長技」、「中學爲體、西學爲用」；三是有較深體會，開始重視西方的哲學社會科學，重新審視西方文明；四是全盤西化，提倡科學與民主；五則是反思階段，對以前各階段的失誤進行矯正。〔註3〕雖然各階段都存在各種各樣的偏差，但不可否認，每一階段的發展都需要付出

〔註2〕魯迅：《熱風・隨感三十六》，《魯迅全集》1 卷，人民文學出版社 1981 年。
〔註3〕熊月之曾認爲，西學在中國的傳播，經歷了「疑忌——接觸——試用——對比——信服」五個階段。見韓子滿：《文學翻譯雜合研究》，上海譯文出版社 2005 年 10 月，第 115 頁。

艱辛的努力。在這些發展階段上，也聯結著許多的閩籍翻譯家光輝的業績，顯示了閩籍翻譯家群體的獨特魅力。

　　中國的近代史是從 1840 年鴉片戰爭開始的，在這場令中國人倍感屈辱的戰爭中，中國人開始重新認識西方的文明。侯官林則徐，偉大的民族英雄，被世人稱爲「看世界的第一人」。他招聘了許多通曉外文的人員，組成了一個具有很強業務能力的翻譯班子，他自己也從他們開始學習英文，正是在這些人員的幫助之下，林則徐率先開啓了國人對西方世界探索的大門。林則徐組織編譯的最重要著作是《四洲志》，這是中國近代第一部相對完整、比較系統的世界地理志書，後來由林則徐的朋友，著名的近代思想家魏源編輯擴充而成《海國圖志》。魏源還將林則徐在戰爭中提出的「師敵之長技以制敵」的口號發展爲「師夷長技以制夷」的主張，並以之作爲《海國圖志》的指導思想，從多方面進行闡述與論證。這是一種新的思想，標誌著近代「中西」之爭的開端。在《海國圖志》中，對於頑固派把西方的科技說成是「奇技淫巧」、「壞我人心」的謬說，魏源義正嚴詞地指出：「有用之物，即奇技而非淫巧。」這種重視科學技術的觀點是與儒家傳統觀點根本不同的近代意識。〔註4〕

　　嚴復把《天演論》翻譯出來後，震動全國。「物竟天擇，適者生存」成了社會上的流行語。《天演論》的正式出版的那年，正是瓜分危機最嚴重的一年，《天演論》告訴人們：中國的確是危險，侵略中國的帝國主義，無論哪一方面都比中國強，根據達爾文的「優勝劣敗」的規律，中國是會滅亡的；但是《天演論》又告訴人們：人的努力可以與天競爭，而且最後可以取勝，只要努力革新社會的政治，國家是可以復興的，民族也能永存。嚴復警告中國人民要發憤圖強，如不發憤圖強，按照「優勝劣敗」的規律，就有可能亡國滅種、《天演論》在民族危亡的時刻，給中國人民敲響了警鐘，激發人民的愛國思想，促進人們的覺醒。

　　面對侵略者在中國的劃分勢力範圍的慘痛現實，許多頑固的國人還自大的認爲最後的結局必定是和歷史上外族入侵時期同樣的結果——入侵者反被漢族同化、受制於漢族、他們依然蔑視西方文化，認爲中華文化是最先進的，必然取而代之。〔註5〕這樣的見識錯在將近代範疇內的中西文化之

〔註4〕　參見馮契：《中國近代哲學的革命進程》，上海人民出版社 1989 年 8 月，第 51
　　　　～54 頁。

〔註5〕　「聞前言者造而問余曰：甚矣先生之言，無異杞人之憂天墜也！今夫異族之
　　　　爲中國患，不自今日始也。自三代以迄漢氏，南北猜狺，互有利鈍。雖時見

爭等同於古代範疇內的民族之間的文化之爭，混淆古今，國人這種偏見，根深蒂固：

> 夫與華人言西治，常苦於難言其眞。存彼我之見者，弗察事實，輒言中國爲禮義之區，而東西朔南，凡吾王靈所弗屆者，舉爲犬羊夷狄，此一蔽也。〔註6〕

嚴復指出，當時漢族的文化勝利，乃是因爲「雖然，（異族）強矣，而未進夫化也。若夫中國之民，則進夫化矣，而文勝之國也。」〔註7〕而現在的西方列強，無論在哪方面都比中國強：

> 然而至於至今之西洋，則與是斷斷乎不可同日而語矣。彼西洋者，無法與法並用而皆有以勝我者也。〔註8〕

> 往者中國之法與無法遇，故雖經累勝而常自存；今也彼亦以其法以與吾法遇，而吾法乃顯蹶朽蠹如此其蔽也，則彼法日勝而吾法日消失。〔註9〕

時代與對象都已經完全改變，我們根本不可能靠自己的固有文化去同化西方文化，而要實現中國的富強，就要改鑄國民，開民智、講西學，提倡「西學救國論（或稱教育救國論）」：「是故欲開民智，非講西學不可」。〔註10〕「西學格致，非迂塗也，一言救亡，則將捨是而不可。」〔註11〕

嚴復還反對盲目的排外，認爲「驅夷之論，既爲天之所廢而不可行，則

侵，無損大較，固無論已。魏晉不綱，有五胡之亂華，大河以北，淪於旃裘膻酪者近數百年。當是之時，哀哀黔首，枉革枕戈，不得喙息，蓋幾靡有孑遺，耗矣！息肩於唐，載庶載富。及至李氏末造，趙宋始終，其被禍乃尤烈。金源女眞更盛迭帝。青吉斯汗崛起鄂諾，威懾歐洲。忽必烈汗薦食小朝，混一華夏，南奄身毒，北暨俄羅，幅員之大，古未有也。然而塊肉淪喪，不及百年，長城以南，復歸漢產。至國朝龍興遼瀋，聖哲篤生，母我群黎，革明弊政，湛恩汪穢，蓋三百祀於茲矣。此皆著自古昔者也。其間遞嬗，要不過一姓之廢興，而人民則猶此人民，聲教則猶古聲教，然則即今無諱，損益可知。林林之眾，詎無嚅類！而吾子聳於達爾文氏之邪說，一將謂其無以自存，再則憂其無以遺種，此何異眾人熙熙，方登春臺，而吾子被髮狂叫，白晝見魅也哉？」（嚴復：《原強》）

〔註6〕嚴復：《論世變之亟》。
〔註7〕嚴復：《原強》。
〔註8〕嚴復：《原強》。
〔註9〕嚴復：《原強》。
〔註10〕嚴復：《原強》。
〔註11〕嚴復：《救亡決論》。

不容不通知外國事。欲通知外國事，自不容不以西學爲要圖。此理不明，喪心而已。救亡之道在此，自強之謀亦在此。」〔註12〕

嚴復對於一些膚淺學者，將西學一切成就看作是我國古人早已有之的論調進行了駁斥，他說：

> 晚近更有一種自居名流，於西洋格致諸學，僅得諸耳剽之餘，於其實際，從未討論。意欲揚己抑人，誇張博雅，則於古書中獵取近似陳言，謂西學皆中土所已有，羌無新奇。如星氣始於史區，句股始於隸首；渾天防於璣衡，機器創於班墨；方諸陽燧，格物所宗；爍金腐水，化學所自；重學則以均發均懸爲濫觴，光學則以臨鏡成影爲嚆矢；蜆水蜆氣，氣學出於亢倉；擊石生光，電學原於關尹。哆哆碩言，殆難縷述。〔註13〕

他肯定中國古人和西方哲家有許多的暗合之處，但他認爲據此而言西人剿竊古人則是迂腐之見：

> 雖然，由斯之說，必謂彼之所明，皆吾中土所前有，甚者或謂其學皆得於東來，則又不關事實適用自蔽之說也。夫古人發其端，而後人莫能竟其緒；古人擬其大，而後人未能議其精，則擾之不學無術未化之民而已。〔註14〕

更爲可貴的是，嚴復一開始就提出了科學與民主不可分離，也就是說先進的西方科學文化與落後的封建制度是不能聯繫在一起的，他曾舉「未聞以牛爲體，以馬爲用」的例子，並論斷說「中學有中學之體用，西學有西學之體用，分之則並立，合之則兩亡。」〔註15〕

總之，嚴復的啓蒙思想使得許多中國有識之士開始重新認識西方文化，他把注意力從堅船利炮、聲光化電之類引導到西方的社會科學和學術思想上，獨具遠見。林紓通過其「林譯小說」向國人介紹和傳播西方的文明，這對於國人觀念的變，化無疑有著巨大的影響。在林紓之前的翻譯小說，影響都不大，《巴黎茶花女遺事》一出，風行海內，翻譯文學也逐漸得到社會大眾的喜愛。通過林譯小說，中國人不僅瞭解到世界各地的自然風光、民俗風情，也開始接觸到一些資產階級物質文明與精神文明。

〔註12〕 嚴復：《救亡決論》。
〔註13〕 嚴復：《救亡決論》。
〔註14〕 嚴復：《天演論自序》。
〔註15〕 嚴復：《與外交報主人論教育書》，《嚴復集》第 3 冊，第 560 頁。

　　嚴復、林紓之外，最主要的還有辜鴻銘、林語堂等，他們之所以重要，是因爲他們又代表了一個新的階段：對西方文明的反思。他們開始重新宣揚中國傳統文明，並希望以之作爲西方文明的補充，雖然他們的觀點不免偏頗，但至少是對五四時期普遍的全盤西化觀念的一種反撥。

第二節　對中國維新與革命（包括經濟、法律等）的影響

　　嚴復在維新思潮中扮演了極爲重要的角色，他是中國歷史上第一個眞正用西學來審視社會，主張變革的人物，他是「在中國共產黨出世以前向西方尋找眞理的一派人物」的四大代表之一，他在中國近代史上的地位是可以和洪秀全、康有爲、孫中山等維新家、革命家並立的。〔註16〕他的貢獻主要表現在以下三個方面：

一、引進進化論思想，推動維新與革命運動的發展

　　進化主義是 19 世紀西方的一個主要社會思潮，其主要的代表人物是達爾文、斯賓塞、赫胥黎等，嚴復的自著《原強》與翻譯《天演論》等，主要宣傳的就是他們的進化主張。他一方面採用斯賓塞的天人會通的普遍進化觀點，另一方面，又採用赫胥黎的與天爭勝思想來彌補斯賓塞「任天爲治」的末流，鼓吹人的積極能動性，爲「自強保種」之口號奠定了理論基礎。進化思想的傳播，對中國人的影響是巨大的，日本學者稻葉君山在其《清朝全史》中認爲：「若以近代之革新，爲起端於 1895 年之後，則《天演論》者，正溯此思想之源頭，而注以活水者也。」〔註17〕胡適也曾回憶說：「天演、物競、淘汰、天擇等等術語，都漸漸成了報紙文章的熟語，漸漸變成了一班愛國志士的口頭禪。」〔註18〕它從根本上否定了封建統治者宣揚的天道不變論和歷史循環論，直接推動了維新與革命發展。

〔註16〕李澤厚：《論嚴復》，《論嚴復與嚴譯名著》，商務印書館 1982 年 6 月，第 126 頁。

〔註17〕轉引自陳玉剛主編：《中國翻譯文學史稿》，中國對外翻譯出版公司 1989 年 8 月，第 57 頁。

〔註18〕胡適：《四十自述》，歐陽哲生編：《胡適文集》（1），北京大學出版社 1998 年，第 46、47 頁。

二、提倡西學，變革科舉制度，重視新式人才的培養

嚴復對西學的態度，已如前述，他是反對洋務派的「中體西用」的，他對西學有著比常人更深刻的理解。

嚴復曾指出中國傳統的八股取士制度有三大害，他首先指明要救亡就必須先改革科舉制度：「天下理之最明而勢所必至者，如今日中國不變法則必亡是已。然則變將何先？曰：莫亟於廢八股。夫八股非自能害國也，害在使天下無人才。其使天下無人才奈何？曰：有大害三。」「其一害曰：錮智慧。」「其二害曰：壞心術。」「其三害曰：滋遊手。」〔註 19〕八股文束縛國人的智慧，敗壞人們的道德，造成許多閒散人員，其後果就是「使天下消磨歲月於無用之地，墮壞志節於冥昧之中，長人虛驕，昏人神智，上不足以輔國家，下不足以資事畜。破壞人才，國隨貧弱。此之不除，徒補苴罅漏，張皇幽渺，無益也，雖練軍實、講通商，亦無益也。何則？無人才，則之數事者，雖舉亦廢故也。舐糠及米，終致危亡而已。」他指明唯有倡西學才可救亡，「然則救之之道當何如？曰：痛除八股而大講西學，則庶乎其有瘳耳。東海可以回流，吾言必不可易也。」〔註 20〕

嚴復認為，中國當前的教育，必須以「審智慧、練體力、屬德行三者為之綱。」「是以今日要政，統於三端：一曰鼓民力，二曰開民智，三曰新民德。」〔註 21〕

嚴復參照西方的教育制度，結合中國的實際情況，提出了建立中國新型的教育制度的設想。這是中國近代最早的教育制度設想方案，對清政府制訂新學制有著直接的影響。其教育方案如下：

1、建立蒙學堂，吸收 16 歲前的少年兒童入學，編學實用、通俗之教材；

2、建立中學堂，修業年限四、五年，收 16 到 20 歲學生入學，課程中西學占十分之七，餘為中國傳統之學；

3、設立高等學堂預備科與專門科，主要課程為西學；

4、高等學堂優秀畢業生，選派出國留學，留學前學西文 3 年；

5、各省設立師範學堂和高等師範學堂，加快教師培養，以供學堂師資之用。〔註 22〕

〔註 19〕 嚴復：《救亡決論》。
〔註 20〕 嚴復：《救亡決論》。
〔註 21〕 嚴復：《原強》。
〔註 22〕 劉海峰等：《福建教育史》，福建教育出版社 1996 年 10 月，第 305、306 頁。

三、提倡自由與學習西方先進的政治制度

嚴復推崇西方的科學與民主，這與他的啓蒙思想有關，他要鼓民力、開民智、新民德，所有這些都是爲了實現富強與民主：「夫所謂富強云者，質而言之，不外利民云爾。然政欲利民，必自民各能自利始；民各能自利，又必自皆得自由始；欲聽其皆得自由，尤必自其各能自治始；反是且亂。顧彼民之能自治而自由者，皆其力、其智、其德誠優者也。」〔註23〕

嚴復之民主，主要是學習西方的憲政制度，他對英國的君主立憲制度特別推崇：「立憲治體，所謂三權之異，俱如此。顧所言者，乃英國之制，演成最早，而爲諸國之所師。至於法、美諸國，所謂民主立憲，德、義諸國，所謂君主立憲，皆有異同，不盡相合。諸公他日治學，自然一一及之，非今夕所能罄盡。但以上所言，猶是立憲之體式。至於其用，則以代表、從眾、分黨三物，經緯其間，其制乃行。夫此三者之利弊短長，政家論之審矣。顧法窮於此，捨之則憲法不行。即如朋黨，本吾國古人之所惡，而君上尤恨之，乃西人則賴此而後成政。且憲法英之所以爲最優者，因其國中只有兩黨，渾而言之，則一主守舊，一主開新。他國則不盡然，有主張民主、王制、社會諸派，宗旨既異，門戶遂分，而國論亦淆而難定，此其所以不及英也。」〔註24〕

他認爲憲政制度在中國是可行的：「諸公勿視立憲爲甚高難行之制。篤而論之，其制無論大小社會，隨地可行；行之而善，皆可以收群力群策之效，且有以泯人心之不平。」〔註25〕

林紓也把翻譯小說當作改良社會的工具。19世紀末，美國因經濟危機而掀起了排華運動，許多在美國的華工遭受迫害和屠殺，1901年，林紓鑒於「爲奴之勢逼及吾種，不能不爲大眾一號」，他翻譯了《黑奴籲天錄》，並在序中對美國當局對華工的暴行進行了控訴。他對中國的軟弱感到痛心，後來他在翻譯《伊索寓言》時就認識到，只有中國國力強盛了，才能保護在國外之華人，深深體會到國外華人受人歧視的眞正原因是國力的貧弱。〔註26〕

林紓在翻譯作品的序文中始終都是提倡學習西方的，他和嚴復一樣，鼓

〔註23〕嚴復：《原強》。
〔註24〕嚴復：《憲法大意》。
〔註25〕嚴復：《憲法大意》。
〔註26〕郁奇虹：《林紓翻譯試論》。

吹君主立憲制度，反對革命，走的是溫和的改良主義道路，他在《英孝子火山報仇錄》中意識到「君權尊」是亡國的禍端，對君主專制制度感到不滿，「每聞青年人論變法，未嘗不低首稱善。」他認為：「若立憲之政體，平民一有愛國之心，乃能謀所以益國家者，即可立達於議院。」他也講求「實業救國」，振興實業，他認為是國家富強之根本。〔註27〕

嚴復與林紓對於憲政制度的提倡，與當時的潮流是一致的，許多閩籍翻譯家也致力於對西方政治制度、法律等的翻譯。1897 年後陳季同根據《法國民法典》翻譯了《拿破侖法典》等，介紹了許多與法國相關的法律制度；1904 年閩縣人王學文翻譯了《憲法原理》，他在序言中陳翻譯出版該書是因為：「研究憲法為吾國今日之急務。稍有識者所能道也。本書折衷歐美大家學說以闡明憲法之原理，論斷精嚴，綱目桑備，迥非他家講憲法者所可同日而語。」〔註28〕

其他重要的有薩君陸翻譯的《國家政府界說》，該書序言中作者說：「是書為日本民友社所纂，博引歐美各國政體互相比較，以證國家與政府權力，且推論及將來世界政體。吾國數千年來盲守一隅，人民生息於其下者，直如動物等。耳今也，歐風美雨席卷而來，是書也足以猛省吾國民。」〔註29〕候官王永忻翻譯了《政黨論》，其序言曰：「立憲法必設議院，設議院必有政黨，政黨者國民共同之團體，執一定之主義而圖國家之公益也。我國專政垂數千年，人民無參政之權，視國家之利害，若不相涉，欲救斯弊，非人人有政治思想，具政治能力不可。是書為日本尾原保人所著。其論政黨如何組織，政黨與國家如何關係，說理精確，剖釋詳明，國民不可不讀之書也。」〔註30〕

閩籍翻譯家也重視經濟類著作的翻譯，所以近代經濟制度、法律等的建立與閩籍翻譯家的貢獻是分不開的。1903 何爾先翻譯了《亞東各國稅則商埠章程》；1907 上海普及書局連續出版了閩縣人程樹德由日本法律書籍翻譯而來的著作《民法債權篇》及《民法物權篇》；1910 上海商務印書館出版了侯官王我臧翻譯的《日本法律經濟辭典》（田邊慶彌著）……

在與經濟相關的翻譯方面，陳衍和王亞南的建樹最大。陳衍曾籌辦《商

〔註27〕郁奇虹：《林紓翻譯試論》。
〔註28〕《憲法原理》序。
〔註29〕《國家政府界說》序。
〔註30〕《政黨論》序。

務報》，以研究實業爲主，除了連載他同其下屬河獺儀太郎翻譯的《銀行論》、《貨幣制度論》、《商業經濟學》、《商業地理》、《商業開化史》、《商業博物志》、《日本商律》、《破產律》等外，還連載了《歐美商業實勢》，對世界各國的經濟情況做了大量翔實報導。

王亞南（1901～1969），湖北黃岡（今團風）縣王家坊人，原名際主，號漁村，筆名王眞。我國著名的馬克思主義經濟學家、教育家，曾任廈門大學校長。他雖然不是福建籍，但他主要的活動都是在福建進行的。王亞南翻譯的經濟學著作主要有《地租思想史》（高富素之著，上海國光神州社1931年版）、《經濟學及賦稅之原理》（李嘉圖著，與郭大力合譯，上海國光神州社1932年版）、《經濟學緒論》（克賴士著，上海民智書局1933年出版）、《國富論》（亞當斯密著，與郭大力合譯，上海國光神州社 1934年版，嚴復譯作《原富》）、《歐洲經濟史》（乃特著，上海世界出版社1935年出版）、《資本論》、《政治經濟學批判》（馬克思著，恩格斯編者按，與郭大力合譯，讀書生活出版社 1938年出版）、《世界經濟機構總體系》（上冊，柯爾著，與王博今合譯，中華書局 1939年出版）。王亞南先生竭力主張要把經濟學中國化，建立以研究中國經濟爲主的「中國經濟學」，圍繞一個鮮明的主旨——「認識中國，解救中國」，這是他在20世紀40年代發出的具有重要價值和影響的口號。〔註31〕

第三節　對近現代婦女解放運動的影響

提到近代中國的婦女解放運動，我們必須對中國古代男女地位有所瞭解。封建時代之男女在禮俗上、法律上都極端不平等，男尊而女卑，有所謂「三綱五常」、「三從四德」者，婦女依附男子，失去自立精神與獨立人格，中國婦女所受之壓迫、剝削、歧視、摧殘和蹂躪，在世界上可謂罕見。外國人談到中國人的「野蠻」，其中必及中國女子「纏足」之惡習：「善夫西人之言日：『中國自命有化之國也，奈何肉刑既除，宮闈猶用閹寺；束天下女子之足，以之過淫禁奸；讞獄無術，不由公聽，專事毒刑榜笞。三者之俗，蠻猓不如，仁義非中國有也。』嗚呼！其言雖逆，吾願普天下有心人平氣深思，

〔註31〕高妙永：《王亞南生平譯事》，載《福建翻譯家研究》，福建教育出版社 2004年12月。

察其當否而已，至凡所云云，近則三十年，遠則六十年，自有定論，今可不必以口舌爭也」〔註 32〕

　　男女平等思想是由西方資產階級啓蒙思想提出的反對封建專制和教會權力的「天賦人權」、民權平等思想引申出來的。男女平等思想的輸入是有一個長久的過程的，主要是通過西學東漸和傳教士的活動來實現，最後經由維新派人士的鼓吹而完成。維新派在變法過程中十分關注婦女問題，他們的指導思想就是進化思想、「天賦人權」、民權平等等思想。〔註 33〕

　　嚴復是進化論思想的主要傳播、引進者，他翻譯的《天演論》產生了巨大的影響，綜觀《天演論》全書，可以發現嚴復對達爾文、郝胥黎、特別是斯賓塞的推崇，而斯賓塞就是著名的女權理論家，其著有《女權篇》等。嚴復在對待婦女問題上深受這些哲學家的影響。他在《社會進化論》以及《原強》等文章都對女權發表了意見。

　　首先，他從進化的觀點強調婦女地位之重要說：「至於近世，則歐羅巴國，尤鰓鰓然以人種日下爲憂，操練形骸，不遺餘力。飲食養生之事，醫學所詳，日以精審，此其亨不僅施之男子已也，乃至婦女亦莫不然。蓋母健而後兒肥，培其先天而種乃進也。」〔註 34〕「是故新學家言：觀一國進化程度之高下，觀其女權之大小、其地位之貴賤而可知。人謂女子地位彌隆，其教化之文明彌進。凡此爲不易之說，即不佞亦無間然。顧其中亦有難言者。際今新舊遞嬗時代，此事殆關國種之命脈，故不得不爲諸公鄭重言之。彼西洋先進國既以爲大危，竊願吾國不必重尋其履轍耳。」〔註 35〕

　　由此他提出廢除「纏足」，他指出纏足是婦女所不樂爲者，此俗不除，不僅關係「種」之強弱，也是變法之先聲：「故中國禮俗，其貽害民力而坐今其種日偷者，由法制學問之大，以至於飲食居處之微，幾於指不勝指。而沿習至深，害效最著者，英若吸食鴉片、女子纏足二事，此中國朝野諸公所謂至難變者也。然而夷考其實，則其說有不盡然者。今即鴉片一端而論，……至於纏足，本非天下女子之所樂爲也，拘於習俗而無敢畔其範圍而已。假令一日者，天子下明招，爲民言纏足之害，且曰：繼自今，自某年所生女子而纏

────────────

〔註 32〕　嚴復：《救亡決論》。
〔註 33〕　參見劉巨才：《中國近代婦女運動史》，中國婦女出版社 1989 年 7 月，第 69～107 頁。
〔註 34〕　嚴復：《原強》。
〔註 35〕　嚴復：《社會進化論》。

足，吾其毋封。則天下之去其習者，擾熱之去燎而寒之去多也.夫何難變之有與！夫變俗如是二者，非難行也，不難行而不行者，以爲無與國是民生之利病而已。而孰知種以之弱，國以之貧，兵以之痛，胥於此焉階之屬那！是鴉片、纏足二事不早爲之所，則變法者，皆空言而已矣。」〔註36〕

其次，嚴復結合其一貫的「鼓民力、開民智、新民德」的主張，重視婦女的教育。數千年來，中國的女性受傳統思想的束縛，大多數都沒有受教育的機會，「女子無才便是德」，婦女讀書識字被看作多餘。嚴復則提出「智育」於男女是平等的，他說：「今日女子所與男子競爭者，名曰女權。顧權不可徒得。既得之後，必明所以用之方。故既倡女權，不可不從事於智育。而不幸女子智育推於極點，則於所以爲母之能事、性質，大致而論必有相妨，此又西醫之經驗也。故今日問題，是與女子以甚高之智育矣。而智育程度當達何點，乃能無害於生生之機，此甚難解決之問題一也。雖然謂女子智育必與女性相妨，亦非極摯之論。蓋使斟酌得宜，轉於女子之體力、神明爲其利而無其害。一種之進化，其視遺傳性以爲進退者，於男女均也。且後此社會，必由匹合。而欲處家和順，女子教育亦在必講之一論。夫男子既受完全教育，長成求偶，其爲滿志，必不僅在形容醜好之間，假使秀外而不慧中，則色衰愛弛，又將屬適他人，以求相喻相知之樂，而匹合之制乃爾不牢。古者雅典全盛時有所謂赫胥黎者可以證也。」〔註37〕此外，嚴復還於1898年在《國聞報》中發表了《論滬上創辦女學堂事》一文，論述婦女教育的重要性。〔註38〕受嚴復影響，嚴復女弟子呂碧城就提倡婦女解放，以從事女子教育爲職志。

陳季同因故回國後積極投身維新運動，1896年十月十一月，他積極參與創辦中國女學堂，其法國夫人賴媽懿爲之起草《日課章程》，他的兩個女兒也參加活動。《新聞報》是年11月19日「會議女學堂章程問答」中云：「陳敬如（即季同——筆者注）云：請女客，鄙意將發意一條送與在座諸公閱看，請願可否？汪穰卿云：季直謂學堂章程，陳敬如最諳，必能譯奉。」〔註39〕1897年11月21日，在滬桂南墅里池上草堂第二次集議上，陳季同發言說：「弟內子外國女學堂出身，現囑擬日課章程，日內可脫稿呈鑒。他們之意，第一年

〔註36〕 嚴復：《原強》。
〔註37〕 嚴復：《社會進化論》。
〔註38〕 孫應樣：《嚴復年譜》，福建人民出版社2003年8月，第98、99頁。
〔註39〕 《陳季同編年事輯》，見李華川：《晚清一個外交官的文化歷程》，北京大學出版社2004年8月，第218頁。

先習語言、女紅，第二年起察看材質，再進習他種學問，如醫學、算學、史學、輿地、樂律等學是也。放學之期，西例每禮拜二日，今中國女學堂應如何辦理，請公會商示遵。」賴媽懿的參與使得中國女學堂增添了許多西方色彩。〔註40〕

林紓對於婦女解放運動的貢獻仍然是以其翻譯小說為媒介進行潛移默化的影響。「可憐一卷《茶花女》，斷盡支那蕩子腸」的《巴黎茶花女遺事》自不待言，其他如《迦茵小傳》的翻譯就最有代表性。前面我們已經提到，該書原先有楊紫麟與包天笑譯本《迦因小傳》，在楊、包譯本中情節有所刪改，他們出於中國禮俗的考慮，和中國的讀者說了個善意的謊言：把迦茵與亨利未婚先孕並且有私生子的細節隱略不譯，並聲稱原著前半部遺失，只譯了此下半部。而林紓則不同，敢於突破世俗的禮節，對於迦茵的失身細節也沒有隱諱，全部譯出。林譯《迦因小傳》正如一突發的事件，它「可以促成觀念的轉變，至少促成一種突破，誘發在文化思維的定勢裏出現有意義的斷裂。在此，舊的思維路徑打斷了，新的與舊的因素圍繞一系列不同的前提與主題重新組合在一起，造成文化心態的轉變，從而衝破陳舊文化的禁錮。」〔註41〕這些書的出現，影響十分巨大，使得人們開始重新思考婚姻、貞節諸問題，對於婦女的解放運動無疑是有著推動作用的。

中國近代婦女報刊的出現是和維新運動相聯繫的，這也婦女運動發展到一定階段的成果。我國歷史上第一份以婦女為對象的報紙是《女學報》，它是在維新人士籌辦上海桂墅里女學會書塾的過程中醞釀創辦的，與之緊密聯繫的，則是福建著名的女才人薛紹徽。

《女學報》之內容主要分為論說、新聞、徵文、告白等四個欄目，先後共有30幾位主筆，全由婦女擔任，其中較為著名的有康有為長女康同薇，梁啓超夫人李惠仙等，薛紹徽也是其中較著名的一位。薛紹徽曾發表《女教與治道相關說》，自覺地把婦女解放與中國的獨立自強相聯繫，將婦女命運與國家命運、民族命運緊密結合，她認為實現男女平等，男女共同管理國家大事，是國家富強的重要條件之一，初步提出了民主主義的思想要求，認為「天下

〔註40〕李華川：《晚清一個外交官的文化歷程》，北京大學出版社2004年8月，第98、99頁。
〔註41〕孫藝風：《視角、闡釋、文化──文學翻譯與翻譯理論》，清華大學出版社2004年8月第70頁。

之治，本非一人之力。人人共此心，男女共此志，治內治外，各展良圖，則國之貧弱，又何足患！」〔註 42〕除《女學報》外，薛紹徽在《求是報》第九期發表過《創設女學堂條議並序》等，積極投身女學運動。

五四運動是中國思想史上一次偉大的思想解放運動，其一開始就接觸到婦女解放問題。新文化運動的健將陳獨秀、李大釗、魯迅、胡適等都十分關注婦女問題，發表了許多解放婦女的新觀點。陳獨秀指出：「婦人參政運動，亦現代文明婦人生活之一端。」他反對包辦婚姻，號召「自負為一九一六年之男女青年，其各奮鬥以脫離此附屬品之地位，以恢復獨立自主之人格！」李大釗認為一個社會如果只讓男子有活動自由，而把女子封閉起來，那是專制、剛腹、冷酷的社會，沒有民主的精神。魯迅發表了他的節烈觀，胡適也對傳統貞操觀大加議論。〔註 43〕

五四時期的婦女解放問題都不能離開對「性」的態度，而在這方面，林語堂則是一個「性解放」的宣傳者。1928 年，林語堂翻譯了羅蘭夫人的《女子與知識》。《女子與知識》是羅素夫人（Dora Russell）的作品，該書提倡健全的性愛觀念，其中提到性解放的重要性說：「女子起來承認男女的性愛是屬於互相與對方平等的性質，由是而達到女子的最後一步解放。這話聽起來似乎一句俗套，但實際上含著一種革命。」〔註 44〕在向中國人介紹西方文化時，「性」的解放是一個要點，而林語堂在這方面有著極大的貢獻，這得力於他對西方文化的深刻理解。

林語堂對女性的觀點與態度在其《吾國與吾民》第五章《婦女生活》中得到最好的闡釋。他認為中國人對女性的輕視，「一若出自天性，他們從未給予婦女以應得之權利，自古已然。」他一針見血地指出封建禮教與婦女權利受束縛之關係說：「束縛婦女之思想，實肇端於文明發達之後。婦女被束縛的程度，實隨著孔子學說之進展而與日俱深。」〔註 45〕但是，林語堂也認為，女性要爭取地位，必須先正確的對待「（女性）自我」，因為他認為，「男子雖一無疑的嘗以不公平態度對待女子，然有趣的倒是許多女子偏會採取報復手

〔註 42〕參見劉巨才：《中國近代婦女運動史》，中國婦女出版社 1989 年 7 月，第 109～116、103 頁。

〔註 43〕參見劉巨才：《中國近代婦女運動史》第七章，中國婦女出版社 1989 年 7 月。

〔註 44〕轉引自王兆勝：《林語堂：兩腳踏中西文化》，北京出版社出版集團，2005 年 1 月，第 111 頁。

〔註 45〕林語堂：《吾國與吾民》，時代文藝出版社 2004 年 4 月，第 115 頁。

段者。婦女的處於從屬地位，乃爲一般的認女子爲低能的結果，但同時也由於女子的自卑態度。」〔註46〕他曾疑問：「女子在中國曾否眞受過壓迫？」那是因爲福建女人給他的印象，他認爲福建女人有著自己獨立的地位：「因爲我想此輩是古代中國女權族長的苗裔，而爲南方福建女人的姊妹。福建女人有著筆挺的軀幹，堂堂的胸膛，他們扛運著煤塊，耕種著農田，黎明即起，盥洗沐髮，整理衣裝，把頭髮梳得清清淨淨，然後出門工作，間復抽暇回家，把自己的乳水喂哺兒女。她們同樣也是那些富素女人統治著家庭、統治著丈夫者的女同胞。」〔註47〕該章還有專門的《婦女運動》一節。

第四節　對近現代中國文學的影響〔註48〕

「翻譯文學」概念的提出與佛教翻譯有關，最早提出的是梁啓超在《佛學研究十八篇中》。〔註49〕翻譯文學對中國本土文學的影響早在佛教東傳時期就有明證。荷蘭學者許理和在其名著《佛教征服中國》第二版序言中曾說：「佛教曾是外來文學之影響的載體。」〔註50〕佛教經典中有大量的佛傳、本生故事和譬喻故事等，這些都具有很濃厚的文學色彩，例如《本生經》或「本生譚」是佛典中藝術價值最高、也最爲普及的部分之一，被稱爲是古印度「民間寓言故事大集」，是可與希臘伊索寓言並稱的古代世界寓言文學的寶典。〔註51〕

佛經翻譯對歷代文人和文學創作的影響是巨大的，王國維曾指出：「自漢以後……儒家唯以抱殘守缺爲事……佛教之東，適值吾國思想彫敝之後，當此之時，學者見之，如饑者之得食，渴者之得飲……」劉熙載則言明佛經翻譯對中土文學發展的影響：「文章蹊徑好尚，自《莊》、《列》出而一變，佛書入中國又一變。」胡適更是具體說明佛教翻譯的文學影響：「印度的文學有一

〔註46〕林語堂：《吾國與吾民》，時代文藝出版社 2004 年 4 月，第 122、123 頁。

〔註47〕林語堂：《吾國與吾民》，時代文藝出版社 2004 年 4 月，第 122 頁。

〔註48〕「文學」之定義有狹義有廣義，本節所言，指廣義文學，「述作之總稱也。」見錢基博：《現代中國文學史》緒論，中國人民大學出版社，2004 年 10 月，第 3～5 頁。

〔註49〕孫昌武：《漢譯佛典翻譯文學選》前言，南開大學出版社 2005 年 7 月，第 18 頁注 4。

〔註50〕李四龍翻譯，〔荷〕許理和著：《佛教征服中國》，江蘇人民出版社，1998 年，第 4 頁。

〔註51〕孫昌武：《漢譯佛典翻譯文學選》前言，南開大學出版社 2005 年 7 月，第 4 頁。

種特別體裁：散文記敘之後，往往用韵文（韵文是有節奏之文，不必一定有韵腳）重說一遍。這韵文的部分叫做『偈』。印度文學自古以來多靠口說相傳，這種體裁可以幫助記憶力。但這種體裁輸入中國以後，在中國文學上卻發生了不小的以外影響。彈詞裏的說白與唱文夾雜並用，便是從這種印度文學形式得來的。」〔註52〕不光是彈詞，如陶淵明的韻文《桃花源詩》配以散文《桃花源記》，唐人傳奇也常常以詩歌相配等。當然佛經翻譯的影響還可以在語言、文學體裁等各方面找到線索，此不詳述。〔註53〕

近代以來翻譯文學，如錢基博在《現代中國文學史》中言：「國人之言以古詩體譯西詩者，自蘇玄瑛（曼殊）；言以古文辭譯小說者，自林紓；而言以古文辭譯歐西政治、經濟、哲學諸科，蓋自復啓其機焉。」〔註54〕

晚清文學與那個時代一樣，維新成爲不可遏止的洪流。這樣的「新」，標示著現代性的力度，代表著一種創新的精神。

嚴復在古文方面，自謂「生平師事服膺者，厥惟桐城吳汝綸。」其《挽吳汝綸聯》中云「平生風氣兼師友，天下英雄惟使君。」〔註55〕吳汝綸係當時文壇的古文大家，以高文碩望雄踞文壇，對嚴復的勸勉和獎掖確爲不少，對其影響甚大，一般人也都將嚴復歸於「桐城派」中。嚴復以古文翻譯西方著作，在當時文壇有較大影響。嚴復與吳汝綸不同，吳雖然也較爲開明，對於西學有較爲廣泛的興趣，但是他不通西文，西學所知甚爲有限。嚴復則不然，他早年畢業於福建船政學堂，熟悉西文，後又留學歐洲，對於西學有深入的研究。所以嚴復的文學主張有了新的特點，這主要的表現在：他在救亡圖存的歷史背景下，以「西洋格致諸學」的崇實尚用精神，與桐城格守的義法乃至整個的傳統的「中土學術政教」表現出了決裂的態度。〔註56〕在其著名的《救亡決論》中，嚴復就強調對現實社會是否有「實」、有「用」是衡量一切的最高標準：

〔註52〕王國維：《論近年之學術界》；劉熙載：《藝概》卷一；胡適：《白話文學史》。以上分別轉引自孫昌武：《漢譯佛典翻譯文學選》前言，南開大學出版社 2005 年 7 月，第 11、12、14 頁。

〔註53〕具體參見張中行：《佛教與中國文學》，安徽教育出版社，1984 年 9 月。

〔註54〕錢基博：《現代中國文學史》，中國人民大學出版社，2004 年 10 月，第 373 頁。

〔註55〕錢基博：《現代中國文學史》，中國人民大學出版社，2004 年 10 月，第 373、375 頁。

〔註56〕以下參見黃霖：《近代文學批評史》，上海古籍出版社，1993 年 2 月，第 214 頁。

　　夫中土學術政教，自南渡以降，所以愈無可言者，孰非此陸王
之學階之屬乎！以國朝聖祖之聖，爲禹、文以後僅見之人君，亦不
過挽之一時，旋復衰歇。蓋學術末流之大患，在於徇高論而遠事情，
尚氣矜而忘實禍。夫八股之害，前論言之詳矣。而推而論之，則中
國宜屏棄弗圖者，尚不止此。自有制科來，士之捨干進梯榮，則不
知焉所事學者，不足道矣。超俗之士，厭制藝則治古文詞，惡試律
則爲古今體；鄙摺卷者，則爭碑版篆隸之上游；薄講章者，則標漢
學考據之赤幟。於是此追秦漢，彼尚八家，歸、方、劉、姚，惲、
魏、方、龔；唐祖李、杜，宋稱蘇、黃；七子優孟，六家鼓吹。魏
碑晉帖，南北派分，東漢刻石，北齊寫經。戴、阮、秦、王，直闖
許、鄭，深衣幾幅，明堂兩個。鍾鼎校銘，珪琮著考，秦權漢日，
穰穰滿家。諸如此倫，不可殫述。然吾得一言以蔽之，曰：無用。
〔註 57〕

　　故由後而言，其高過於西學而無實；由前而言，其事繁於西學
而無用。均之無救危亡而已炎。〔註 58〕

這樣的「實」、「用」標準也深深反映到當時的文學創作以及文學翻譯當中。
嚴復所提倡的實用標準與歷史上的文章「用於世」所不同的是其對西方民主
與科學的推崇，帶有進步的資產階級傾向。

　　嚴復還將「用」具體劃分爲兩類：一是救亡的政治宣傳之用〔註 59〕；
一是國強民富之後的消閒之用。詩歌、小說、書法等就是屬於後者之用，「客
謂處存亡危急之秋，務亟圖自救之術，此意是也。固知處今而談，不獨破
壞人才之八股宜除，舉凡宋學漢學，詞章小道，皆宜且束高閣也。即富強
而言，且在所後，法當先求何道可以救亡。」〔註 60〕有學者認爲，嚴復對
於中國近代文學最大的貢獻在於他最早提出了西方意義上的文學觀念，把
文學視爲美術（藝術）的一個門類，嚴復說：「吾國有最乏而宜講求，然尤
未暇講求者，則美術是也。夫美術者何？凡可以娛官神耳目，而所接在感

〔註 57〕嚴復：《救亡決論》。
〔註 58〕嚴復：《救亡決論》。
〔註 59〕這和梁啓超相同，他們都是以小說爲民族維新的工具，具體可以參見〔美〕
　　　　夏志清：《新小說的倡導者嚴復和梁啓超》，載《嚴復研究資料》，海峽文藝出
　　　　版社 1990 年 1 月。
〔註 60〕嚴復：《救亡決論》。

情，不必關於理者也。」〔註61〕後人依其內在思想邏輯，完全可以得出如下結論：通過破除傳統的雜文學觀念而確立純文學觀念，由此加深對於文學本性特徵的把握，進一步承認並強調文學作爲美術在社會上層建築意識形態方面所具有的相對獨立性，而與之相適應，文學批評應該遵循美學評判的一般尺度。〔註62〕不過聯繫到嚴復對於「用」的兩類劃分，我們可以認定，嚴復當時未必就有這樣的自覺，但也不可否認，這對後來文學的發展很有啓發意義。

倘從思想史的角度看，嚴復對於文學的影響是十分深遠的，梁啓超、魯迅、胡適等文學大家都深受嚴復翻譯的影響。嚴復介紹的「進化論」，使得梁啓超後來提出了「文學進化論」，用進化論的觀點來分析論述中國文學的發展；胡適也是進化論的信奉者，他用進化理論來發展其改良主義主張。〔註63〕

另一位對中國近代文學有巨大影響的是林紓。林紓不慕仕途，一生以教書、作文、翻譯與賣畫度日。林紓在古詩文方面也有很深厚的根底，他能詩，與當時同鄉宋詩派的倡導者陳寶琛、鄭孝胥、陳衍等往來唱和；他也擅長古文，被稱爲「桐城派古文的殿軍」——雖然他並不是正統的桐城派。林紓也自己創作小說，寫有《金陵秋》等作品。

林紓的翻譯，在中國近代文學史上形成了一個特定的名稱：「林譯小說」，其積極的意義在於：一、開闊了中國人的藝術視野；二、擴大了近代小說的題材，引進了西方的創作方法；三、創造了其自身獨特的價值與魅力。〔註64〕

中國人曾經自大地認爲，西洋文學無足觀者，西洋作家也遠遠比不上我們的司馬遷、李白、杜甫，在這種封閉的文學環境之下，林紓能夠意識到西洋文學的價值，他曾盛贊狄更斯說：「中國說部，登峰造極者，無若《石頭記》。敘人間富貴，感人情盛衰，用筆縝密，著色繁麗，制局精嚴，觀止矣。其間點染以清客，間雜以村嫗，牽綴以小人，收束以敗子，亦可謂善於體物；終竟雅多俗寡，人意不專屬於是。若迭更司者，則掃蕩名士美人之局，專爲下等社會寫照：好諨駔酷，至於人意所未嘗置想之局，幻爲空

〔註61〕嚴復：《法意》按語。
〔註62〕敏澤主編：《中國文學思想史》，湖南教育出版社2004年4月，第515頁。
〔註63〕參見任訪秋：《晚清西學輸入與中國近代文學的發展》，《中國近代文學研究》第三期，中山大學出版社1985年12月。
〔註64〕參見郭延禮：《中國近代文學發展史》，山東教育出版社1991年2月，第1562～1682頁。

中樓閣，使觀者或笑或怒，一時顛倒，至於不能自己，則文心之邃曲，寧可及那？」〔註65〕林紓的翻譯為中國的讀者打開了一個新的天地：「自先生介輸名著無數，而後邦人始識歐美作家司各德、迭更司、歐文、仲馬、哈葛德之名。自先生稱司各德、迭更司之文，不下於太史公，然後乃知西方之有文學。」〔註66〕

　　林紓也注意到了西洋小說在文學手法、文學結構諸方面的優越處，他對於狄更斯寫人敘事手法大加歎服，他說：「吾友魏春叔購得《迭更司全集》，聞其中事實，強半類此。而此書特全集中之一種，精神專注在耐兒之死。讀者迹前此耐兒之奇孝，謂死時必有一番死訣悲倫之言，如余所譯茶花女之日記。乃迭更司則不寫耐兒，專寫耐兒之大父淒戀耐兒之狀，疑睡疑死，由昏情中露出至情，則又《茶花女日記》外別成一種寫法。蓋寫耐兒，則嫌其近於高雅；惟寫其大父一窮促無聊之愚叟，始不背其專意下等社會之宗旨，此足見迭更司之用心矣。」〔註67〕在其所譯的《巴黎茶花女遺事》中，完全打破了中國傳統小說的舊套，不用回目，去掉「話說」、「且聽下回分解」還有那些與主題不甚關聯的詩詞套語，特別是對大團圓結局的突破，可以說是中國近代小說史具有歷史意義的變革：「自林琴南譯法人小仲馬所著哀情小說《茶花女遺事》以後，闢小說未有之蹊徑，打倒才子佳人團圓式之結局，中國小說界大受其影響。」〔註68〕

　　而林譯小說自身具有獨特的價值，特別是優美生動的文筆，最使後人服膺。郭沫若提到林紓翻譯的《迦茵小傳》時說：「這在世界的文學史上並沒有什麼地位，但經林琴南的那種簡潔的古文譯出來，卻增了不少的光彩。」〔註69〕林語堂也認為：「先查考從英國翻譯的作品，則主要小說作家為……哈葛特（Haggard）的筆墨經過林紓譯筆的渲染，獲得的聲譽還遠於原作的地位。」

〔註65〕林紓：《孝女耐兒傳序》，鄭振鐸編：《晚清文選》，上海書店 1987 年 6 月，第609～610 頁。

〔註66〕朱義胄：《林畏廬先生學行譜記四種・貞文先生學行記》，轉引自郭延禮：《中國近代文學發展史》，山東教育出版社 1991 年 2 月，第 1563 頁。

〔註67〕林紓：《孝女耐兒傳序》，鄭振鐸編：《晚清文選》，上海書店 1987 年 6 月，第609～610 頁。

〔註68〕張靜盧：《中國小說史大綱》，轉引自郭延禮：《中國近代文學發展史》，山東教育出版社 1991 年 2 月，第 1564 頁。

〔註69〕郭沫若：《少年時代》，轉引自郭延禮：《中國近代文學發展史》，山東教育出版社 1991 年 2 月，第 1575 頁。

〔註 70〕另外，林紓以小說名家，對於傳統的文學觀念也是一大衝擊。小說在中國傳統文學觀念中都是不登大雅之堂的，古代小說作家往往羞於署名，林紓以翻譯、創作小說出名，無疑對於小說家地位乃至小說地位的提高有著積極的意義——即便他和同時代的小說家一樣，內心還是充滿著矛盾，享受著小說家的尊榮，但內心卻對小說感到鄙夷。〔註 71〕

林紓的文學影響不僅僅在於近代開新式文學風氣之先，更重要的是他具有「超前性」，影響到五四一代新文學的開創作家如魯迅、胡適、郭沫若、周作人等：「林譯小說文本的意義，既超越了他本人理性的審美與道德預設，也超越了晚清一般文人讀者的審美期待。因此它的最大價值乃是其『超前性』，隱性的後果就是塑造了一個崇尚西方文學的新的讀者群——五四一代新文學作家。林紓與新文學的啟蒙與齟齬關係，都包含在『林譯』的不期然的文本內在的審美空間中。」〔註 72〕

陳季同雖然沒有和嚴復、林紓一樣直接中國近代對文學產生影響（他的作品曾經湮沒無聞），但他影響了一代文學大家曾樸。陳季同法國文學造詣精深，曾樸讚其為「世界文學的先驅者」，並且深受其影響：「（陳季同）他那時候做著福建造船廠的廠長；在法國僑居多年，與法國第一流的文學家如佛郎士等，常相往還，故深得個中真諦，並且還用法文編過許多中國的戲曲，曾經轟動過巴黎。先生（曾樸）跟陳季同晤面時的一席談，真象發現了寶藏似的，窺見了真正法國文學的光輝，從此才像著了迷似的研究法文起來。……他起初學法文，原只想學一些應世的工具，直到遇到了陳季同先生之後，這才引起了他對法國文學的愛好，確認這是他靈魂所饑渴的期望著的食糧.因此他就竭全力去追求了。」〔註 73〕

清末文學的「新」，主要表現在內容的新穎與新奇上，中國文學特別是小說出現了許多前所未有的新類型，例如「政治小說」、「社會小說」、「冒險小說」、「科學小說」、「偵探小說」等。在這些花樣繁多的類型中，我們要特別

〔註 70〕林語堂：《吾國與吾民》，時代文藝出版社 2004 年 4 月，第 258 頁。

〔註 71〕有關近代小說諸問題，請參看袁進：《近代文學的突圍》，上海人民出版社 2001 年 10 月，第 199～424 頁；中國傳統的小說觀念可以參看魯迅：《中國小說史略》第一篇，上海古籍出版社 1998 年 1 月，第 1～5 頁。

〔註 72〕楊聯芬：《晚清至五四：中國文學現代性的發生》，北京大學出版社 2003 年 11 月，第 111 頁。

〔註 73〕《陳季同編年事輯》，見李華川：《晚清一個外交官的文化歷程》，北京大學出版社 2004 年 8 月，第 220 頁。

關注一位女作家、女翻譯家，她就是薛紹徽。從目前研究的情況看，大多數學者都認為我國最早翻譯的科學小說就是薛紹徽翻譯的《八十日環遊記》。這部作品是譯自素有「科學小說之父」的儒勒凡爾納（Jules Verne，1828～1905）的小說，該書由陳壽彭口述，薛紹徽筆記，此小說情節波瀾起伏，扣人心弦，而且翻譯者相當忠實於原文（雖然該譯本係從英文本轉譯，且將其中許多人名換為中國人習慣用名），書於光緒二十六年（1900 年）出版，短短數年間再版數次，很受讀者歡迎。引發了一股翻譯科學小說的風潮：其後有《海底旅行》、《十五小豪傑》等的譯入。科學小說的翻譯為中國人帶來了無比新奇的視野，也給中國人科學的啟迪，為日後中國科幻小說的發展奠定了堅實的基礎。

其他還有如林語堂對於性靈文學的主張以及施蟄存對馬克思主義文藝學的推廣等，對於中國現代文學來說都是值得大書特書的，因限於篇幅，此不詳述。

第五節　閩籍翻譯家在翻譯理論方面的建樹

翻譯理論對於翻譯實踐具有指導意義。翻譯是涉及面眾多的、極為複雜的交際過程。文本、意圖、閱讀、接受等等翻譯的各個方面都是異常複雜而多變的，作為跨語言、跨文化的翻譯活動，其複雜性自不待言。

首先是翻譯的視角問題。現代的翻譯理論學者，都注意到翻譯的視角問題，翻譯的視角可以有很多，他們最關注的就是全球化的潮流與多元化的視角。〔註 74〕各國文化千姿百態，體現了歷史積澱和民族的特徵，雖然如此，但這不應該成為作繭自縛的理由，有人以「本地化」、「區域化」、「民族化」來粉飾其狹隘的心理，這些都是不可取的。我們該做的是保持開放和包容的心理，「Thinking Globally」。

其次是翻譯譯入語與源語的距離問題。翻譯涉及兩個整體的符號體系以及它們之間的距離。相對源語而言，譯入語是一個大致平行的框架系統，翻譯總是在設法尋求或建立某種對應的關係。一般人大都認為，翻譯的職能就

〔註74〕參見〔美〕Linell Davis DOING CULTURE, CROSS-CULTURAL, COMMUNICATION I ACTION（中西文化之鑒──跨文化交際教程》）第一章 Thinking Globally，外語教學與研究出版社英文版，2001 年 9 月。

是盡力去縮短之間的差距，但是翻譯作爲一種「重寫」，無論多麼忠實於原型，都意味著一定程度的游離，它不可能與源語完全相同，零距離在翻譯中是無法實現的。〔註75〕「嚴格說來，沒有一句話是可以完全重複的，因爲時間業已流逝，翻譯只是通過第二道手或第三道手加劇這種不可重複的特性。」〔註76〕一定的距離有時候反而是必要的，翻譯活動涉及民族性與世界性、本土化與全球化等諸多矛盾，這些矛盾以及隨之產生的文化價值觀的衝突，需要有調和與處理的餘地，保持一定的距離也就是爲衝突的緩解提供一定的空間。〔註77〕在操作的層面上，翻譯需要不斷地調整距離，在新的語境下重新進行文化聚焦，這就要求譯者對歷史語境和形式語境的關係進行多向審視，從而確定釋義的視角，判定翻譯的合理距離。

再次是翻譯的「不可譯性」問題。所謂的「不可譯性」，「並非指表層意義的不可譯——基本意義並不難譯出，也非指所指意義的不可譯——只要破解了作者的原意或確定了意義的實質，一般在（再）將其譯出，不應是難事，『不可譯』大抵指二者的結合所產生的巨大難度。」〔註78〕不可譯性的核心其實就是文化因素。文化信息的交流才是翻譯眞正的挑戰。翻譯在傳遞意義之外，其實質是異質文化的消融。翻譯作品遠離熟悉的文化生態環境，全然置身於陌生的乃至含有敵意的文化環境之中，其生存的困境自不待言。誠如但丁在《饗宴》（Convivio）中說的：凡是生動的話，凡是繆斯接觸過的話，都不可能轉變成另一種語言而不失去其韻味與和諧。〔註79〕「不可譯性」在詩歌以及比較玄奧的哲學中體現得最爲突出。

最後就是翻譯的規範問題。在這裏所指稱的「翻譯規範」與通常意義理解的「翻譯規則」不完全相同。「規範」即圖裏（Toury）所稱的「操作規範」（operationalnorms）。語言是一個約定俗成的符號與文化體系，既然源文本是

〔註75〕 孫藝風：《視角、闡釋、文化——文學翻譯與翻譯理論》，清華大學出版社2004年8月，第44、45頁。

〔註76〕 〔英〕喬治·斯坦納：《通天塔——文學翻譯理論研究》，中國對外翻譯出版公司1987年8月，第38、39頁。

〔註77〕 孫藝風：《視角、闡釋、文化——文學翻譯與翻譯理論》，清華大學出版社2004年8月，第3、4頁。

〔註78〕 孫藝風：《視角、闡釋、文化——文學翻譯與翻譯理論》，清華大學出版社2004年8月，第5頁。

〔註79〕 〔英〕喬治·斯坦納：《通天塔——文學翻譯理論研究》，中國對外翻譯出版公司1987年8月，第38頁。

某種規範的產品（規範又屬歷史、社會、政治、文化的產物），那麼翻譯就難免受譯入語系統包含的規範所制約，各自的規範可能是完全不同的。規範概念的提出，是直面翻譯涉及的兩種不同語言系統的差異，尤其是在語言方面的慣例。因為源文本在先行創作中使用的規範與譯入語文本的規範顯然不同，它們之間有著不可調和性。在這種情況下就要求翻譯之時對源文本規範進行適應性的變通，使其較為自然地融入譯入語系統之中，這種變通與歸化有著相似性，但也有一定區別，它較歸化更為靈活，更注重的是譯文能否被接受這個帶迫切性的問題公但相同的是它們都與譯者對外部世界的反應有關，受譯者主觀意識的驅使。〔註 80〕

對於翻譯，許多人會注意到這樣一個現象：作為一種文化交流的實踐活動它一直都在廣泛地進行著，但它往往被人們所忽略，對於翻譯很少有學者願意對其進行深入的系統的研究。在他們看來，翻譯只是一種「雕蟲小技」，許多的翻譯家自身對於翻譯也是缺乏深刻認識的，他們專注的是翻譯的實踐，而對於翻譯理論的系統思考則是相對困乏。〔註 81〕閩籍翻譯家在翻譯實踐與翻譯理論相結合方面，雖然也存在的各種的缺陷，但他們中有許多人，開始注意到翻譯理論的建構對於翻譯活動具有重要的指導意義，他們對它進行了許多有意義的探索。

就翻譯而言，林則徐的翻譯班子，對於翻譯工作是十分認真的。雖然當時的翻譯還沒有提出系統明確的理論，但他們在實踐中積纍了許多具體的經驗。翻譯文體主要是語體文，比較通俗易懂，兼顧英漢兩種文字的特點，在翻譯手法上主要是直譯與意譯相結合，適當地保持音譯，也開始注意到了譯名的同統一問題（後來傅蘭雅明確對譯名問題作過規定〔註 82〕），如 1839 年澳門 12 月 28 日新聞紙中提到「古時儒吐十四」時，譯者加按語「今譯路易」等，此類情況甚多。〔註 83〕

早期閩籍翻譯家中比較明確提出翻譯問題的是陳季同，他對翻譯中國詩

〔註 80〕孫藝風：《視角、闡釋、文化──文學翻譯與翻譯理論》，清華大學出版社 2004 年 8 月，第 101～102 頁。

〔註 81〕學術界特別是中國學術界對於翻譯理論的重要性往往認識不足，他們對於翻譯理論的合法性不斷提出了質疑與挑戰，可以參閱孫藝風：《視角、闡釋、文化──文學翻譯與翻譯理論》第一章，清華大學出版社 2004 年 8 月，第 11～42 頁。

〔註 82〕參見李偉：《中國近代翻譯史》，齊魯書社 2005 年 8 月，第 161、162 頁。

〔註 83〕參見福建師範大學外語學院劉遠芳：《林則徐及其譯事活動》，未刊稿。

歌所遇到的困難深有感觸（也就是翻譯學中經常困擾的問題：「不可譯性」），他在《中國人自畫像·古典詩歌》一章中談到對於翻譯的體會：「尤其在詩歌上，僅僅譯出作品的內容甚或主題尚嫌不夠，還有詞語本身，它所處的位呈、賦予思想的力度和生動，以及詩句和段落的和諧，而這些方面卻無法達譯。此外，漢語與西方語言之間的差別何止天壤、思想的表達方式也完全不同，因此，翻譯中國詩歌非要有強烈的願望不可。」〔註84〕

對中國近代翻譯理論貢獻最突出的還是要數嚴復了，他在其《天演論·譯例言》中提出了影響最為深遠的翻譯標準：「信、達、雅」，他說：「譯事三難：信、達、推。求其信已大難失，顧信矣不達，雖譯猶不譯也，則達尚焉。海通已來，像寄之才，隨地多有，而任取一書，責其能與於斯二者則已寡矣。其故在淺嘗，一也；偏至，二也；辦之者少，三也。」〔註85〕

嚴復對於這標準中的三個方面的主次先後關係有著明晰的認識，他認為「信」是必須遵循的，但還必須「達」，他解說「信」與「達」之間的重要聯繫說：「西文句中名物字，多隨舉隨釋，如中文之旁支，後乃遙接前文，足意成句。故西文句法，少者二三字，多者數十百言。假令仿此為譯，則恐必不可通，而刪削取徑，又恐意義有漏。此在譯者將全文神理，融會於心，則下筆抒詞，自然互備。至原文詞理本深，難於共喻，則當前後引襯，以顯其意。凡此經營，皆以為達，為達即所以為信也。」〔註86〕

從翻譯學角度來看，學者們對嚴復翻譯作品的評價也甚高，胡先驌說：「嚴氏譯文之佳處，在其殫思竭慮，一字不苟，『一名之立，旬月踟躕』。故其譯筆信稚達三善俱備。……要為從事翻譯者永久之楷模也。」賀麟認為，嚴復的譯文很文雅，很有文學價值，這是人人所公認而無有異議的。〔註87〕然而嚴復翻譯理論的缺陷在於他對「雅」的表述，他說：「《易》曰：『修辭立誠。』子曰：『辭達而已。』又曰：『言之無文，行之不遠。』三曰乃文章正軌，亦即為譯事楷模。故信達而外，求其爾雅，此不僅期以行遠已耳。實則精理微言，用漢以前字法、句法，則為達易；用近世利俗文字，則求達難。往往抑

〔註84〕段映紅譯：《中國人自畫像》，廣西師範大學出版社2006年1月，第146～147頁。

〔註85〕嚴復：《天演論·譯例言》。

〔註86〕嚴復：《天演論·譯例言》。

〔註87〕參見賀麟：〈嚴復的翻譯〉，《論嚴復與嚴譯名著》，商務印書館1982年6月，第33、34頁。

義就詞，毫釐千里。審擇於斯二者之間，夫固有所不得已也，豈釣奇哉！不任此譯，頗貽艱深文陋之譏，實則刻意求顯，不過如是。又原書論説，多本名數格致，及一切疇人之學，倘於之數者向未問津，雖作者同國之人，言語相通，仍多未喻，矧夫出以重譯也耶！」〔註88〕嚴復對「雅」的要求是和其以古文名家有極大關係的，他的寫作對象主要地是文人士大夫的上層階層，所以他的「雅」偏於古雅，這當然無可厚非，但這也引起當時一般階層與後人的爭議，有人甚至認爲「雅」應當從這一標準中剔除，沒有存在的必要。

除此之外，嚴復在翻譯上還主張翻譯要有鮮明的針對性，翻譯與學術研究以至政治批評等都要密切的結合起來。〔註89〕

在近代翻譯史上，林紓與嚴復是並駕齊驅的兩個大家。從翻譯作品看，林紓比嚴復稍勝一籌，但就翻譯理論而言，林紓則不及嚴復多矣，可以説，林紓對於小説的翻譯標準，基本上還是遵循了嚴復的「信、達、雅」標準，他十分重視「信」，他説：「譯書非著書比也，著作之家，可以抒吾所見，乘虛逐微，靡所不可；若譯書，則述其已成之事蹟，焉能參以己見？」〔註90〕這段話頗可以矯正時弊，當時許多的翻譯作品，往往都沒有標明原作者，其中人名、地名也屢屢更以中國之名，對原文的刪改也很隨意。林紓在「信」方面是得到許多人的稱譽的。他的翻譯作品大都能夠保持原著的情調，對人物的描寫也十分的生動，與原文一樣惟妙惟肖。關於「信」，林紓還特別指出了一條翻譯的原則，那就是對於外國作品中不敢苟同的觀點或習俗，翻譯者可以保持警惕，但翻譯時還是應當忠實原著爲佳，要「存其文而不至踵其事。」〔註91〕

高鳳謙是鄭振鐸先生岳父，他在近代出版事業方面作出了傑出貢獻，其於翻譯方面也有卓識，主要體現在他的《翻譯泰西有用書籍議》上。該文是他於光緒二十三年（1897年）給梁啓超投寄的稿子，後來發表在是年5月12號的《時務報》上，其中高鳳謙指出翻譯的艱難與重要說：「有聲音而後有言語，有言語而後有文字。然五方之聲音，長短高下，清濁疾徐。既萬有不齊，言語文字，即因以俱異。有王者起，患天下之不一，以同文爲先。於是讀書

〔註88〕嚴復：《天演論‧譯例言》。
〔註89〕這方面可以參見陳福康：《中國譯學理論史稿》，上海外語教育出版社1992年11月，第125～128頁。
〔註90〕林紓：《魯濱遜漂流記序》。
〔註91〕林紓：《劍底鴛鴦序》。

之士，夾方寸之簡，上下千年，縱橫萬里，無所不可通。夫而後中國之文字彙於一。其環中國而處者，如日本朝鮮各邦，雖用中國之文字，猶不能無所異同。況泰西遠絕數萬里，千歲未通者耶？互市以來，天下競尚西學，競習西文。然而音義詭異，則學之難也。教授乏人，則師之難也。由官設學，則周遍之難也。由民自學，則經費之難也。文義深遠，則成功之難也。國不一國，則兼通之難也。惟以譯書濟之，則任其難者，不過數十人。而受其益者，將千萬人而未已。」〔註92〕

　　高鳳謙還指出，西方有用之書，不外兩種，一個是科技書籍，一個則是社會科學（政事）書籍，他認爲中國之前只重視科技書籍的翻譯，而不知道社會科學翻譯具有十分重要的現實意義，所以他提倡對後一種書籍的翻譯：「泰西有用之書，至蕃至備。大約不出格致政事兩途。格致之學，近人猶知講求。製造局所譯，多半此類。而政事之書，則鮮有留心，譯者亦少。蓋中國之人，震於格致之難，共推爲泰西絕學。而政事之書，則以爲吾中國所固有，無待於外求者。不知中國之患，患在政事之不立。而泰西所以治平者，故不專在格致也。況格致之學，各有附隸，非製造之人不能學。即學之亦無所用。且需儀器以資考驗。非徒據紙上之空談。若夫政事之書，剖析事理，議論時政，苟通漢文者，無不能學。果能悉力考求各國政事之失得，兵力之強弱，邦交之合離，俗尚之同異，何國當親，何國當疏，何事足以法，何事足以戒，無不了了於胸中。遇有交涉之事，辦理較有把握。即欲興一新法，亦不致事事仰鼻息於人。或反爲所愚弄。此翻譯政事之書，所以較格致爲尤切也。」〔註93〕此外，他還指出翻譯要注意的兩個要點：「譯書之要有二。一曰辯名物。……一曰諧聲音。」〔註94〕

　　鄭振鐸代表一個新的翻譯時期的開始。鄭先生最早對中國近代的翻譯文學進行評述，他把清末翻譯看作是「無意識的介紹」，而五四以後則是「有意識的介紹」，他指出中國近代翻譯文學的五個失誤：一是內容上妥協於中國讀者的口味和倫理觀；二是簡單地利用外國作品作爲改革的工具：三是消遣性的偵探言情小說翻譯過多；四是缺乏正確的文學常識；五是不忠實於原著。〔註95〕

〔註92〕高鳳謙：《翻譯泰西有用書籍議》。
〔註93〕高風謙：《翻譯泰西有用書籍議》。
〔註94〕高風謙：《翻譯泰西有用書籍議》。
〔註95〕參見《福建翻譯家研究》，第137頁。

　　鄭振鐸對於翻譯的標準問題也提出了自己的看法，他在 1920 年就發表了
《我對於編譯叢書底幾個意見》，其中談到直譯與意譯的問題，他說：「譯書
自以能存眞爲第一要義。然若字字比而譯之，於中文爲不可解，則亦不好。
而過於意譯，隨意解釋原文，則略有誤會，大錯隨之，更爲不對。最好一面
極力求不失原意，一面要譯文流暢。」〔註 96〕他首次向中國翻譯工作者介紹
了英國翻譯家泰特勒《論翻譯的原則》一書以及其中的翻譯三原則：一是譯
文必須能完全傳達原文的意思；二是譯作的風格和態度必須與原作一致；三
是譯文必須包含原文所具有的流暢。

　　此外，鄭振鐸努力駁斥那些對翻譯功用的錯誤看法，有人提出「翻譯不
過是媒婆，我們應該努力去創作」，鄭振鐸說：「翻譯的功用，也不僅僅爲媒
婆而已。就是爲媒婆，多介紹也是極有益的處。因爲當文學改革的時期，外
國的文學作品對於我們是極有影響的。這是稍稍看過一二種文學史的人都知
道的。無論什麼人，總難懂得世界上一切的語言文字；因此翻譯的事業實爲
必要了。」後來他更在《翻譯與創作》一文中，將翻譯比作「奶娘」：「翻譯
者在一國的文學史變化更急驟的時代，常是一個最需要的人。雖然翻譯的事
業不僅僅是做什麼『媒婆』，但是翻譯者的工作的重要卻進一步而有類於『奶
娘』，……我們如果要使我們的創作豐富而有力，決不是閉了門去讀《西遊
記》、《紅樓夢》以及諸家詩文集，或是一張開眼睛，看見社會的一幕，便急
急的捉入紙上所能得到的；至少須於幽暗的中國文學的陋室裏，開了幾扇明
窗，引進戶外的日尤和清氣和一切美麗的景色；這種開窗的工作便是翻譯者
所努力去做的。」〔註 97〕

　　約在 1932 年，林語堂發表了他的長篇論文《論翻譯》，這是他爲吳曙天
遍選的《翻譯論》一書所作的序論，後收入林氏《語言學論叢》中。林語堂
是把翻譯當作藝術來看待的，他認爲翻譯藝術所憑藉的有三條：「第一是譯者
對於原文文字上及內容上透徹的瞭解；第二是譯者有相當的國文程度，能寫
清順暢達的中文；第三是譯事上的訓練，譯者對於翻譯標準及手術的問題有
正當的見解。」他吸收中外名家的翻譯理論提出了自己的翻譯三標準：忠實、

〔註 96〕陳福康：《中國譯學理論史稿》，上海外語教育出版社 1992 年 11 月，第 222
　　　　頁。
〔註 97〕陳福康：《中國譯學理論史稿》，上海外語教育出版社 1992 年 11 月，第 225、
　　　　226 頁。

通順和美。他承認他說的這三重標準與嚴復的標準大體上是相類的，不過他從另外一個角度將這三標準發展爲譯者的責任：第一是譯者對原著者的責任，第二是譯者對中國讀者的責任，第三是譯者對藝術的責任。一個翻譯家必須具備了這樣的責任心他才是眞正具備了翻譯家的資格。

關于忠實，林語堂提出了「句譯」的原則，這一原則至今仍爲譯界所普遍接受。所謂的「句譯」就是以句爲主題的翻譯，與以字爲主體的「字譯」不同：「句譯家對於字義是當活的看，是認一句爲結構有組織的東西，是有集中的句義爲全句的命脈；一句中的字義是互相連貫互相結合而成一新的『總意義』（Gesalutvorstrllung），此總意義須由活字看字義和字的連貫上得來。其對於譯文方面，是取一種態度，先把原文整句的意義明白準確的體會，然後依此總意義，據本國語言之語法習慣重新表示出來.若能字字相對固善，若此總意義在本國文不能用同樣之辭字表出，就不妨犧牲此零字，而別求相當的，或最近的表示方法。倘是一成語，在本國語言中果爲最準確翻譯原義的，就是不與原文所用的相同，也可不顧；與其求守原文逐字意義，毋寧求達原文語意，這是字譯與句譯的區別。」〔註98〕

此外，林語堂還注意翻譯的傳神等。他在三十年代提出了「美的標準」，這一標準由嚴復「雅」生發而來，第一次明確提出了「翻譯藝術上的問題」。他認爲，「翻譯於用之外，還有美的一面須兼顧的，理想的翻譯家應當將其工作做一種藝術，」翻譯詩歌小說等作品，在「達用之外，不可不注意於文字之美的問題。」中國大陸翻譯理論界對於「美的標準」的反應直到八十年代才出現，翻譯美學成爲眾學者關注的焦點。〔註99〕

冰心是一個十足的文學家，雖然她不是專業的翻譯家，然而她以她獨特的文學家氣質，提出了自己的翻譯三標準三順（達）、眞、美。順和眞大體與前面的學者相同，但對於美，冰心提出了翻譯上一個很值得重視的問題：翻譯中成語與俗語的運用問題。這個問題林語堂在對句譯做出的解釋中也涉及到，但冰心所言，更爲明白：「有些以西方社會爲背景的文章譯文中出現了『同心之言，其夾如蘭』，提到壽燭上寫著『福如東海，壽比南山』，……有些欠

〔註98〕陳福康：《中國譯學理論史稿》，上海外語教育出版社 1992 年 11 月，第 327～333 頁；另可以參看陳玉剛主編：《中國翻譯文學史稿》，中國對外翻譯出版公司 1989 年 8 月，第 273～278 頁。

〔註99〕金聖華等主編：《因難見巧——名家翻譯經驗談》，三聯書店（香港）有限公司 1996 年 3 月，第 186 頁。

妥。」因爲這些「分明是中國的習慣，這樣會使閱讀者對譯本產生不信任，也無法做到保持原作藝術上的『真與美』。」〔註100〕冰心並不是反對使用成語俗語，而是強調使用的準確與恰當。

在《談翻譯》一文中，林疑今提到了翻譯的兩個方面，即理解和表達。其中理解指的是對於原文和作者意圖的準確把握。「要避免錯誤，不外是勤於查考各種工具書，遇有難點，多多向人家請教，然後根據上下文再三反覆報敲。」除了理解，林疑今在《談翻譯》一文中還專門點到了表達。他認爲「文學翻譯是藝術上再創造的活動，少有止境。譯者工作時正像演員進入角色，表演傳達人物思想感情。」林疑今是這麼說的，也是這麼做的。在翻譯過程中，他總是力求使自己的思想感情盡可能地接近作者，盡可能地體會作者的意圖，盡可能地使譯文充分體現原著的美，不僅寫人寫物生動逼真，還能把握文章的話外之音，言外之意。〔註101〕

黃嘉德在《翻譯經驗談》中認爲，翻譯是用一種語言去表達另一種語言的思想內容的藝術，翻譯者必須具備五個基本條件：一是熟練運用漢語的能力，二是真正理解原文的涵義，三是把源語與譯入語兩種語言進行對比，用漢語的語法和句法正確地、通順地、流暢地表達英語原文的涵義，四是懂得所譯的專業，五是懂得專業以外廣博的知識。他進一步指出文學翻譯與社會科學、自然科學翻譯的差異，他認爲，文學翻譯的難度更大，因而翻譯家除了要具備以上五個基本條件外，還必須瞭解與所翻譯作品有關的歷史背景、風土人情、社會情況以及作家的語言特色和風格。這些都給了我們極大的啓發。〔註102〕

第六節　對中西文化交流的貢獻

翻譯在文化交流中具有十分重要的意義，古代佛教文化的東傳，沒有翻譯家在佛典翻譯方面的卓越貢獻是不可想像的。近代以來，西方文化的輸入，

〔註100〕參見《福建翻譯家研究》，第146、147頁；另見冰心：《我也談談翻譯》，《當代文學翻譯百家談》，北京大學出版社1989年5月，第252～256頁。

〔註101〕林疑今：《談翻譯》，《當代文學翻譯百家談》，北京大學出版社1989年5月，第553～556頁。

〔註102〕黃嘉德：《翻譯經驗談》，《當代文學翻譯百家談》，北京大學出版社1989年5月，第750、751頁。

與翻譯家的貢獻同樣緊密相連。文化交流可以是單向的輸入，也可以雙向的互通，而後一方面，對於翻譯家在語言方面就提出了更高的要求。〔註103〕

在這裏，我們主要以閩籍翻譯家中三位最獨特的人物為代表來說明閩籍翻譯家在中西文化交流中的貢獻，這樣的三位人物，在國外都很受歡迎，他們有著共同的特徵，那就是他們都可以熟練的操作兩國（或多國）語言，而且都有著西方的幽默與東方的睿智。他們就是陳季同、辜鴻銘和林語堂。

羅曼・羅蘭在其 1889 年 2 月 18 日的日記中曾記載道：

> 在索邦大學的階梯教室裏，在法語聯盟的課堂上，一位中國將軍——陳季同在講演。他身著紫袍，高雅地端坐椅上，年輕飽滿的面龐充溢著幸福，……他的講演妙趣橫生，非常之法國化，卻更具中國味，這是一個高等人和高級種族在講演。透過那些微笑和恭維話，我感受到的卻是一顆輕蔑之心：他自覺高於我們，將法國公眾視作孩童，……著迷的聽眾，被他的花言巧語所蠱惑，報之以瘋狂的掌聲。〔註104〕

一個中國人在外國的大學講堂裏侃侃而談，他讚美祖國的文化，並為之而自豪，雖然這種自豪有點根底不足——因為當時中國正遭受著西方列強的踐躪。我們不想細談陳季同當時的心態與意圖，只想知道，關於中國和她的古老文化，他對外國人說了些什麼。

陳季同的法文作品主要有《中國人自畫像》（Les Chinois peints par euxmemes）、《中國人的戲劇》（Le theatre des Chinois）、《中國故事集》（Les eontes Chinois）、《中國的娛樂》（Les plaisirs en Chine）、《黃衫客傳奇》（Ler oman de l'homme jaune）、《巴黎人》（Les Parisiens peints par un Chinois）、《吾國》（Mon pays）等。〔註105〕

《中國人自畫像》，此係陳氏的成名之作，由其與法國人蒙弟翁合作完成，最初以《中國和中國人》為題在雜誌上連載。當時正是中法戰爭時期，這部著作的出版引起了法國人的極大興趣。

〔註103〕有關理論與實踐可以參閱〔美〕Linell Davis: DOING CULTURE, CROSS-CULTURAL, COMMUNICATION IN ACTION（《中西文化之鑒——跨文化交際教程》），外語教學與研究出版社英文版，2001 年 9 月。

〔註104〕段映紅譯：《中國人自畫像》扉頁，廣西師範大學出版社 2006 年 1 月。

〔註105〕詳見李華川：《晚清一個外交官的文化歷程》，北京大學出版社 2004 年 8 月，第 55～63 頁。

　　該書描述了中國社會各個方面的生活，涉及宗教、家庭、社會風俗、社會階層、文學、教育、娛樂等。作者在《棄言》中開宗明義地說：「在本書中，本人以如實地介紹中國和描述中國人的習俗為宗旨，我所依據的乃是本人的知識見聞，然而卻以歐洲人的精神趣味為出發點。」〔註 106〕

　　在書中，我們可以感受到作者強烈的憤懣之情，作者開篇就言「本人可以斷言，中國是世界上遭受誤解最深之國家。」〔註 107〕他通過對中國各方面的敘述，不時同西方加以對比，反駁那些「誤解」，例如他指出，在中國「家庭的信條是平等與博愛，這些口號不是寫在墙上，而是寫在人們的心裏。」而「西方社會人心之冷漠令我震驚。」〔註 108〕「旅歐十年並經過長期研究之後，我尚在思忖，在西方世界的體制之中，究竟有什麼是真正稱得上民主與自由的原則。我一無所獲，也沒有人向我指出過比向全體公民開放的科舉考試更為優越的制度。」〔註 109〕他還一再為自己的感情辯護，他說：「人們在本書中還將不時看到我對西方習俗的批評。不要忘記我手中拿的是寫字的筆而不是繪畫的筆，而且我學會了以歐洲人的方式來思考和寫作。實際上，批評增添了談話的趣味；人下門不能一味地讚賞，有時我們倒情願像那個怨恨阿里斯蒂德的農民一樣，因為他聽煩了被不停地叫作『正義者』。假如一味頌揚必然會流於平庸，我力圖避免這一結果。讀者諸君須知，此書中的全部批評並無他意：本人文筆欠佳，唯求清晰明瞭，而批評將使文筆更加生動。我試圖寓教於樂，倘若在某些話題上我不由自主地表達了對自己國家的熱愛，在此尚祈望所有熱愛自己祖國的人們原宥。」〔註 110〕

　　此書中對古典文學特別是詩歌（尤其是《詩經》）名篇的翻譯最多。該書有《詩經》、《古典詩歌》兩章，翻譯有白居易的《長恨歌》，《詩經》的《出其東門》、《靜女》、《柏舟》等。今人對此書評價甚高，謂「在一定程度上，《中國人自畫像》可以說是中歐文化交流史上的一個分界線，從此以後，才不斷有中國人的西文著作在歐美引起轟動。」〔註 111〕

〔註 106〕段映紅譯：《中國人自畫像》，廣西師範大學出版社 2006 年 1 月，第 4 頁。

〔註 107〕段映紅譯：《中國人自畫像》，廣西師範大學出版社 2006 年 1 月，第 1 頁。

〔註 108〕段映紅譯：《中國人自畫像》，廣西師範大學出版社 2006 年 1 月，第 13 頁。

〔註 109〕段映紅譯：《中國人自畫像》，廣西師範大學出版社 2006 年 1 月，第 55 頁。

〔註 110〕段映紅譯：《中國人自畫像》，廣西師範大學出版社 2006 年 1 月，第 5 頁。

〔註 111〕李華川：《晚清一個外交官的文化歷程》，北京大學出版社 2004 年 8 月，第 56 頁。

《中國人的戲劇》，本書全名是《中國人的戲劇——比較風俗研究》，說是比較風俗研究還不如說是比較文學研究來的確切。本書引用了許多著名的戲劇，如《琵琶記》、《灰闌記》、《趙氏孤兒》、《謝梅香》等。作者以這些作品爲例向西方的讀者詳細介紹中國的劇場、作家、體裁和戲劇角色等。

《吾國》，這是陳季同編錄自己單篇作品而成的，共有 11 篇。同其他作品中所表達的對祖國文化的崇高讚美一樣，作者在書中對自己祖國的文化讚歎有加，充滿理想化的言語，令人神往。如說旅行，「臨近城市時，我們派了一人先抵爲我們提供住宿的寺廟。清靜的佛寺是最受歡迎也最舒適的旅店。他們已經習慣於接待旅行者，事先做好了一切準備。我們在這裏可以找到我國能提供給遊客的一切東西，還能看到修養很好的和尚。」〔註112〕再如說教育，作者認爲：「我們的特色是特別強調應用。我們缺乏在你們的學校中舉足輕重的理論教育（這裏再一次希望不久之後我們也會有理論教育），但到目前爲止，豐富的應用知識能夠滿足我們的一切需要。」〔註113〕

陳季同以其幽默和博學，在法國大受歡迎。從其自述來看，其發表的演講次數極多：「在如此友好而熱情的法國公眾面前，談論我的祖國和同胞，我們的風俗和制度，我們的文學藝術、農業、工業和社會組織，已經是多次了，在這一系列講座中，我曾以一種特殊的方式，次第講過剛才所說的不同主題。」〔註114〕

辜鴻銘也是一位溝通中外的大家，他精通九種語言，學貫中西，二十世紀之初，當中國的知識分子在大力傳播西方文明之際，他卻用西方人的語言來弘揚古老的東方精神，轟動歐洲，並產生了巨大的影響。據說「到中國可以不看紫禁城，不可不看辜鴻銘。」成爲當時訪問中國的外國作家、政治家、記者的口頭禪。他把「四書」中的三部，即《論語》、《中庸》和《大學》翻譯到西方，並用英文寫作了《春秋大義》（或譯《中國人的精神》）等作品，風行海外。

辜鴻銘之所以得到外國人的青睞，和他深厚的英文寫作功底是分不開的，他的文筆幽默而善於諷刺。羅家倫先生說：「善於運用中國的觀點來批評

〔註112〕李華川譯：《晉國》，廣西師範大學出版社 2006 年 1 月，第 84 頁。
〔註113〕李華川譯：《吾國》，廣西師範大學出版社 2006 年 1 月，第 15 頁。
〔註114〕段映紅譯：《中國人自畫像》，廣西師範大學出版社 2006 年 1 月，第 74 頁。

西洋的社會和文化，能夠搔著別人的癢處，這是辜先生能夠得到西洋文藝界讚美佩服的一個理由。」〔註115〕

在其名著《中國人的精神》（The Spirit of the Chinese People）中，辜鴻銘面對當時西方列強欺凌中華民族和歧視中國文化的現狀，他在書中卻將論述的主旨定為揭示中國人的精神生活，闡發中國傳統文化的永恒價值。辜鴻銘認為，要估價一種文明，必須看它「能夠生產什麼樣子的人，什麼樣的男人和女人」（the question we must ask, in order to estimate the value of a civilization, -is, what type of humanity, what kind of men and women it has been able to produce）。〔註116〕他認為中國文明具有四個不同於西方文明的特點：沉潛、豁達、純樸和優雅（depth，broadness，simplicity and delicacy），也正因如此，辜鴻銘說，中國人給人留下的總體印象是「溫良」（gentle），「那種難以言表的溫良」。〔註117〕他把真正的中國人說成是「有著赤子之心和成年人的智慧、過著心靈生活的這樣一種人。簡言之，真正的中國人有著赤子之心和成年人的智慧。（The real China man, I have shown you is a man who lives the life of a man of adult reason with the simple heart of a child.〔註118〕）中國男人和女人為什麼會具有上述精神特徵？辜鴻銘認為，這是中國的「良民宗教」（The Religion of Good-citizenship）長期教化的結果。所謂「良民宗教」，即是指傳統的孔孟之道，其原則就孝、忠、信、義（The first principle of this Religion of good citizenship is to believe that the Nature of Men is good; to believe in the Power of goodness; to believe in the Power and efficacy of what the American Emerson calls the law of love and justice.）。〔註119〕辜鴻銘認為西方文明存在各種各樣的缺陷，他因而企圖用中國傳統的儒家文化去拯救西方文明，這正是《中國人的精神》一書所標舉的「春秋大義」之所在。

中國四書五經的翻譯最早始於明末清初。當時來華的外國傳教士和漢學家把《詩經》、《易經》、《論語》、《老子》等中國古代文化典籍用拉丁文、英

〔註115〕羅家倫：《回憶辜鴻銘先生》，辜鴻銘：《中國人的精神》英文版，外語教學與研究出版社，1999，第 4 頁。

〔註116〕辜鴻銘：《中國人的精神》英文版，外語教學與研究出版社，1999，第 5 頁。

〔註117〕辜鴻銘：《中國人的精神》英文版，外語教學與研究出版社，1999，第 6、7 頁。

〔註118〕辜鴻銘：《中國人的精神》英文版，外語教學與研究出版社，1999，第 62 頁。

〔註119〕辜鴻銘：《中國人的精神》英文版，外語教學與研究出版社，1999，第 1～8 頁。

文、意大利文、法文等翻譯並傳到歐美。這些傳教士和漢學家大多數只是粗通漢語，因此翻譯中存在著許多不足之處，無法從整體上體現中國文化的精奧之處。近代翻譯孔孟著作最出名的理雅各（James Legge），他在王韜的協助下，把中國「十三經」中的十部經書譯成英文，統稱爲《中國經典》（The Chinese Classics），其翻譯雖較之以前的譯著相對準確，仍不免有誤解曲解。辜鴻銘認爲有必要對這些經典重新翻譯。1898 年辜鴻銘在上海出版了他的第一本譯著《論語》（The Discourses and Sayings of Confucius: A New Special Translation, Illustrated wth Quotations from Goethe and other writers），該譯文用西方作家歌德等的作品來闡釋孔子言論，別具特色：〔註 120〕1906 年又推出了第二本譯著《中庸》（The Universal Order or Conduct of Life），後來他又翻譯了《大學》（Higher Edueation），但是沒有正式出版發行。〔註 121〕

辜鴻銘的文章在西方引起了轟動，特別是在德國和日本，他們把辜鴻銘的文章著述分別譯成德文和日文。1920 年在德國萊比錫出版了由奈爾遜教授翻譯的辜鴻銘的論文集 Vox Clamantis（《吶喊》，又名《哀訴之音》）。德國著名漢學家衛禮賢（Richard William）則編譯了辜鴻銘文集《中國對於歐洲思想之反抗：批判論文集》，該書主體爲《中國牛津運動》。辜鴻銘在日本講演的論文由日本大東文化協會集結成《辜鴻銘講演集》於 1925 年在日本刊行。1941 年日本人薩摩雄次在日本編譯出版了《辜鴻銘論集》，主要篇目是從《辜鴻銘講演集》和《中國人的精神》中選譯出來的。〔註 122〕

林語堂，這位「兩腳踏東西文化，一心評宇宙文章」的奇才，同樣以其學貫中西的幽默風格而蜚聲海內外，而且博得了中國的「幽默大師」稱號。美國學者安德生（Arther James Anderson）在其所編的《林語堂英文著作及翻譯作品編目》的前言中這樣評價他：「東方和西方的智慧集於他一身，我們只要稍微誦讀他的著述，就會覺得如在一位講求情理的才智之士之前親受教益。他有自信，有禮，能容忍，寬大、友善，熱情而又聰慧。他的筆調和風格像古時的人文主義者，描述人生的每一方面都深刻機敏，優美雍容，而且

〔註 120〕衛茂平：《德語文學漢譯史考辨》，上海外語教育出版社 2004 年 1 月，第 2～11 頁。

〔註 121〕參見國學網：《溝通中西文化的傑出代表——辜鴻銘》，http://www.guoxue.com/master/guhongming/ghm.htm。

〔註 122〕參見國學網：《溝通中西文化的傑出代表——辜鴻銘》http://www.guoxue.com/master/guhongming/ghm006.htm。

由於顧到大體，所以在評祐局部時能恰如其分。最足以描繪他的形容詞是：有教養。他是最令人讚佩，最罕見的人——一位有教養人的典型。」〔註123〕

　　林語堂「對外國人講中國文化」，主要通過三種方式：一是翻譯中國文化經典，二是直接用英文著述，三是講演，這三種方式其實與陳季同、辜鴻銘等都是一致的。林語堂翻譯的中國文化經典主要是一些「小品文」，這和辜鴻銘大不相同，這和他對西方文化的理解以及對「幽默」主張的偏愛有關係。他翻譯的代表性作品有陶淵明的《古文小品》，張潮的《幽夢影》，沈復的《浮生六記》等，這些作品都具有共同的特點，那就是富於文學性、趣味性，因而贏得了許多的讀者，影響更大。林語堂的英文著述主要有《吾國與吾民》（My Country and My People）、《生活的藝術》（The Importance of Living）、《京華煙雲》（Moment in Peking，又譯《瞬息京華》）等，其中《吾國與吾民》與《生活的藝術》最受歡迎。

　　《吾國與吾民》該書共分九章，其目錄依次如下：中國人民、中國人之德性、中國人之心靈、人生之理想、婦女生活、社會生活和政治生活、文學生活、藝術家生活、生活的藝術等。當時美國《紐約時報（New York Times）》上評論這書說：「The book burst like as hell over the Western world.」（這本書像一枚炸彈在西方世界爆炸。）Fanny Buteher 在《芝加哥每日論壇報（Chieago Daily Tribune）》中評論說：「My Country and My People is the clearest and most interesting dissection and synthesis of Chiha past and present that I have read.」（《吾國吾民》乃迄今為止我讀過的書籍中對中國的過去和現狀所做的分析與解剖是最清晰、最有意思的。）T.F.Opie 在《傳教士（Church man）》中說：「No one who wants to know either old or new China need go beyond the covers of My Country and My PeoPle.」（要想瞭解中國的過去或現狀，只要讀讀《吾國吾民》就行了。）〔註124〕在該書自序中林語堂說：I am able to confess because, unlike these patriots, I am not ashamed of my country. And I can lay bare her troubles because I have not lost hope. China is bigger than her little patriots and does not require their whitewashing. She will as she always did，right herself again.〔註125〕

〔註123〕見郭著章等：《翻譯名家研究》，湖北教育出版社 1999 年 7 月，第 81 頁。
〔註124〕以上皆見林語堂：《生活的藝術》林太乙序，外語教學與研究出版社 1998 年 10 月英文版，第 6 頁。
〔註125〕林語堂：《吾國與吾民‧自序》英文版，外語教學與研究出版社 2002 年 2 月，第 19〜20 頁：參考譯文：「我堪能坦白地直陳一切，因為我心目中的祖國，

他在書中的確直陳了許多有關中國人的缺點，如中國人的圓滑、中國人公共精神的缺乏等，但主要的還是對中國優良的傳統文化的宣揚。

《生活的藝術》影響更大，它成為西方人瞭解中國的必讀書，也成為他們藝術化生活的重要參考書。該書出版後成為 1938 年美國的最暢銷的書，高居美國暢銷書排行榜第一名，而且時間持續達 52 星期之久。後來被翻譯成法語、德語、西班牙語等各國語言，至今不衰。

該書十四章，探討的問題涉及中西文化的各個方面：人性、生命、生活、信仰等，作者在中西比較中尋求一種自我的理解（personal and individual out10ok）。該書第五章中，作者介紹了幾種中國古代文人的生活哲學，主要是老子、孟子和陶淵明等，他們分別代表超然、積極與中庸的三派生活哲學：

The more these philosophers differ，the more they agree——that man must be wise and unafraid to live a happy life. The more positive Mencian outlook and the more roguishly pacifist Laotsean outlook merge together in the Philosophy of the Half-and-Half which I may describe as the average Chinaman's religion. The conflict between action and inaction ends in a compromise, or contentment with a very imperfect heaven on earth. This gives rise to a wise and merry philosophy of living, eventually typified in the life of T'ao Yuanming--in my opinion China's greatest poet and most harmonious personality. 〔註 126〕

陳季同、辜鴻銘和林語堂，他們有著不同的生活經歷，處於不同的歷史階段，因而他們在中西文化交流中對中國文化所表現出來的態度會有一定的區別：陳季同採取的是「憤懣——反駁」式的語言，他對中國文化是一種「溺

內省而不疚，無愧於人。我堪能暴呈她的一切困惱紛擾，因為我未嘗放棄我的希望。中國乃偉大過於她的微渺的國家，無需乎他們的粉飾，她將調整她自己，一如過去歷史上所昭示吾人者。」（林語堂：《吾國與吾民·自序》，時代文藝出版社 2004 年 4 月，第 2 頁）

〔註 126〕林語堂：《生活的藝術》，外語教學與研究出版社 1998 年 10 月英文版，第 91頁；參考譯文：他們之間的意見越是參差，越是一致地以為人類必須有智慧和過者幸福生活的勇氣.孟子的那種比較積極的人生觀念和老子的那種比較圓滑和順的觀念，協調起來成為一種中庸的哲學，這種中庸的哲學可以說已成了一般中國人的宗教。動和靜的衝突，結果卻產生一種妥洽的觀念，使人們對於這個不得完美的地上天堂也感到了滿足。這種智慧而愉快的人生哲學就此產生。陶淵明，在我的心目中他是中國最偉大的詩人，有著最和諧的性格，就是這種生活的一種典型。（林語堂：《生活的藝術》，時代文藝出版社 2004 年 4 月，第 85 頁）

愛」，他會自覺不自覺的爲中國文化護短，許多陋習在他看來也是十分優雅的
習俗——這源於一種文化的自尊；辜鴻銘對待中國文化，是一種發現式的、
富於激情的「偏愛」，他對西方文化有著親身的體會，所以知道它的缺陷與不
足，而中國文化正好可以彌補，這就是他完美的文化理想；林語堂的心態則
更爲平和，它沒有偏袒中國文化與西方文化任何一方，但他在這樣的超然中，
還是讓世界領略了中國文化獨特的魅力。

第 8 章　結　論

　　近代福建號稱「翻譯家的故鄉」，這裏有最早看世界、最早組織翻譯外國書籍的林則徐；有號稱「譯界之王」的林紓；有堪稱中國「譯界楷模」的嚴復；有對外文化交流的三巨子陳季同、辜鴻銘和林語堂；有著名文學家兼翻譯家鄭振鐸、冰心、許地山、梁遇春，……

　　翻譯家在中國的近現代時期大量出現有其歷史的必然性，這是近代以來中國社會特殊的歷史狀況所決定的。當西方資本主義蓬勃發展的時候，中國的最後一個封建王朝──清朝的統治卻走向了沒落，但它仍然奉行閉關鎖國的政策，1840 年鴉片戰爭爆發，西方列強用武力打開了中國的大門，中國開始成爲列強竟相瓜分的目標。當此國家與民族生死存亡的之時代，急需能夠「睜眼看世界」，並以開啓民智爲己任的翻譯人才，介紹西方的科技、文化與社會知識，只有這樣才能拯救國家、民族於水火。

　　但是，近代以來傑出的翻譯家大都出現於福建並非偶然，而是有其優越的自然地理因緣和深厚的社會歷史文化積澱。東臨大海和諸多良港爲福建對外經濟文化交流提供了客觀條件，其對外文化交流很早就得以開展，造就了福建文化多元性與延伸性的開放特徵，更易於新文化的輸入。中原文化、異國宗教文化在福建也得到了教廣泛的傳播，而自古以來頻繁的對外交往及其不可或缺的譯事活動（如佛教、基督教的翻譯活動），爲福建翻譯人才的成長與發展提供了有利的條件；閩人出國留學的歷史可以追溯到 1702 年的黃加略，其後仍有大批福建留學生前往海外，中國近代教育的先驅）福建船政學堂在福建的開辦就爲福建培養了許多翻譯外交人才。經過數百年的積澱，到了近代，終於形成閩籍翻譯家群體。

　　近現代閩籍翻譯家不但人數多，出現的大大小小的翻譯家上百人，翻譯作品無數，更重要的是翻譯水平高，一些閩籍翻譯家往往開時代之風氣，如林則徐、嚴復、林紓、辜鴻銘、林語堂等著名的翻譯家，他們無論是在翻譯的選題、翻譯的技巧，還是在翻譯的理論、翻譯的實踐方面，都是一流的，獨領風騷一百年。一部閩籍翻譯史，在某種意義上說，就是一部中國翻譯史。

　　閩籍翻譯傢具有強烈的愛國心，他們關注民族存亡和國家安危，翻譯的作品多是經世致用之作，與時政緊密關聯，爲開啓民智、振興中華，促進中外文化交流作出了獨特的貢獻。閩籍翻譯家對於中國近現代社會有著深遠的影響，特別是嚴復與林紓等大家有著突出的貢獻：他們的活動改變國人對西方文明的態度，對中國維新與革命（包括經濟、法律等）、對近現代婦女解放運動、對近現代中國文學等產生了巨大的影響，他們在翻譯理論、中西文化交流方面都作出了積極的貢獻。閩籍翻譯家群體的歷史變遷也是一部生動的中國近現代社會史，中國近現代社會的每一次進步都和他們息息相關。

　　閩籍翻譯家還具有故土的情懷，他們胸懷世界，情繫故土，福建既是閩籍翻譯家誕生的搖籃，也是他們聯結感情、相互扶持、相互激勵的紐帶，閩籍翻譯家爲近現代福建歷史書寫了輝煌的篇章，我們應該永遠銘記。

　　研究閩籍翻譯家群體是一項很有意義的工作，既可補充福建近現代歷史研究的缺失，又能及時地總結了歷史的經驗與教訓，爲當今的教育改革提供參考，爲福建乃至中國的翻譯事業的發展提供理論支持。

附錄：各時期閩籍翻譯家翻譯情況簡表

1840～1894 年

翻譯家	籍貫	翻譯書籍	備　　註
林則徐 （1785～1850）	侯官	①《澳門新聞紙》	抄本，6 冊，約 10 萬字，係西文報刊的摘譯彙編
		②《華事夷言錄要》	約 1.4 萬字，收於《海國圖志》卷 83，主要摘譯自德庇時（John Francis Davis）1936 年倫敦出版的《中國人：中華帝國及其居民的概況》
		③《滑達爾各國律例》	約 2 千字，摘譯自滑達爾（Emmerich de Vattel, 1714～1767）著作 *The Law of Nation, or Principles of the Law of Nature, Applied to the Conduct and Affairs of Nations and Sovereigns*
		④《洋事雜錄》	約 2.1 萬字，係向外國人以及到過外國的中國人詢問所得的有關外國情況的口述材料
		⑤《四洲志》	約 22.4 萬字，係摘譯英人慕瑞（Hugh Murray）編著之《地理大全》The Encyclopaedia of Geography

翻譯家	籍貫	翻譯書籍	備　　註
林則徐 （1785～1850）	侯官	⑥《澳門月報》選譯	《澳門月報》（The Chinese Repository），1932 年創刊，繫月刊，美國公理會傳教士裨治文與衛三畏爲主編
		⑦《澳門雜誌》選譯	《澳門雜誌》（The Canton Register）又譯《澳門記事報》、《廣東記事報》
		⑧英國女皇照會的翻譯	漢文底稿由林則徐擬定
黃乃裳 （1849～1924）	閩清	①《舊約全書》	以福州話翻譯，1870～1873 年左右
		②《天文圖說》	與薛承恩合作，1878 年
		③《聖經圖說》	與薛承恩合作，1878 年
		④《衛斯理傳》	與薛承恩合作
		⑤《美以美教會綱例》	與保靈牧師合作
		⑥《丁大理傳》	與美國教士武林吉（Franklin Ohlinger）
		⑦《美國史略》	係與人合作
陳季同〔註 1〕 （1852～1907）	侯官	①《中國故事集》	陳氏第一本翻譯作品，全書選譯《聊齋誌異》中 26 篇故事，1889 年法國出版
		②《中國人自畫像》	②～⑦不是翻譯作品，係作者用法語創作。《中國人自畫像》（Les Chinois Peints par Eux-Memes）1884 年巴黎出版
		③《中國人的戲劇》	1886 年巴黎出版
		④《中國的娛樂》	1890 年巴黎出版，今譯《中國人的快樂》
		⑤《黃衫客傳奇》	1890 年巴黎出版，係長篇小說，取材於唐傳奇小說《霍小玉傳》
		⑥《巴黎人》	1891 年巴黎出版，全名《一個中國人描繪的巴黎人》，今譯《巴黎印象記》
陳季同 （1852～1907）		⑦《吾國》	（Mon Pays）1892 年巴黎出版
羅豐祿 （1850～1901）	閩縣	《海外名賢事略》	
		《貝斯福遊華筆記》	

〔註 1〕陳季同 1894 年之後還有譯著，此表不列。

翻譯家	籍貫	翻譯書籍	備　　註
陳肇章	閩縣	《亞東各國約章》	光緒十九年（1891年）湖北洋務譯書局出版
張德彝 （1847～1919）	閩縣	《航海述奇》	四卷，記同治（1866年）隨赫德等遊歷歐洲
		《再述奇》	六卷，即《歐美環遊記》
		《三述奇》	八卷，即《隨使法國記》，記同治九年至十一年（1870～1872）出使法國
		《四述奇》	十六卷，即《隨使英俄記》
		《五述奇》	十二卷，即《隨使德國記》
		《六述奇》	十二卷，即《再使英倫記》
		《七述奇》	不存
		《八述奇》	二十卷，即《使歐回憶錄》

1895～1910年

翻譯家	翻譯作品	原作者	出版日期	出版情況
嚴復 （1854～1921）	《天演論》	赫胥黎〔英國〕	1897	各種刻本在30種以上
	《勸學篇》	斯賓塞〔英國〕	1897.12～1898.1	《國聞彙編》第1、3、4冊
	《支那教案論》	宓克	1899	南洋公學譯書院
	《群己權界論》	約翰穆勒〔英國〕	1903	商務印書館
	《原富》	亞丹斯密〔英國〕	1901～1902	南洋公學譯書院
	《群學肄言》	斯賓塞〔英國〕	1903	上海文明編譯局
	《社會通詮》	甄克思〔英國〕	1904	商務印書館
	《英文漢詁》	根據英國人馬孫摩栗思等著作編譯	1904	商務印書館
	《穆勒名學》	約翰穆勒〔英國〕	1905	南京金栗齋
	《美術通詮》	倭斯福〔英國〕	1907	載《環球中國學生報》第3～6期，1906年10月～1907年6月
	《馬克福音》		1908	商務印書館

翻譯家	翻譯作品	原作者	出版日期	出版情況
嚴復 （1854～ 1921）	《法意》	孟德斯鳩〔法國〕	1904～1909	商務印書館
	《名學淺說》	耶芳斯〔英國〕	1909	商務印書館
	《書吳芝英事略》	麥美德〔美國〕	1909	載《女報》第一卷第 2 號
陳衍 （1856～ 1937）	《日本商律》		1901 譯	
	《商業經濟學》		1901 譯	《商務報》連載
	《商業博物志》		1901 譯	《商務報》連載
	《日本破產律》		1902 譯	《商務報》連載
	《銀行論》		1902 譯	《商務報》連載
	《歐美商業實勢》		1902 譯	《商務報》連載
	《商業開化史》		1903 譯	《商務報》連載
辜鴻銘 （1857～ 1928）	The Conduct of Life	《中庸》	1904～1906	上海《日本郵報》單行本發行
	The Discourse and Sayings of Confucius: A Special Translation with Quotations from Goethe and Other Writers	《論語》	1898	上海
	《華英合璧：痴漢騎馬歌》	Linen Draper: The Diverrting History of John Gilpin	1905	上海商務印書館
	《大學》		1906 左右	未刊行
王我臧	《日本法律經濟辭典》	田邊慶彌〔日〕	1910	上海商務印書館
林長民	《西力東侵史》	齋藤奧治〔日〕	1903	東京閩學會
梁繼棟等	《清國行政法》	織田萬〔日〕	1906	上海廣智書局
劉崇祐	《法學通論》	織田萬〔日〕	1910	上海商務印書館
劉崇傑	《史學原論》	浮田和民〔日〕	1903	東京閩學會
王壽昌 （1864～ 1926）	《巴黎茶花女遺事》口述者〔與林紓，見後〕		1899	素隱書屋
	《計學淺訓》	博樂克〔法國〕	1908	商務印書館
陳壽彭 （1855 ～？）	《格致正軌》			
	《中國江海險要圖志》		1894、1900	經世文社
	《英國十大學校說》		1902	上海泰東時務局
	《家菌長養法》		1900	北洋官報局
	《淡芭菇栽製法》		1900	北洋官報局
	《雙線記》		1903	中外日報館

翻譯家	翻譯作品	原作者	出版日期	出版情況
陳壽彭 （1855 ～？）	《外國烈女傳》		1904	金陵江楚編譯總局
	《萬國史略》		1907	金陵江楚編譯總局
薛紹徽	《八十日環遊記》	凡爾納〔法國〕	1900	經世文社
鄭守箴	《喝茫蠶書》			杭州蠶學館
陳季同 （1852～ 1907）	《拿破侖法典》		1897	《求是報》
	《卓舒及馬格利》		1897～1898	《求是報》
林紓 （1852～ 1924）	《巴黎茶花女遺事》	小仲馬〔法〕	1899	素隱書屋
	《英女士意包兒離鸞小記》	未詳	1901	《普通學報》5月第1、3、4、5期
	《巴黎四義人錄》	未詳	1901	《普通學報》11月第2期
	《黑奴籲天錄》	斯士活〔美〕	1901	武林魏氏藏版印行
	《伊索寓言》 〔與嚴璩、嚴君潛合譯〕	伊索〔希臘〕	1903	商務印書館
	《民種學》	哈伯蘭〔德國〕	1903	京師大學堂官書局
	《布匿第二次戰記》	阿樂德〔英國〕	1903	京師大學堂官書局
	《利俾瑟戰血餘腥記》	阿猛查登〔法〕	1904	上海文明書局
	《滑鐵盧戰血餘腥記》	阿猛查登〔法〕	1904	上海文明書局
	《吟邊燕語》	蘭姆〔英國〕	1904	商務印書館
	《埃斯蘭情俠傳》	哈葛德〔英國〕	1904	木刻本
	《迦茵小傳》	哈葛德〔英國〕	1905	商務印書館
	《埃及金字塔剖尸記》	哈葛德〔英國〕	1905	商務印書館
	《英孝子火山報仇記》	哈葛德〔英國〕	1905	商務印書館
	《拿破侖本紀》	洛加德〔英國〕	1905	京師學務處官書局
	《鬼山狼俠傳》	哈葛德〔英國〕	1905	商務印書館

翻譯家	翻譯作品	原作者	出版日期	出版情況
林紓 （1852～ 1924）	《撤克遜劫後英雄傳略》	司各德〔英國〕	1905	商務印書館
	《美洲童子萬里尋親記》	阿丁〔美國〕	1905	商務印書館
	《裴洲烟水愁城錄》	哈葛德〔英國〕	1905	商務印書館
	《玉雪留痕》	哈葛德〔英國〕	1905	商務印書館
	《魯賓遜漂流記》	達孚〔英國〕	1905	商務印書館
	《洪罕女郎傳》	哈葛德〔英國〕	1906	商務印書館
	《蠻荒誌異》	哈葛德〔英國〕	1906	商務印書館
	《海外軒渠錄》	斯威佛特〔英國〕	1906	商務印書館
	《紅礁畫槳錄》	哈葛德〔英國〕	1906	商務印書館
	《橡湖仙影》	哈葛德〔英國〕	1906	商務印書館
	《霧中人》	哈葛德〔英國〕	1906	商務印書館
	《拊掌錄》	華盛頓歐文〔美國〕	1907	商務印書館
	《十字軍英雄記》	司各德〔英國〕	1907	商務印書館
	《神樞鬼藏錄》	阿瑟毛利森〔英國〕	1907	商務印書館
	《金風鐵雨錄》	柯南達利〔英國〕	1907	商務印書館
	《大食故宮余裁》	華盛頓歐文〔美國〕	1907	商務印書館
	《旅行述異》	華盛頓歐文〔美國〕	1907	商務印書館
	《滑稽外史》	卻而斯迭更斯〔英國〕	1907	商務印書館
	《花因》	幾拉德〔美國〕	1907	中外日報館
	《雙孝子喋血酬恩記》	大隈克力司蒂穆雷	1907	商務印書館
	《愛國二童子傳》	沛那〔法國〕	1907	商務印書館
	《劍底鴛鴦》	司各德〔英國〕	1907	商務印書館
	《孝女耐兒傳》	卻而斯迭更斯〔英國〕	1907	商務印書館
	《塊肉餘生述》前編	卻而斯迭更斯〔英國〕	1908	商務印書館
	《塊肉餘生述》後編	卻而斯迭更斯〔英國〕	1908	商務印書館
	《歇洛克奇案開場》	柯南達利〔英國〕	1908	商務印書館
	《髯刺客傳》	柯南達利〔英國〕	1908	商務印書館
	《恨綺愁羅記》	柯南達利〔英國〕	1908	商務印書館
	《賊史》	卻而斯迭更斯〔英國〕	1908	商務印書館
	《新天方夜譚》	路易斯地文等〔英國〕	1908	商務印書館
	《荒唐言》	伊門斯賓塞爾〔英國〕	1908	商務印書館

翻譯家	翻譯作品	原作者	出版日期	出版情況
林紓 （1852～ 1924）	《電影樓臺》	柯南達利〔英國〕	1908	商務印書館
	《西利亞郡主別傳》	馬支孟德〔英國〕	1908	商務印書館
	《英國大俠紅蘩露傳》	阿克西〔法國〕	1908	商務印書館
	《鐘乳骷髏》	哈葛德〔英國〕	1908	商務印書館
	《天囚懺悔錄》	約翰沃克森罕〔英國〕	1908	商務印書館
	《蛇女士傳》	柯南達利〔英國〕	1908	商務印書館
	《不如歸》	德富健次郎〔日〕	1908	商務印書館
	《玉樓花劫》前編	大仲馬〔法國〕	1908	商務印書館
	《彗星奪婿錄》	卻洛德倭康等〔英國〕	1909	商務印書館
	《冰雪因緣》	卻而斯迭更斯〔英國〕	1909	商務印書館
	《磯司刺虎記》	哈葛德〔英國〕	1909	商務印書館
	《黑太子南征錄》	柯南達利〔英國〕	1909	商務印書館
	《藕孔避兵錄》	蜚立伯倭本翰〔英國〕	1909	商務印書館
	《西奴林娜小傳》	安東尼賀迫〔英國〕	1909	商務印書館
	《脂粉議員》	司丟阿忒〔英國〕	1909	商務印書館
	《蘆花餘孽》	色東麥里曼 〔英國〕	1909	商務印書館
	《雙雄校劍錄》	哈葛德〔英國〕	1910	《小說月報》 7月～11月第一 卷第1～5號
	《三千年艷屍記》	哈葛德〔英國〕	1910	商務印書館
鄭貞來	《英國藍皮書》（上海撤兵冊）		1902	湖北洋務印書局
	《英國藍皮書》（考察江西全省報告）		1903	湖北洋務印書局
	《英國第七冊藍皮書》（英俄鐵路交涉冊）		1903	湖北洋務印書局
曾仰東	《葡萄酒譜》		光緒間	江南總農會
	《農學肥料初編》	德赫翰〔法國〕	光緒間	湖北洋務印書局
	《法國黃皮書滇省交涉公文》		1900	湖北洋務印書局
	《法國黃皮書上海撤兵冊》		1903	湖北洋務印書局
	《比利時國法條論》		1903	湖北洋務印書局
何爾先	《亞東各國稅則商埠章程》		1902	湖北洋務印書局

翻譯家	翻譯作品	原作者	出版日期	出版情況
陳秉濂	《汽機初級》	哲密生〔英國〕	1903	湖北洋務印書局
	《各國水師源流考》		1904	湖北洋務印書局
李孟寶	《法國建造學堂指南》		光緒間	湖北洋務印書局
黃文浩	《英國藍皮書考察雲南全省報告》		1903	湖北洋務印書局
林楷青	《人種誌》	鳥居龍藏〔日〕	1904	東京閩學會
高種	《社會問題》	大原詳一〔日〕	1903	東京閩學會
黃大暹	《世界之十大宗教》	久津見息忠〔日〕	1903	上海開明書店
林棨	《國際法精義》		1904	東京閩學會
程樹德德	《印度史》	北村三郎〔日〕	1903	東京閩學會
	《刑事訴訟法新論》	豐島直通〔日〕	1907	上海普及書局
	《民法債權篇》	梅謙次郎〔日〕	1907	上海普及書局
	《民法物權篇》	橫田秀雄〔日〕	1907	上海普及書局
高鳳謙	《泰西格言》		1904	上海廣雅書局
陳世雄等	《平面三角教科書》		1905	東京閩學會
林白水	《日本明治教育史》		1908	

1911～1949〔註2〕

翻譯家	翻譯著作	原著名	原作者	出版情況
嚴復 （1854～1921）	《歐戰緣起》			1914～1915《居仁日覽》之一，呈袁世凱閱覽
	《中國教育議》		衛西琴〔德國〕	1914 文明書局
林語堂 （1895～1976）	《國民革命外紀》			1928 年上海：北新書局
	《女子與知識》		羅素夫人〔英國〕	
	《易卜生評傳及其 《易卜生評傳及其		布蘭地司〔丹麥〕	1929 年上海：春潮書局
	《賣花女》（劇本）		蕭伯納〔英〕	1929 年上海：開明書局
	《新俄學生日記》（與張友松合譯）		奧格約夫〔俄〕	1929 年上海：開明書局

〔註2〕此期林紓翻譯仍有一百多部，此不一一著錄。具體可以參見《福建翻譯家研究》，第57～66頁。

翻譯家	翻譯著作	原著名	原作者	出版情況
林語堂 （1895～ 1976）	《新的文評》		史賓岡、克羅齋、王爾德等	1930 年上海：北新書局
	《勵志文集》		馬爾騰博士	
	Six Chapters of a Floating Life	《浮生六記》	清朝沈復	1939 年上海：西風社
	The Importance of Understanding: Translations from the Chinese	《古文小品》	晉朝陶潛等	1940 年上海：西風社
	A Nun of Taishan and other Translations	《老殘遊記》等		1936 年上海：商務印館
	《冥寥子游》（漢英對照）		明朝屠隆	1940 年上海：西風社
	The Chinese Theory of Art: Translation from the Master of Chinese Art	《中國畫論》，譯自《國畫名家》		
鄭振鐸	《六月》		史拉美克〔俄〕	1921 年上海：商務印館
	《海鷗》		柴霍甫（契訶夫）〔俄〕	1921 年上海：商務印館
	《樹居人》		杜柏KE〔美〕	1924 年上海：商務印館
	《天鵝》			1925 年上海：商務印館
	《高加索民間故事》		狄爾（Dirr）〔德〕	1928 年上海：商務印館
	《沙寧》		阿志巴綏夫〔蘇〕	1928 年上海：商務印館
	《民俗學淺說》	An Introduction to Folklore	柯克土（M.R. Cox）〔英〕	1934 年上海：商務印館
	《血痕》短篇小說集（與魯迅、胡愈之、沈澤民合譯）		阿志巴綏夫	
	《貧非罪》		奧斯特洛夫斯基〔俄〕	1922 年上海：商務印館
	《灰色馬》		路卜洵〔蘇〕	1924 年上海：商務印館
	《泰戈爾詩》		泰戈爾〔印〕	1925 年上海：商務印館
	《印度寓言》			1925 年上海：商務印館

翻譯家	翻譯著作	原著名	原作者	出版情況
鄭振鐸	《飛鳥集》（據英文本選譯）		泰戈爾〔印〕	1922 年上海：商務印館
	《新月集》		泰戈爾〔印〕	1923 年上海：商務印館
	《俄國短篇小說譯叢》（含王魯彥譯著一篇）		高爾基等四人	1936 年上海：商務印館
黃開繩（1895～1957）	《燃料》		香阪要三郎〔日〕	1940 年長沙：商務印館
	《香料工業》		桑田勉〔日〕	
曾仲鳴（1896～1939）	《法國短篇小說集》			193？年上海：嚶嚶書屋
	《法國的歌謠》			192？年上海：嚶嚶書屋
	《堪克賓》		法郎士〔法〕（Anatole France）	1924，《太平洋》4 卷 8 號；1927 上海：創造社出版部
	《神聖的童年》：美爾博戲劇集		美爾博	1930 年上海：開明書店
	《黑克》		法郎士〔法〕（Anatole France）	1923《太平洋》四卷 3 號
曾仙舟	《四十年實地經驗——養蜂務實誌》		青柳浩次郎〔日〕	1930 年北京：民生養蜂場
林文慶（1869～1957）	《離騷》（中譯英）			
	《基督教闢謬》		希藍麥沁〔英〕	1921 年
林白水（1873～1926）	《田徑賽訓練法》		特開脫〔英〕	上海：大眾書局
	《自助論》			
鄭貞來	《最近物理學概觀》		日下部四郎太〔日〕	1931 年上海：商務印書館
林振翰（1883～1932	《漢譯世界語》	《世界語》	柴門霍夫	1911 年
潘谷神（1883～1946）	《蘇俄科學巡禮》	Science in Soviet Russia	克勞則爾〔英〕（J.G. Crowther）	1932 年上海：開明書店
	《辯證法的自然科學概論》		哥倫斯坦〔蘇〕	1935 年上海：商務印書館
	《物理學之基礎概念》	Fundamental Concepts of Physics	P.R.Heyl 海爾	1935 年上海：開明書店

翻譯家	翻譯著作	原著名	原作者	出版情況
潘谷神 （1883～ 1946）	《自然認識界限及宇宙七迷》	Uber die grenzen des naturekennens die sieben weltratsel	〔德〕Bois-Reymon d E. D.	1936年上海：商務印書館
蔣丙然 （1883～ 1966）	《拉馬克傳》		佩里耶（E.Perrier）	1945年重慶
	《生與死》》	La Vie et Ia Mort	達斯脫〔法〕（A. Dastre）	1925年上海：商務印書館
	《原生》	L'Origine de la Vie	派茄姆〔法〕（J.M. Pargame）	1926年上海：商務印書館
雷壽彭 （1886～ 1952）	《統計學問答》			
	《商法講義》			
何公敢 （1889～ 1977）	《財政總論》			
潘節文 （1890～ 1916）	《戰略詳解》			
	《不良兵教育法》			
	《夜間教練法》			
周辨明 （1891～ 1984）	《語言學概要》（黃典誠合譯）		L.R. Palmer; Frederick Bodmer, Sylvia Ponkhurst	1945年長汀：國立廈門大學
	《萬國通語論》	《國際語之未來》	E. Sylvia Panknurst	1933年上海：商務印書館
唐鉞 （1891～ 1987） ）	《道德形上學探本》	Fundamental Principles of the Metaphysics of Ethics（阿保特（Abbott T.）英譯本）	康德〔德〕（Immanuel Kant）	1939年上海：商務印書館
	《邏輯學原理》	The Principles of Logic	羅伊斯〔美〕（J. Royce）	1930年上海：商務印書館
	《功用主義》	Utilitaranism	約翰‧穆勒〔英〕	1936年上海：商務印書館
	《宗教經驗之種種》	The Varieties of Religious Experience	威廉‧詹姆士〔美〕（William James）	1947年上海：商務印書館
	《哲學的改造》（與胡適合譯）	Reconstruction in Philosophy	杜威〔美〕	1945年重慶：商務印書館
	《論思想流》	On the Stream of Thought	威廉‧詹姆士〔美〕（William James）	1945年上海：商務印書館
	《論情緒》	On Emotion	威廉‧詹姆士〔美〕（William James）	1944年上海：商務印書館
	《論習慣》	On Habit	威廉‧詹姆士〔美〕（William James）	1944年重慶：商務印書館
	《心理學與軍人》		巴德烈〔英〕（F.C. Barlett）	1941年長沙：商務印書館

翻譯家	翻譯著作	原著名	原作者	出版情況
黃覺民 （1897～ 1956）	《德國公民教育》 （金澍榮合譯）	Modern Germany: A Study of Conflieting loyalties	可索克〔美〕（Paul Kosok）	1937 年上海：商 務印書館
	《實驗教育學》 （金澍榮合譯）		賴依〔德〕（W.A Lay）	1938 年長沙：商 務印書館
楊騷 （1900～ 1957）	《鐵流》		綏拉菲摩維支（綏拉菲莫維 奇）〔蘇〕	1930 年上海：南 強書局
	《Taxicab 的悲哀》 （喜劇）		小山內薰〔日〕	1928《北新》半 月刊 2 卷 24 期
	《檻之中》		中村吉藏〔日〕	1928《語絲》周 刊 4 卷 40 期
	《想史》			
	《十月》		雅各武萊夫（雅科列夫)〔蘇〕	1933 年上海：南 強書局
	《接生院》			1929《北新》半 月刊 3 卷 1 期
	《沒有錢的猶太人》	Jews without Money	果爾德（果爾特）〔美〕	1930 年上海：南 強書局
	《歌女》		契訶夫〔俄〕	1929《語絲》周 刊 5 卷 32 期
	《譯詩兩首》《海洋 熱慕》		John Masefieield〔美〕	1929《語絲》周 刊 5 卷 33 期
	《錯演的戲劇》		藤井吉澄〔日〕	1929《北新》半 月刊 4 卷 1、2 期合刊
	《熊》（獨幕劇）		契訶夫〔俄〕	1929《奔流》月 刊 2 卷 5 期
	《阿爾志巴綏夫的 結婚記》（論文）		Mikhail Arezybasheff〔蘇〕	1930《北新》半 月刊 4 卷 6 期
	《勞動者》		馬拉西金〔蘇〕	1930《語絲》周 刊 5 卷 52 期
	《托爾斯泰傳》		（日升）曙夢〔日〕	1933 上海：《生 路月刊》創刊號
	《「建設鐵路」歌》 （歌詞）			1933 上海：《藝 術新聞》1 期
	《我》（詩歌）		白賽勉斯基〔蘇〕	1933《新詩歌》 旬刊 1 卷 2 期
	《詩的特殊性》		森山啓〔日〕	1933
	《安娜》		Iwan Olbracht	1933 上海：《申 報》月刊）2 卷 3、4 期

翻譯家	翻譯著作	原著名	原作者	出版情況
楊騷 （1900～ 1957）	《美國文學的現代性》（署名楊維銓）		高狙松雄〔日〕	1933 上海：《新中華》雜誌 1 卷 14 期
	《阿拉伯人的天幕》（劇本）		鄧塞尼	1933 上海：《新中華》雜誌 1 卷 15 期
	《理雅然的農婦們》（電影小說）		維西尼葉夫施加雅〔蘇〕	1935 上海：《小說》半月刊 16 期
	《心》（署名楊維銓）		小泉八雲〔日〕	1935 上海：中華書書局（「現代文學叢刊」）
	《洗衣店老闆與詩人》日本現代戲曲選集（收《死骸的闕笑》、《檻之中》、《接生院》、《Taxicab 的悲哀》		長田秀雄、中村吉藏、小山內薰、金子洋文等	1929 上海：南強書局
	《痴人之愛》		谷崎潤一郎〔日〕	1928 上海：北新書書局
	《世界革命婦女列傳》		守田有秋〔日〕	1930 上海：北新書書局
	《赤戀》（據松尾四郎的日譯本轉譯）		A. 柯倫泰〔蘇〕	1929 上海：北新書書局
	《異樣的戀》		馬拉西金〔蘇〕	1930《現代文學》1 卷 3、4、6 期
	《高爾基的初期作品》			1936《自修雜誌》1 卷 3 期
	《不回來的幻影》		H.巴比塞原作 B.K.朵爾金改編	1936《文學叢報》月刊 4 期
	《新女性的氣質》		小林多喜二〔日〕	1936 上海：《今代文藝》創刊號
	《一八四〇年代德國革命政治詩人》		舟木重信〔日〕	1936 上海：《質文》月刊 2 卷 2 期
	《政治詩人海涅》		舟木重信〔日〕	1937《文學》月刊 8 卷 1 期
	《波利斯哥東諾夫》（劇本）		普希金〔俄〕	1937《中蘇文化》月刊 2 卷 2、3 期
	《世界名作家的自白》		格拉特科夫〔蘇〕	1937《希望》雜誌創刊號
	《現代電影論》			1933 上海：申報館（「申報叢刊」第十七種）

翻譯家	翻譯著作	原著名	原作者	出版情況
鄭貞文	《化學本論》			
	《原子說發凡》			
	《有機化學概要》			
陳綿 （1901 ～？）	《昂朵馬格》		拉辛（J.B.Racine）	1936 上海：商務 印書館
	《茶花女》		小仲馬〔法〕	1937 上海：商務 印書館
	《情書》（根據法譯 本轉譯）	The Letter	莫恨（W. S. Maugham）	1937 上海：商務 印書館
	《牛大王》	Bluff	德朗斯（Georges Delance）	1937 上海：商務 印書館
	《緩期還債》	Payment Deferred	戴耳（Jeffrey Dell）	1937 上海：商務 印書館
	《復活》	La Resurrection	巴大葉著（據列夫·托爾斯 泰同名長篇小說改編）	1937 上海：商務 印書館
	《候光》		據費白（E.Ferber）和高曼 （G.S.Kaufman）的《星期一 八點》（劇本）的劇情大意改 編）	1943 北京：中國 公論社
梁遇春 （1906～ 1932）	《英國小品文選》			1928 上海：開明 書店
	《英國詩歌選》（英 漢對照）			1930 上海：北新 書局
	《蕩婦法蘭斯自傳》 （《蕩婦自傳》《摩 爾·弗蘭德斯》）	The Fortunes and Misfortunes of the Famous Moll Flanders	狄福（笛福）（D. Defoe）〔英〕	1931 上海：北新 書局
	《無名的裘德》	Jude the Obscure	哈代〔英〕	
	《紅字》	The Scarlet Letter	霍桑〔美〕	
	《吉姆爺》	Lord Jim	康拉德（J. Conrad）〔英〕	1934 上海：商務 印書館
	《最後一本的日記》		W. N. Barbellion	上海：北新書局
	《浮士德》（顧綏昌 譯）（梁遇春譯其中 《潘新可夫》		屠介涅夫（屠格涅夫）〔蘇〕	1928 上海：北新 書局
	《近代論壇》		狄更生（G.L. Dickinson）〔英〕	1929 上海：春潮 書局
	《厄斯忒哀史》	Esther	W. H. White〔英〕	1930 上海：北新 書局
	《紅花》（據英譯本 轉譯）		加爾洵〔俄〕	1930 上海：北新 書局

翻譯家	翻譯著作	原著名	原作者	出版情況
梁遇春 （1906～ 1932）	《幽會》		高爾斯華綏（J. Galsworthy）〔英〕	1930 上海：北新書局
	《我們的鄉村》	Our Village	M. R. Mitfod〔英〕	1930 上海：北新書局
	《忠心的愛人》	The Constant Lover	J. Hankin〔英〕	1930 上海：北新書局
	《老保姆的故事》	The Old Nurse's Story	蓋斯凱爾夫人 Mrs. Gaskell〔英〕	1930 上海：北新書局
	《一個自由人的信仰》		羅素〔英〕	1930 上海：北新書局
	《情歌》			1931 上海：北新書局
	《青春》	Youth	康拉德（J.Conrad）〔英〕	1931 上海：北新書局
	《詩人的手提包》	The Poet's Portmanteau	吉辛（G. R. Gissing）〔英〕	1931 上海：北新書局
	《三個陌生人》	The Three Strangers	哈代（T. Hardy）〔英〕	1931 上海：北新書局
	《草原上》		高爾基〔蘇〕	1931 上海：北新書局
	《小品文續選》			1935 上海：北新書局
黃嘉德 （1908～ 1992）	《蕭伯納傳》	Bernard Shaw	赫理斯（F. Harris）〔英〕	1935 上海：商務印書館
	《公民教育》		麥里安 Charles Edward Merrian〔美〕	1935 上海：商務印書館
	《鄉村求愛》	A Village Wooing	蕭伯納 George Bernard Shaw〔英〕	1935 上海：商務印書館
	《現代民族主義演進史》	The Historical Evolution of Modern Nationalism	海士 C. J. H. Hayes〔美〕	1936 上海：商務印書館
	《英國公民教育》	Great Britain: A Study of Civic Loyalty	高士 J.M.Gaus〔美〕	1938 長沙：商務印書館
	《流浪者自傳》	The Autobiography of a Super Tramp	戴維斯 William H. Davies	1939 上海：西風社
	《生活的藝術》		林語堂	1941 上海：西風社
	《下場》		馥德夫人〔美〕	1941 上海：西風社

翻譯家	翻譯著作	原著名	原作者	出版情況
檀仁梅 （1908～ 1993）	《美國大學課程的改革》與廖漢合譯	Developing Patterns of the College Curriculum in the U.S	陳錫恩（H.E.Chen）〔美〕	1948 上海：商務印書館
王世憲 （1908 ～）	《計劃經濟與非計劃經濟》	Plan or no plan	吳頓（B.Wootton）〔英〕	1936 上海：商務印書館
	《民族性》	National Character	巴克（E.Barker）〔英〕	1937 上海：商務印書館
	《英國高級文官》	The Higher Civil Service of Great Britain	戴樂（H.E.Dale）〔英〕	1944、46 重慶：商務印書館
林林 （1911 ～）	《織工歌》		海涅〔德〕	1949 香港：人間書屋
	《最後書懷》		黎薩爾	1945
高名凱 （1911～ 1965）	《外省偉人在巴黎》	Un Grand Homme de Preovince a Paris	巴爾扎克〔法〕	1947 上海：海燕書店
	《幽谷百合》	Le Lys dans Vallee	巴爾扎克〔法〕	1949 上海：海燕書店
	《葛蘭德·歐琴妮》	Eugenie Grandet	巴爾扎克〔法〕	1946、1949 上海：海燕書店
	《畢愛麗黛》		巴爾扎克〔法〕	1946、1949 上海：海燕書店
	《單身漢的家事》（又名《打水姑娘》）	Un Menage de Gargon	巴爾扎克〔法〕	1947、1949 上海：海燕書店
	《老小姐》	La Vieille Fille	巴爾扎克〔法〕	1947、1949 上海：海燕書店
	《杜爾的教士》	Le Cure de Tours	巴爾扎克〔法〕	1946、1949 上海：海燕書店
	《兩詩人》	Les Deux Poetes	巴爾扎克〔法〕	1949 上海：海燕書店
	《哲學大綱》	Outline of Philosophy	羅素（B. Russell）〔英〕	1937 南京：正中書局
張白山	《萬字旗下》	Shadow of the Swastika	勞合（Lloyd A. L.）	1941 重慶：五十年代出版社
	《主與僕》		L.托爾斯泰〔俄〕	1948 上海：現代出版社
陳北鷗 （1921～ 1981）	《安娜卡列尼娜》多幕劇——劇本——蘇聯——現代		L.托爾斯泰〔俄〕沃茲尼生斯基編劇	1943 重慶：五十年代出版社

翻譯家	翻譯著作	原著名	原作者	出版情況
黃嘉音 （1913～ 1961）	《大地的歡息》	The Woman of Andros	威爾特（T.N.Wilder）〔美〕	1939 上海：西風社
	《山額夫人自傳》（節譯）	An Autobiography	山額（Margaret Sanger）〔美〕	1940 上海：西風社
	《得意書》（選譯）			1941 上海：西風社
	《廣島被炸記》	Hiroshima	約翰·海爾賽〔美〕	1946 上海：光出版社
	《實用育嬰問答》	The Baby Manual, The First Two Years	班德遜（H.N. Bundersen）〔美〕	1947 上海：家雜誌社
	《流犯餘生記》	Dry Guillotine	貝朋諾（Rene Beldenoit）〔法〕	1948 上海：西風社
	《鬥爭中的亞洲婦女》（與朱綺編譯）			1949 上海：家出版社
	《阿達諾之神》			1948 西風社
林疑今 （1913～ 1992）	《西部前線平靜無事》	In Westen Eichts Neues	雷馬克〔德〕	1929 上海：水沫書店
	《西伯利亞的戍地》		R. Markovits〔匈〕	1930 上海：神州國光社
	《孔乙己》	《孔乙己》	魯迅	1930
	《四庫全書總目提要》（漢譯英）			
	Tramp Doctr's Travelogue《行醫見聞》（與葛德順合譯）	《老殘遊記》		1939 商務印書館
	《西線歸來》（據英譯本轉譯）	Der Weg Auruck	雷馬克〔德〕	1931 上海：神州國光社
	《戴西·米勒爾》	Daisy Miller	（Henry James）	1934 上海：中華書局
	《戰地春夢》	A Farewell to Arms	漢明威（通譯海明威）（William Heminway）	1940 上海：西風社
	《波城世家》	H.M. Pulhum, Esquire	馬關 J.P.Marquand〔美〕	1943 重慶：新生圖書文具公司
	《中尉麥敏》	Lieutenant Macbean	項美麗（Emily Hahn）〔美〕	1944 重慶：新中國文化社
	《麗貝伽》	Rebecca	杜·莫洛亞（通譯杜·莫里亞）（Daphne Du Maurier）	1944 重慶：五十年代出版社
	《勇士們》	Brave Men	思尼·派爾（Emie Pyle）〔美〕	1945 北平：中外出版社

翻譯家	翻譯著作	原著名	原作者	出版情況
黃衣青	《小火柴人》	The Little Match Man	羅杰・巴齊尼	1948 上海：中華書局
冰心	《飛人》	Der Fligmann	維爾虎次〔德〕	1915
	《棄兒記》		愛苛篤爾羅瑪〔法〕	1916《環球》一卷 1～3 期
無名	《日本侵略蒙之積極政策》		田中義一〔日〕	1931 上海：中華自救社
陳裕菁	《蒲壽庚考》		桑原藏〔日〕	1929 上海：中華書局
無名	《福州考》		野上英一〔日〕	1937 福州：東瀛學校
黎烈文	《偉大的命運》		克洛勒〔蘇〕	永安改進出版社
	《亞爾維的秘密》		信爾納〔法〕	1945 永安 改進出版社
	《第三帝國的兵士》		霍爾發斯	1941 永安 改進出版社
吳曲苑	《狂歡之夜》		果戈理〔俄〕	1942 永安歌林出版社
陳占元	《紅海的秘密》		H.德・孟佛業〔法〕	1941 永安改進出版社
	《英國人》		莫洛亞〔法〕	1941 永安改進出版社
	《馬來亞的狂人》		褚威格	1941 永安改進出版社
俞慶賚	《盧騷》		羅曼羅蘭〔法〕	1944 永安改進出版社
陳範予	《科學方法精華》		A 吳爾夫〔英〕	1941 永安改進出版社
王藏修	《經濟戰爭》		波爾艾因齊格〔英〕	1942 福建省研究院編譯室
	《官民聯繫》		費伏納〔美〕	1942 永安福建省研究院社會科學研究室
沈煉之	《權力——一個新的社會分析》		羅素〔英〕	1941 福建改進出版社
	《世界文化史》（上、下冊）		斯溫 J.E〔美〕	1944 永安文選社
	《天下一家》		威爾基	1945 南平國民出版社

翻譯家	翻譯著作	原著名	原作者	出版情況
未知	《達爾文》		赫胥黎〔英〕	1940 永安改進出版社
張登瀛	《實驗養蜂問答》		烏律氏〔美〕	1918 福州閩侯養蜂實驗場
胡仲持	《俄羅期的母親》		興斯篤〔美〕	1945 永安聯合編譯社
李相、陳啓肅	《課外活動的組織與行政》		邁爾那特〔美〕	1935 上海商務印書館
朱雯	《地下的巴黎》		伊坦・歇貝爾〔美〕	福州十日談社
羅吟圃	《美國外交政策》	原名：《美國外交政策：民主國的盾牌》	華爾特・李普曼〔美〕	1944 福建南平人文出版社
季永綏	《產業革命》		沙比羅〔美〕	1952
鄭振鐸、何其寬	《樹居人》		杜柏〔美〕	1926 上海商務印書館
鄭慶端	《穀種的選擇》		克立鵠〔美〕	1930 福州私立福建建協和大學理科學院生物學系
高君純、鄭庭椿	《軍事心理學》		波林、瓦忒〔美〕	1945 福建改進出版社
許天虹	《強者的力量》		杰克・倫敦〔美〕	1945 永安立達書店
許天虹	《軍事學講話》		R.E. 愛略忒R.E.杜柏〔美〕	1941 永安改進出版社
	《托爾斯泰》		褚威格〔德〕	1940 永安改進出版社
	《瑪志民》		西洛民〔意〕	1941
未知	《東京歸來》		格魯〔美〕	1943 永安東南出版社
周學普	《冬天的故事》		海涅〔德〕	1943 永安十日談出版社
龔積芝	《德國國家指導經濟》		斐勃〔德〕	1943 永安改進出版社
施蟄純	《丈夫與情人》		莫爾納〔匈〕	1946 福州十日談社
	《戰勝者巴爾代克》		顯克微支〔波蘭〕	1945 永安十日談社

翻譯家	翻譯著作	原著名	原作者	出版情況
施蟄純	《愛爾賽之死》		顯尼志勒〔奧〕	1945 南平復興出版社
	《戴亞王》		蘇特曼	1945 永安十日談社
張貽惠、曹成周	《中學生學習指導》		伍德鄰、費蘭明	1944 南平國民出版社
劉尊棋	《天下一家》		威爾基	1943 永安東南出版社
罕全	《蘇聯抗戰故事集》		科希夫尼可夫、李陀夫	1944 南平國民出版社

參考文獻

國內著作

1. 王宏志編，《翻譯與創作——中國近代翻譯小說論》，北京：北京大學出版社，2000 年 3 月。

2. 陳福康，《中國譯學理論史稿》，上海：上海外語教育出版社，1992 年 11 月。

3. 王秉欽，《20 世紀中國翻譯思想史》，天津：南開大學出版社，2004 年 3 月。

4. 郭延禮，《中國近代翻譯文學概論》，武漢：湖北教育出版社，1998 年 3 月。

5. 馬祖毅，《中國翻譯簡史》，北京：中國對外翻譯出版公司，1998 年 6 月。

6. 謝天振、查明建主編，《中國現代翻譯文學史》，上海：上海外語教育出版社，2004 年 9 月。

7. 郭著章等編著，《翻譯名家研究》，武漢：湖北教育出版社，1999 年 7 月。

8. 王建開，《五四以來我國英美文學作品譯介史：1919～1949》，上海：上海外語教育出版社，2003 年。

9. 王向遠，《二十世紀中國的日本翻譯文學史》，北京：北京師範大學出版社，2001 年 3 月。

10. 孟昭毅、李載道主編，《中國翻譯文學史》，北京：北京大學出版社，2005 年。

11. 馬祖毅、任榮珍，《漢籍外譯史》，武漢：湖北教育出版社，2003 年。

12. 李偉，《中國近代翻譯史》，濟南：齊魯書社，2005 年。

13. 王宏志，《重釋「信達雅」：二十世紀中國翻譯研究》，上海：東方出版中心，1999 年。

14. 王寧，《文化翻譯與經典闡釋》，北京：中華書局，2006 年 4 月。

15. 張今、張寧，《文學翻譯原理》（修訂版），北京：清華大學出版社，2005 年 8 月。

16. 包惠南，《文化語境與語言翻譯》，北京：中國對外翻譯出版公司，2001 年。

17. 許淵沖，《文學與翻譯》，北京：北京大學出版社，2003 年。

18. 張經浩、陳可培主編，《名家名論名譯》，上海：復旦大學出版社，2005 年。

19. 呂俊、侯向群，《英漢翻譯教程》，上海：上海外語教育出版社，2001 年 10 月。

20. 孫藝風，《視角、闡釋、文化：文學翻譯與翻譯理論》，北京：清華大學出版社，2004 年。

21. 施蟄存主編，《中國近代文學大系：1840～1919.第 11 集.第 26 卷：翻譯文學集一》，上海：上海書店，1990 年 10 月。

22. 杜建慧、楊金良、雷萬忠，《翻譯學概論》，北京：民族出版社，1998 年。

23. 桂乾元編著，《翻譯學導論》，上海：上海外語教育出版社，2004 年。

24. 郭延禮，《中西文化碰撞與近代文學》，濟南：山東教育出版社，1999 年。

25. 張國良主編，張國良、裴正義、潘玉鵬編寫，《傳播學原理》，上海：復旦大學出版社，1995 年。

26. 陳旭麓，《陳旭麓文集.第一卷：近代史兩種》，上海：華東師範大學出版社，1996 年。

27. 高炳康，《福州近代史》，福州：編者，2002 年。

28. 俞政，《嚴復著譯研究》，蘇州：蘇州大學出版社，2003 年。

29. 習近平主編，《科學與愛國：嚴復思想新探》，北京：清華大學出版社，2001 年。

30. 張廣敏主編；林平漢副主編：王民等編委，《嚴復與中國近代文化》，福州：海風出版社，2003 年。

31. 張志建，《嚴復學術思想研究》，北京：商務印書館國際有限公司，1995 年。

32. 劉桂生等編，《嚴復思想新論》，北京：清華大學出版社，1999 年。

33. 馬勇，《嚴復學術思想評傳》，北京：北京圖書館出版社，2001 年。

34. 陳越光、陳小雅編著，《搖籃與墓地：嚴復的思想和道路》，成都：四川人民出版社，1985 年。

35. 商務印書館編輯部編，《論嚴復與嚴譯名著》，北京：商務印書館，1982 年。

36. 沈蘇儒,《論信達雅:嚴復翻譯理論研究》,北京:商務印書館,1998 年。

37. 福建省嚴復研究會編,《93 嚴復國際學術研討會論文集》,福州:海峽文藝出版社,1995 年。

38. 福建省嚴復學術研究會,福州市嚴復研究會編,《嚴復與中國近代化學術研討會論文集》,福州:海峽文藝出版社,1998 年。

39. 黃瑞霖主編;福建省嚴復學術研究會,北京大學福建校友會編,《中國近代啟蒙思想家:嚴復誕辰 150 週年紀念論文集》,北京:方志出版社,2003 年。

40. 福州市紀念嚴復誕辰 140 週年活動籌備組編,《嚴復誕辰一百四十週年紀念活動專輯》,福州:福建人民出版社,1994 年。

41. 嚴復著、孫應祥、皮後鋒編,《〈嚴復集〉補編》,福州:福建人民出版社,2004 年。

42. 嚴復著、盧雲昆編選,《社會劇變與規範重建:嚴覆文選》,上海:上海遠東出版社,1996 年。

43. 嚴復著、劉夢溪主編,《中國現代學術經典.嚴復卷》,石家莊:河北教育出版社,1996 年。

44. 牛仰山、孫鴻霓著,《嚴復研究資料》,福州:海峽文藝出版社,1990 年 1 月。

45. 王憲明,語言、翻譯與政治:《嚴復譯〈社會通詮〉研究》,北京:北京大學出版社,2005 年。

46. 黃克武,《自由的所以然:嚴復對約翰彌爾自由思想的認識與批判》,上海:上海書店出版社,2000 年。

47. 皮後鋒,《嚴復大傳》,福州:福建人民出版社,2003 年 10 月。

48. 歐陽哲生,《嚴復評傳》,南昌:百花洲文藝出版社,1994 年。

49. 楊正典,《嚴復評傳》,北京:中國社會科學出版社,1997 年。

50. 孫應祥,《嚴復年譜》,福州:福建人民出版社,2003 年 8 月。

51. 羅耀九主編;林平漢,周建昌編著,《嚴復年譜新編》,廈門:鷺江出版社,2004 年。

52. 王拭,《嚴復傳》,上海:上海人民出版社,1976 年。

53. 章回,《嚴復》,北京:中華書局,1962 年。

54. 高惠群、烏傳袞,《翻譯家嚴復傳論》,上海:上海外語教育出版社,1992 年 10 月。

55. 蘇中立、涂光久,《嚴復思想與近代社會》,北京:中國文史出版社,2006 年 6 月。

56. 韓洪舉，《林譯小說研究：兼論林紓自撰小說與傳奇》，北京：中國社會科學出版社，2005 年。

57. 孔慶茂，《林紓傳》，北京：團結出版社，1998 年。

58. 曾憲輝，《林紓》，福州：福建教育出版社，1993 年 8 月。

59. 朱碧森，《女國男兒淚：林琴南傳》，北京：中國文聯出版公司，1989 年 9 月。

60. 林紓，《畏廬文集》，上海：上海書店，1992 年。

61. 林紓，《畏廬續集》上海：上海書店，1992 年。

62. 林紓，《畏廬三集》上海：上海書店，1992 年。

63. 林紓著、林薇選注，《林紓選集.小說卷上》，成都：四川人民出版社，1985 年。

64. 錢鍾書等著，《林紓的翻譯》，北京：商務印書館，1981 年。

65. 薛綏之、張俊才同編，《林紓研究資料》，福州：福建人民出版社，1983 年。

66. 孔慶茂，《辜鴻銘評傳》，南昌：百花洲文藝出版社，1996 年。

67. 辜鴻銘著、黃興濤譯，《辜鴻銘文集》，海口：海南出版社，1996 年。

68. 黃興濤編，《曠世怪傑：名人筆下的辜鴻銘、辜鴻銘筆下的名人》，上海：東方出版中心，1998 年。

69. 李玉剛，《狂士怪傑——辜鴻銘別傳》，北京：人民文學出版社，2002 年。

70. 黃興濤，《文化怪傑辜鴻銘》，北京：中華書局，1995 年。

71. 宋炳輝編，《辜鴻銘印象》，上海：學林出版社，1997 年。

72. 辜鴻銘，馮天瑜標點，《辜鴻銘文集》，長沙：嶽麓書社，1985 年。

73. 嚴光輝，《辜鴻銘傳》，海口：海南出版社，1996 年。

74. 姜克，《學貫中西驚世奇才：辜鴻銘傳》，合肥：安徽文藝出版社，1997 年。

75. 萬平近，《林語堂評傳》，重慶：重慶出版社，1996 年。

76. 萬平近，《林語堂論》，西安：陝西人民出版社，1987 年。

77. 林語堂著、工爻、張振玉譯，《林語堂自傳》，西安：陝西師範大學出版社，2005 年。

78. 朱艷麗，《幽默大師林語堂》，武漢：湖北人民出版社，2005 年。

79. 王兆勝，《林語堂：兩腳踏中西文化》，北京：文津出版社，2005 年。

80. 王兆勝，《林語堂的文化情懷》，北京：中國社會科學出版社，1998 年。

81. 王兆勝主編，《解讀林語堂經典》，石家莊：花山文藝出版社，2004 年。

82. 林語堂，《林語堂文集》，北京：作家出版社，1995 年 7 月。

83. 林語堂，《八十自敘》，北京：寶文堂書店，1990 年 11 月。

84. 李勇，《林語堂傳》，北京：團結出版社，1999 年。

85. 李勇，《本真的自由：林語堂評傳》，南京：南京師範大學出版社，2005年。

86. 施建偉，《林語堂傳》，北京：北京十月文藝出版社，1999 年。

87. 鄭振偉，《鄭振鐸前期文學思想》，北京：人民文學出版社，2000 年。

88. 陳福康，《一代才華：鄭振鐸傳》，上海：上海人民出版社，1996 年。

89. 陸榮椿，《鄭振鐸傳》，福州：海峽文藝出版社，1998 年。

90. 陳福康編著，《鄭振鐸年譜》，北京：書目文獻出版社，1988 年。

91. 陳福康，《鄭振鐸論》，北京：商務印書館，1991 年 6 月。

92. 鄭振鐸百年誕辰學術研究會編，《鄭振鐸研究論文集》，福州：海峽文藝出版社，1998 年。

93. 李華川，《晚清一個外交官的文化歷程》，北京：北京大學出版社，2004年。

94. 詹冠群，《黃乃裳傳：維新志士.拓荒者.革命黨人》，福州：福建人民出版社，1992 年 6 月。

95. 黃啓權主編、黃步鑾、黃拔灼副主編：福建姓氏源流研究會黃氏委員會編，《黃乃裳黃乃模學術研究文集》，福州：福建姓氏源流研究會黃氏委員會，2001 年。

96. 蕭忠生，《黃乃裳一生活動大事記》，福州：福州市社會科學所地方史室，1990 年。

97. 福州市華僑歷史學會編，《黃乃裳學術研討會論文集》，福州：福建教育出版社，1992 年。

98. 中國人民政治協商會議福建省閩清縣委員會文史工作組編，《閩清文史資料.第一輯：黃乃裳專題》，閩清：編者，1982 年。

99. 青禾，《楊騷傳》，福州：海峽文藝出版社，1998 年。

101. 楊西北，《流雲奔水話楊騷：楊騷紀傳》，太原：山西人民出版社，1999年。

101. 楊西北編，《楊騷的文學創作道路》，廈門：廈門大學出版社，1993 年 12月。

102. 沈渭濱主編：《近代中國科學家》，林慶元《魏瀚》，上海：上海人民出版社，1988 年版。

103. 林本椿主編，《閩籍翻譯家研究》，福州：福建教育出版社，2004 年 12月。

104. 王森然，《近代二十家評傳》，北京：書目文獻出版社，1987 年 1 月。

105. 林公武、黃國盛，《近現代福州名人》，福州：福建人民出版社，1999 年 9 月

106. 蔣曉麗，《中國近代大眾傳媒與中國近代文學》，成都：巴蜀書社，2000 年。

107. 王立新，《美國傳教士與晚清中國現代化》，天津：天津人民出版社，1997 年 3 月。

108. 樓宇烈、張西平，《中外哲學交流史》，武漢：湖南教育出版社，1999 年 7 月。

109. 吳義雄，《在宗教與世俗之間）基督教新教傳教士在華南沿海的早期活動研究》，廣州：廣東教育出版社，2000 年 3 月。

110. 郭慶堂等，《20 世紀西方哲學在中國》，中國礦業大學出版社，2002 年 1 月曾樂山，《中西文化和哲學爭論史》，上海：華東師範大學出版社，1987 年 8 月。

111. 劉海峰、莊明水，《福建教育史》，福州石福建教育出版社，1990 年 10 月。

112. 馮契，《中國近代哲學的革命進程》，上海：上海人民出版社，1989 年 8 月。

113. 《東西文化研究》1987 年第一輯，河南人民出版社。

114. 梁啟超，《清代學術概論》，上海：上海古籍出版社，1998 年。

115. 錢鍾書，《七綴集》，北京：中華書局。

117. 林慶元，《福建船政局史稿》，福州：福建人民出版社，1999 年。

117. 林金水，《福建對外交流史》，福州：福建教育出版社，1997 年。

118. 王榮國，《福建佛教史》，福州：福建人民出版社，1997 年 9 月。

119. 孫昌武，《佛教與中國文學》，上海：上海人民出版社，1988 年 8 月。

120. 任繼愈，《中國哲學史》，北京：人民出版社，1990 年 4 月第二版。

121. 柳治徵，《中國文化史》，上海：上海古籍出版社，2001 年 10 月。

122. 高令印、陳其芳，《福建朱子學》，福州：福建人民出版社，1986 年 10 月。

123. 梁啟超，《中國近三百年學術史》，太原：山西古籍出版社，2001 年 10 月。

124. 楊念群，《儒學地域化的近代形態——三大知識群體互動的比較研究》，北京：三聯書店，1997 年。

125. 朱維翰，《福建史稿》，福州：福建人民出版社，1980 年 3 月。

126. 《福建日報》社編，《八閩縱橫》（福建地方史料·內部資料·第一集），1980 年 2 月。

127. 汪征魯主編,《福建史綱》,福州:福建人民出版社,2003 年 2 月。

128. 陳自強,《泉漳集》,國際華文出版社,2004 年 12 月。

129. 林國平主編,《福建移民史》,北京:方志出版社,2005 年 1 月。

130. 何綿山,《閩文化概論》,北京:北京大學出版社,1996 年 11 月。

131. 王榮國,《福建佛教史》,廈門:廈門大學出版社,1997 年 9 月。

132. 劉澤亮,《黃檗禪哲學思想研究》,武漢:湖北人民出版社,1999 年 10 月。

133. 陳支平主編,《福建宗教史》,福州:福建教育出版社,1996 年 11 月。

134. 張鎧,《中國與西班牙關係史》,北京:大象出版社,2003 年 2 月。

135. 吳相湘主編,《天主教東傳文獻(一)》,內收《熙朝崇正集》,臺灣:臺灣學生書局,1966 年 11 月。

136. 孫昌武,《漢譯佛典翻譯文學選》,天津:南開大學出版社,2005 年 7 月。

137. 呂澂,《中國佛學源流略講》,北京:中華書局,1979 年 8 月。

138. 〔唐〕道宜等,《高僧傳合集》,上海:上海古籍出版社,1991 年 12 月。

139. 許明龍,《黃嘉略與早期法國漢學》,北京:中華書局,2004 年 1 月。

140. 丁偉志等,《中西體用之間:晚清中西支飛七觀述論》,北京:中國社會科學出版社,1995 年 5 月。

141. 葛兆光,《中國思想史》,上海:復旦大學出版社,2001 年 12 月。

142. 楊國禎,《林則徐傳》,北京:人民出版社,1995 年 10 月第二版。

143. 張靜廬,《中國出版史料補編》,北京:中華書局,1957 年。

144. 福建省通志局編纂,《福建通志》。

145. 詹冠群,《黃乃裳傳:維新志士.拓荒者.革命黨人》,福州:福建人民出版社,1992 年 6 月。

146. 郭豫明主編,《中國近代史教程》,上海:華東師範大學出版社。

147. 舒新城編,《中國近代教育史資料》,北京:人民教育出版社,1961 年版。

148. 《清代野史大觀》,上海:上海書店,1981 年 6 月。

149. 錢基博,《現代中國文學史》,北京:中國人民大學出版社,2004 年 10 月。

150. 楊聯芬,《晚清至五四:中國文學現代性的發生》,北京:北京大學出版社,2003 年 11 月。

151. 王曉秋,《戊戌維新與近代中國的改革》,北京:社會科學文獻出版社,2000 年。

152. 福建省地方志編纂委員會編,《福建省通志.人物志》,北京:中國社會科學出版社出版,2003 年。

153. 卞孝萱、唐文權編，《民國人物碑傳集》，北京：團結出版社，1995 年 2 月。

154. 馮契，《中國古代哲學的邏輯發展》上冊，上海：上海人民出版社，1983 年 10 月。

155. 蔣國保等，《晚清哲學》，安徽人民出版社，2002 年 9 月。

156. 王繼平，《近代中國與近代文化》，北京：中國社會科學出版社，2003 年 9 月。

157. 羅志田，《權勢轉移：近代中國的思想、社會與學術》，武漢：湖北人民出版社，1999 年 7 月。

158. 周作人，《中國新文學的源流》，上海：上海書店出版社，1988 年 2 月。

159. 鄭春，《留學背景與中國現代文學》，濟南：山東教育出版社，2002 年 9 月。

160. 黃新憲，《基督教教育與中國社會變遷》，福州：福建教育出版社，1996 年 7 月。

161. 林立強，《美國傳教士盧公明與晚清福州社會》，福州：福建教育出版社，2005 年 12 月。

162. 魯迅，《魯迅全集》1 卷，北京：人民文學出版社，1981 年。

163. 劉巨才，《中國近代婦女運動史》，北京：中國婦女出版社，1989 年 7 月。

164. 張中行，《佛教與中國文學》，安徽教育出版社，1984 年 9 月。

165. 黃霖，《近代文學批評史》，上海：上海古籍出版社，1993 年 2 月。

166. 敏澤主編，《中國文學思想史》，長沙：湖南教育出版社，2004 年 4 月。

167. 《中國近代文學研究》第三期，廣州：中山大學出版社，1955 年 12 月。

168. 鄭振鐸編，《晚清文選》，上海：上海書店 1987 年》月郭延禮，《中國近代文學發展史》，濟南：山東教育出版社，1991 年 2 月。

169. 段映紅譯，《中國人自畫像》，南寧：廣西師範大學出版社，2006 年 1 月

170. 李華川譯，《吾國》，南寧：廣西師範大學出版社，2006 年 1 月。

171. 辜鴻銘，《中國人的精神》英文版，北京：外語教學與研究出版社，1999 年。

172. 林語堂，《生活的藝術》，北京：外語教學與研究出版社，1998 年 10 月英文版。

173. 衛茂平，《德語文學漢譯史考辨》，上海：上海外語教育出版社，2004 年 1 月，第 2～11 頁。

國外著作（包括已翻譯著作）

1. 〔美〕本杰明‧史華兹著；葉鳳美譯，《尋求富強：嚴復與西方》，南京：江蘇人民出版社，1996 年。

2. 〔美〕勞倫斯‧韋努蒂（Lawrence Venuti）〔美〕，《譯者的隱身：一部翻譯史》，上海：上海外語教育出版社，2004 年。

3. 〔美〕B.施沃茨著；滕復等譯，《嚴復與西方》，北京：職工教育出版社，1990 年 3 月。

4. 〔英〕M.沙特爾沃思（Mark Shuttleworth），〔英〕M.考伊（Moira Cowie）著，《翻譯學詞典》，上海：上海外語教育出版社，2004 年。

5. 〔英〕厄恩斯特‧奧古斯特‧格特（Ernst-August Gutt）著，《翻譯與關聯：認識與語境》，上海：上海外語教育出版社，2004 年。

6. 〔英〕羅素，《西方哲學史》，北京：商務印書館，1963 年 9 月。

7. 何高濟翻譯，鄂多立克：《鄂多立克東遊錄》，北京：中華書局，1981 年。

8. 〔法〕費賴之：《在華耶穌會士列傳及書目》，北京：中華書局，1995 年 11 月。

英文參考書目

1. Arthur W. Hummel, *Eminet Chinese of the Ch'ing Period*（《晚清名人錄》），Washington. D.C.U.S.Government Printing Office, 1944.

3. Bassnett, Susan&A.Lefevere. *Constructing Cultures.* Multilingual Matters Ltd.Clevedon, UK.2000.

4. Britton, Roswell S. *The Chinese Periodical Press 1880～1912*（《中國報紙》），Shanghai, 1933.

5. Catford, J.C. A *Linguistic Theory of Translation.* London: Oxford University Press, 2002.

6. Cohen, Paul A., *Between Tradition and Modernity*, Cambridge: Harvard University Press, 1974.

7. Craig Calhoun, ed. *Dictionary of the Social Sciences.* Oxford: University Press, 2002.

8. Crouch, Archie R. & Agoratus, Steven & Emerson, Arthur &Soled, Debra E. *Christianity in China*（《基督教在中國》），Fore by Fairbank, John King, Sharpe, M. E. Inc. Armonk, New York London, England, 1989.

9. Holmes, James S. *Translation! Papers on Literary Translation and Translation Studies* Amsterdam: Rodopi, 1988.

10. Hatim, Basil. *Communicatioin across Cultures.* University of Exeter Press, 1997.

11. Ames, D. Willis, *A History of Christian Mission in China*（《中國基督教傳教史》）, New York: The Macmillan Company, 1929.

12. Jenks, Edward. *A History of Politics*. London, J. M. Dent, 1903.

13. Lin, Yutang, *The Chinese Theory of Art*. London: Panther Books, 1969.

14. Lin Yutang, *A Nun of Taishan and Other Translation*. Shanghai: The Commercial Press, Ltd, 1936.

15. Lin, Yutang. *The Wisdom of Laotse*. New York: Random House, Inc., 1948.

16. Lodwick, Kathleen, *The Chinese Recorder Index——A Guide to Christian Mission in Asia, 1867～1941*,（《教務雜誌索引：亞洲差會指南 1867～1941》,（SR）Scholarly Resources Inc. Wilmington, Delaware, the U.S.A, 1986.

17. Lyon, D. Willard, *Sketch of the History of Protestant Missions in China*,（《中國新教傳教事業概況》）, New York, 1895.

18. Mackerras, Colin, *Western Images of China*,（《西方人眼中的中國人》）, Oxford Universtiy Press, Hong Kong, 1989.

19. Michie, Alexander, *Missionaries in China*（《傳教士在中國》）, London 1891.

20. Nayak, et al. Translation as Subversion: Oriya Adaption of Charles Dickens' *A Tale of Two Cities*. In S. Ramakrishma. 1997.217～224.

21. Newmark, Peter, *Approaches to Translation*（《翻譯的策略》）, Shanghai Foreign Language Education Press, 2001.

22. Nada, Eugene A. *Language, Culture, and Translation*. Shanghai Foreign Language Education Press, 1993.

23. Nord, Christiane. *Text Analysis in Translation*. Amsterdam and Atlanta: Rodopi, 1991.

24. Ramakrishma, S. *Translation and Multilingualism: Post Colonial Context*. New Dehli: Pencraft International. 1997.

25. Roach, John, *A History of Secondary Education in England. 1800～1870*（《1800～1970 英國中等教育史》）, London: Longman, 1986.

26. Robert Shaekleton，Montesquieu：*A Critical Biography*. Oxford University Press，1961.劉明臣、沈永興、許明龍、孟德斯鳩評傳，北京：中國社會科學出版社，1991，19.

27. Sapir, Edward. Language: *An Introduction to the Study of Speech*. Harcourt: Brace and World, 1921.

28. Schwartz, Benjamin. *In Search of Wealth and Power: Yen Fu and the West*. The Belknap Press of Harvard University Press, Cambridge, Massachusetts, 1964, second printing, 1979.

29. Venuti, Lawrence. *The Translator's Invisibility: A History of Tranlsation*. London.: Routedge, 1995.

30. Wilss, Wolfram, *The Science of Translation: Problems and Methods*（《翻譯學──問題與方法》）, Shanghai Foreign Language Education Press, 2001.

31. Wolstenholm-Elmy, Elizabeth, 「*The Education of Girls, Its Present and Its Future（1869）*」（《女生教育：現狀與未來》）, in Education Papers: *Women's Quest for Equality in Britain, 1850～1912*（教育論文集：1850～1912 英國女性對教育平等的追求》）, edited by Dales Spender, New York: Routledge & Kegan Paul, 1987.

32. Yan, Jianming（嚴建明）,《英漢思維方式差異與翻譯》（英文），福建師範大學外國語學院英語語言文學專業 2002 年（M：Athesis）.

論 文

1. 楊柳,《翻譯「間性文化」論》,《中國翻譯》, 2005 年 5 月。

2. 李良玉,（「五四」時期的文化民族主義》,《徐州師範大學學報（哲學社會科學版）》, 1998 年 6 月。

3. 王寧,《翻譯文學與中國文化現代性》,《清華大學學報（哲學社會科學版）》, 2002 年增 1 期。

4. 郭延禮,《福建人文與中西文化交流》,《福建師範大學學報（哲學社會科學版）》, 2001 年第 2 期。

5. 林煌天,《略論我國外國文學翻譯工作的發展》,《福建外語》, 1995 年 1～2 期。

6. 吳慧堅,《適度異化：體現文化傳播功能的漢語英譯》,《西南民族大學學報（人文社科版）》, 第 26 卷第 9 期。

7. 劉嫦,《也談歸化與異化》,《外語學刊》, 2004 年第 2 期。

8. 徐析,《走出文化的自大與自卑──關於中西文化交流的反思》,《貴州大學學報（社會科學版）》, 2005 年 1 月。

9. 陳偉軍,《「欲望」理性化敘述的盲視──「五四」時期文化保守主義者的前瞻性思考》,《學術論壇》, 2005 年第 5 期。

10. 尹德翔,《〈四述奇〉俄京觀劇史料述評》,《哈爾濱工業大學學報（社會科學版）》, 2005 年 9 月。

11. 李長林,《略議兩部國人巴黎公社目擊記》,《南京師範大學文學院學報》, 2003 年 9 月。

12. 王慶祥,《溥儀為光緒帝的英文師傅昭雪》, 刊物名稱不詳。

13. 薛輝,《清朝使臣記載的普法戰爭與巴黎公社》,《新疆師範大學學報（哲學社會科學版）》, 2001 年 4 月。

14. 王熙,《張德彝赴歐所見的西洋器物》,《西南民族學院學報（哲學社會科學版）》, 2002 年 4 月。

15. 張生，《張德彝巧辯中西文化》，《中國歷史教學參考》，2003 年第 10 期。

16. 劉曉江，《張德彝音樂思想敘論》，《黃鐘（武漢音樂學院學報）》，1997 年第 3 期。

17. 劉善齡，《中國人的聖誕印象》，刊物名稱不詳。

18. 黃萬機，《自強、開放的探尋與呼籲——晚清旅外文學初探》，《貴州社會科學》，1995 年第 5 期。

19. 蕭忠生，《黃乃裳對教育的貢獻》，《教育評論》，2003 年第 6 期。

20. 詹冠群，《論黃乃裳思想發展的階段性——兼談新發現的史料》，《華僑華人歷史研究》，2000、2。

21. 林星，《世紀之交福州思想文化的近代化》，《中共福建省委黨校學報》，2000、12。

22. 岳峰、林本椿，《黃加略——曾獲法國皇家文庫中文翻譯家稱號的近代中國翻譯先驅》，《中國翻譯》，2004 年 1 月。

23. 張寶明，《「想像的理性」——論辜鴻銘在 20 世紀思想史上的意義》，《中州學刊》，2001 年 1 月第一期。

24. 宋媛，《遊子歸鄉與文人傳教——辜鴻銘、林語堂對外文化介紹的同與異》，《楚雄師專學報》，2000 年 1 月。

25. 黃順力，《嚴復與辜鴻銘文化心態的比較》，《福建學刊》，1998 年第一期

26. 雷頤，《文化碰撞中的畸變者——漫畫辜鴻銘》，刊物不詳。

27. 王宏，《略論翻譯奇才辜鴻銘》，《江西財經大學學報》，2003 年第 5 期。

28. 樊培緒，《理雅各、辜鴻銘英譯儒經的不及與過》，《中國科技翻譯》，1998 年 8 月。

29. 牛曉，《近年來的辜鴻銘研究》，刊物不詳。

30. 李道振，《辜鴻銘與東學西漸》，《福建師範大學學報（哲學社會科學版）》，1996 年第 2 期。

31. 史敏，《辜鴻銘研究述評》，《烟臺師範學院學報（哲學社會科學版）》，2003 年 3 月。

32. 朱維錚，《辜鴻銘生平及其它非考證》，刊物不詳。

33. 黃興濤，《辜鴻銘反洋教述論》，刊物不詳。

34. 張河川，《辜鴻銘的英語特色》，《貴州教育學院學報（社會科學）》，2002 年第 5 期。

35. 張娟芳，《中國傳統思想文化的衛道士和布道者——論辜鴻銘》，《長安大學學報（社會科學版）》，2003 年 3 月。

36. 吳建華，《中國比較文學的奠基者辜鴻銘新評》，《求索》，2004 年第一期。

37. 張小波,《強勢語下的無奈──辜鴻銘古籍英譯的歸化》,《湛江海洋大學學報》,2004 年 10 月。

37. 馮羽,《林語堂對辜鴻銘的文化認知與借鑒》,《南京曉莊學院學報》,2005年 1 月。

38. 羅福惠,《辜鴻銘對「黃禍」論的回應》,《史學月刊》,2005 年第 4 期。

39. 袁咏紅,《辜鴻銘對晚清歷史的獨特認識》,《史學月刊》,2005 年第 4 期。

40. 莊浩然,《閩籍近代學者與莎士比亞》,《福建師範大學學報(哲學社會科學版)》,2005 年第 3 期。

41. 陳占彪,《眷顧、棄絕、超脫──試論辜鴻銘、魯迅、林語堂對傳統文化的三種價值取向》,《臨沂師範學院學報》,2005 年 8 月。

42. 楊念群,(「辜鴻銘現象」的起源與闡釋:虛擬的想像抑或歷史的真實?》,《浙江社會科學》,2001 年第 2 期。

43. 俞祖華,趙慧峰,《比較文化視野裏的中國人形象──辜鴻銘、林語堂對中西國民性的比較》,《中州學刊》,2000 年 9 月。

44. 曠劍敏,《從林紓的翻譯看翻譯的主體間性》,《湘潭師範學院學報(社會科學版)》,2004 年 11 月。

45. 陳燕,《從〈黑奴籲天錄〉看林紓翻譯的文化改寫》,《海南師範學院學報(人文社會科學版)》,2002 年第一期。

46. 李宗剛,《對林譯小說風靡一時的再解讀》,《東嶽論叢》,2004 年 11 月。

47. 譚曉麗,《交互主體性:林譯〈黑奴籲天錄〉的整合邏輯》,《重慶教育學院學報》,2005 年 7 月。

48. 曹素璋,《林紓的翻譯小說與近代社會思潮》,《貴州師範大學學報(社會科學版)》,2002 年第 2 期。

49. 林佩璇,《林紓翻譯小說新探》,《福建師範大學學報(哲學社會科學版)》,2003 年第 2 期。

50. 賀志剛,《林紓和林紓的翻譯》,《國外文學》,2004 年第 2 期。

51. 謝飄雲,《林紓和嚴復散文、譯述之比較》,《華南師範大學學報(社會科學版)》,2002 年第 2 期。

52. 黃幼嵐,《林紓與英國文學》,《重慶工學院學報》,2005 年 6 月。

53. 蘇桂寧,《林譯小說與林紓的文化選擇》,《文學評論》,2000 年第 5 期。

54. 尚文鵬,《論林紓「誤譯」的根源》,《中山大學學報論叢》,2000 年第 6 期。

55. 周曉莉,《論林紓的翻譯事業對新文化運動的貢獻》,《青島大學師範學院學報》,1999 年 9 月。

56. 韓洪舉,《論林紓的歷史地位及其影響》,《淮陽職業技術學院學報》,2005年8月。

57. 韓洪舉,《論林紓翻譯小說的愛國動機》,《鄭州輕工業學院學報(社會科學版)》,2002年6月。

58. 王寧、楊永良,《淺談林紓的翻譯思想》,《聊城大學學報(社會科學版)》,2004年第6期。

59. 王秀雲,《是翻譯還是整理——質疑林紓的「翻譯」》,《中國科技信息》,2005年第17期。

60. 吳慧堅,《嚴林翻譯的社會效應與文本和信息傳遞方式的選擇》,《廣州師院學報(社會科學版)》,第21卷第10期。

61. 王建開,《20世紀中國翻譯界的一場論爭與轉型——兼論林紓與新文學家的譯介觀》,《上海翻譯》,2005年第3期。

62. 安麗娜,《從解構主義的視角看譯文與原文的關係——讀〈林紓的翻譯〉》,《南華大學學報(社會科學版)》,2004年9月。

63. 郝嵐,《林紓的西方觀與婦女觀》,《東方論壇》,2005年第3期。

64. 楊聯芬,《林紓與中國文學現代性的發生》,《中國現代文學叢刊》,2002年第4期。

65. 張軍、石濤,《對嚴復著譯的回應:以上海〈彙報〉爲例》,《株洲師範高等專科學校學報》,2005年2月。

66. 俞政,《嚴復譯著的社會影響》,《東南學術》,2004年第3期。

67. 黃忠廉,《嚴復翻譯思想研究百年回眸》,福建外語,1998年第3期。

68. 黃克武,《嚴復的翻譯:近百年來中西學者的評論》,《東南學術》,1998年第4期。

69. 王建國,《皮後鋒著〈嚴復大傳〉》,《學海》,2005年1月。

70. 張雪萍,《近十年來嚴復思想研究綜述》,《新疆社會科學》,2005年1月。

71. 何綿山,《近代侯官文化與嚴復》。

72. 宋鳴華,林本椿,《口譯一部茶花女,造就一個翻譯家——記被遺忘的翻譯家王壽昌》,中國翻譯,2003年7月。

73. 林怡,卓希惠,《外困還期得句工——近代著名翻譯家王壽昌及其〈曉齋遺稿〉》,《中國韻文學刊》,2005年5月。

74. 李華川,《嚴復曾樸眼中的陳季同》,《山東社會科學》,2000第3期。

75. 黃興濤,《近代中西文化交流史上不應被遺忘的人物——陳季同其人其書》,《中國文化研究》,2000年夏之卷。

76. 岳峰,《東學西漸第一人——被遺忘的翻譯家陳季同》,《中國翻譯》,2001年7月。

77. 桑兵，《陳季同述論》，《近代史研究》，1999 年第 4 期。

78. 周春燕，《陳季同：近代中學西漸的先驅》，《鎮江師專學報（社會科學版）》，2000 年第 3 期。

79. 李長林，《陳季同對中西文化交流的貢獻》，《求索》，2002 第一期。

80. 葉藝興，《陳季同）中西文化交流的先驅》，《文化月刊》，2003 年第一期。

81. 李瑞明，《三元與三關——陳衍與沈曾植的詩學離合》，《文藝理論研究》，2005 年第 5 期。

82. 周薇，《陳衍「以詩存史」詩史觀論析》，《學海》，2005、4。

83. 林怡，《簡論晚清著名閩籍女作家薛紹徽》，《東南學術》，2004 年增刊。

84. 曾玲，《評〈東西文化的撞擊與新華知識分子的三種回應〉》，《世界歷史》，2004 年第 3 期。

85. 張學惠，《新加坡學者李元瑾對林文慶思想研究的觀點概述》，《華僑華人歷史研究》創刊十週年增刊。

86. 張次溪，《北洋時期的進步報人林白水》。

87. 孫先偉，《林白水的報人生涯》。

88. 傅國涌，《一代報人林白水之死》，《文史精華》，2004、4。

89. 許長安，《周辨明、林語堂、羅常培的廈門方言拼音研究》，《廈門大學學報（哲社版）》，1994 年第 3 期。

90. 車文博，《紀念一代心理學大師——唐鉞教授（發言）》，《心理科學》，第 25 卷。

91. 《心理學報》編輯部，《紀念唐鉞先生誕辰 110 週年》，《心理學報》，2001、33（2）。

92. 黃小凡（草頭），《也談林語堂的翻譯——與楊柳副教授商榷》，《四川教育學院學報》，2005 年 7 月。

93. 褚東偉，《林語堂注譯作品在海外的商業成功》，《番禺職業技術學院學報》，2005 年 9 月。

94. 楊玉文，《林語堂與文學翻譯》，《零陵學院學報（教育科學）》，2004 年 6 月。

95. 郎江濤、王靜，《林語堂譯學思想評述》，《西南民族大學學報（人文社科版）》，2003 年 9 月。

96. 李永康，《林語堂翻譯文本的文化解讀》，《彬州師範高等專科學校》，2001 年 6 月。

97. 周仕寶，《林語堂的翻譯觀》，《外語學刊》，2004 年第 2 期。

98. 陳家洋，《林語堂「對外講中」透析》，《華文文學》，2003、4。

99. 羅維揚，《林語堂的編、譯、著》，《北京印刷學院學報》，2004 年 12 月。

100. 田宛清，《近年林語堂研究綜述》，《福建論壇（人文社會科學版）》，2002年第 6 期。

101. 廖鋒，《近二十年林語堂研究資料綜述》，《廣西師範大學學報》，2000 年第 1 期。

102. 陳才憶，《腳踏東西文化，評說宇宙文章——林語堂的中西文化觀及其在西方對中國文化的傳播》，《重慶教育學院學報》，2003 年 7 月。

103. 卞建華，《對林語堂「文化變譯」的再思考》，《北京第二外國語學院學報》，2005 年第 2 期。

104. 吳建明，《鄭振鐸與翻譯》，《龍岩師專學報》，2001 年 5 月。

105. 楊玉珍，《鄭振鐸與「世界文學」》，《貴州社會科學》，2005 年 1 月。

106. 陳晉，《鄭振鐸研究綜述》，《文獻資料》，1998 年 2 期。

107. 陳晉，《鄭振鐸研究資料目錄》，《文獻資料》，1998 年 2 期。

108. 劉國忠，《譯史探真——鄭振鐸：中國近代翻譯理論的開拓者之一》，《外語教學》，2005 年 9 月。

109. 朱肖晶，《接受修辭學與翻譯——兼評鄭振鐸譯飛鳥集與周策縱失群的鳥》，《外語研究》，1998 年第一期。

110. 青禾，《永遠的朋友和導師——試談楊騷與魯迅的關係》，《漳州職業大學學報》，1999、1。

111. 張靜容，《昨夜星辰昨夜風——淺析楊騷曾被中國文學史忽略的原因》，《漳州職業大學學報》，2003、3。

112. 邵雪萍，《楊騷與外國文學作品翻譯》，《漳州職業大學學報》，2003、3。

113. 李雙潔，《直譯加注釋——評梁遇春的翻譯風格》，《黔東南民族師範高等專科學校學報》，2003 年 10 月。

114. 白雲妓，《游離：梁遇春生命追求的精神特徵》，《張家口師專學報》，1997 年第 4 期。

115. 歐陽軍喜，《林長民與五司運動——兼論五四運動的起源》，《復旦學報（社會科學版）》，2003 年第 6 期。

116. 夏曉虹，《劉崇祐：抗辯政府的大律師》。

117. 谷桂秀，《劉崇祐與清末民初中國政治》，《福建省社會主義學院學報》，2000 年第 2 期。

118. 曹琴仙，《中國近代白話文運動與白話文教材》，《課程、教材、教法》，2004 年 7 月。

119. 蘇新春，《「實用」觀念中的 20 世紀中國語言學》，《廈門大學學報：哲社版》，1999、4。

120. 王寧,《二十世紀漢字問題的爭論與跨世紀的漢字研究》,《中國社會科學》,1997、1。

121. 廖大昆,《華北養蜂月刊有關問題的考證》,《養蜂科技》,1997 年第 4 期。

122. 莫嘉麗,(「種族、環境、時代」:中國通俗文學在東南亞土生華人中傳播的重要原因》,《暨南學報:哲社版》,1999、2。

未刊論文

1. 陳愛釵,《陳壽彭與《新譯中國江海險要圖志》——從翻譯目的論看晚清閩籍翻譯家陳壽彭的翻譯選材》。

2. 張先清,《官府、宗族與天主教》,廈門大學博士論文。

3. 金宰民,《中國近代翻譯文學批評試論》,復旦大學博士,2005 年 5 月。

4. 朱健平,《翻譯的跨文化解釋——哲學詮釋學和接受美學模式》,華東師範大學博士,2003 年 4 月。

5. 王茸,《林紓的翻譯及小說創作研究》,山東大學博士,2003 年 4 月。

6. 陳清茹,《光緒二十九年（1903）研究》,華東師範大學博士,2004 年 4 月。

7. 施萍,《林語堂:文化轉型的人格符號》,華東師範大學博士,2004 年 4 月。

8. 林拓,《福建文化地域性研究》,復旦大學博士,1999 年 8 月。

9. 宋榮,《論文學研究會的翻譯文學與小說創作的關係（1921～1927）》,華中師範大學碩士,2005 年 1 月。

10. 單蕾,《1900 至 1949 年間中國的政治、意識形態與文學翻譯選材》,華東師範大學碩士,2005 年 4 月。

11. 周超飛,《愛的主題與愛的哲學——基督教文化對冰心及其作品的影響》,湘潭大學碩士,2003 年 4 月。

12. 宋炳輝,《弱小民族文學的譯介與 20 世紀中國文學的民族意識》,復旦大學博士,2003 年 11 月。

13. 鄭梅玲,《論明清時期閩文化與文學的外向性拓展》,福建師範大學碩士論文,2004 年。

14. 畢磊,《梁遇春小說的外來影響》,福建師範大學碩士論文,2004 年。

15. 陳友良著:王民指導,《理性化的思考與啟蒙:嚴復思想體系初探》,福州:福建師範大學碩士論文,2002 年。

16. 林娟著;蘇文菁指導,《在中國文學傳統與外國文學資源之間:談林紓的翻譯和創作實踐》,福州:福建師範大學碩士論文,2002 年。

17. 尤愛琨著：孫紹振指導，《論林語堂的「一團矛盾」)，福州：福建師範大學碩士論文，2004 年。

18. 高鴻，《跨文化的中國敘事——以賽珍珠、林語堂、湯亭亭爲中心的討論》，福建師範大學碩士論文，2004 年。